本书得到"第64批中国博士后科学基金面上项目"（2018M642922）资助

The Relationship Between the Public Pension System and Household Consumption

公共养老金制度与居民消费关系研究

赵　青　著

中国社会科学出版社

图书在版编目（CIP）数据

公共养老金制度与居民消费关系研究/赵青著．—北京：中国社会科学出版社，2019.9

ISBN 978 - 7 - 5203 - 5218 - 5

Ⅰ．①公… Ⅱ．①赵… Ⅲ．①退休金—劳动制度—关系—居民消费—研究—中国 Ⅳ．①F249.213.4②F126.1

中国版本图书馆 CIP 数据核字（2019）第 209274 号

出 版 人	赵剑英
责任编辑	卢小生
责任校对	周晓东
责任印制	王　超

出　　版	中国社会科学出版社
社　　址	北京鼓楼西大街甲 158 号
邮　　编	100720
网　　址	http://www.csspw.cn
发 行 部	010 - 84083685
门 市 部	010 - 84029450
经　　销	新华书店及其他书店

印　　刷	北京明恒达印务有限公司
装　　订	廊坊市广阳区广增装订厂
版　　次	2019 年 9 月第 1 版
印　　次	2019 年 9 月第 1 次印刷

开　　本	710×1000　1/16
印　　张	18.5
插　　页	2
字　　数	276 千字
定　　价	98.00 元

前　言

　　公共养老金制度与消费（储蓄）的关系长期以来得到了广泛关注。这是因为，储蓄不足的国家希望通过公共养老金制度的改革来引导居民增加储蓄，而储蓄过度的国家又希望通过养老金制度的改革来引导居民增加消费，最终拉动经济增长。然而，有关公共养老金制度与居民消费关系的讨论自20世纪50年代以来持续进行着，至今仍未形成定论。从理论上说，现收现付的公共养老金制度既可能通过生命周期理论、世代交叠理论和资产替代效应对居民储蓄产生挤出效应，也有可能因为引致退休效应、预防性储蓄理论、行为生命周期的"心智账户"理论对储蓄产生挤进效应，因而在理论上并不能给出公共养老金与居民消费关系的定论。但是，来自中国的经验证据有助于为我国公共养老金制度与居民消费关系的本土化研究提供理论依据，这也是本书的理论意义所在。在当前中国宏观经济下行压力下，依靠净出口（外需）与投资的经济拉动作用已十分有限，国家特别强调扩大居民消费，以形成对经济发展稳定而持久的内需支撑。在此背景下，一种盛行的观点是："国内消费不足就应靠社会保障来实现。"那么，社会保障真的能促进居民消费吗？本书以社会保障项目中覆盖人群最广、开支最大的公共养老金制度为代表，剖析公共养老金与居民消费的真实关系，这对于我国合理的公共政策制定有着重要的现实意义。

　　本书主要采用《中国统计年鉴》等宏观数据、中国健康与养老追踪调查（CHARLS）的微观数据以及国际比较福利权利数据库（CWED2）的宏观数据，结合前沿消费函数理论的发展，建立中国居民的消费函数模型和用于跨国比较的一般消费函数模型，通过构造时间序列、横截面、面板数据模型以及因果推断的实验设计等方法，探索公共养老金制度与居民消费的关系，即公共养老金制度对居民消费的影响究竟如何。基于世界银行报告关于养老金的评价体系以及我国社会保险法和相关政策的规定，本书选用覆盖范围和保障水平两个变量来衡量公共养老金制度的广度及深度。本书将我国宏观经验和微观经验相结合、国内经验与国际比较相结合，以获得稳健的估计结果，避免从单一数据来源、单一分析方法中得出片面结论的问题。

根据经验研究发现，现收现付的公共养老金制度与居民消费的关系是复杂的。无论是基于宏观数据还是微观数据的实证分析，我们都无法给出公共养老金制度是挤进或是挤出消费的简单定论，而需要分时期、分人群、分地区、分消费种类区别对待。主要研究结论和发现如下：

第一，从我国的宏观经验来看，在城镇公共养老金制度改革以前，制度覆盖率对城镇居民家庭人均实际消费支出的正向影响较为显著；养老保险制度改革以后，无论是制度覆盖率还是替代率对城镇居民家庭人均消费支出的影响均不明显。这可以由我国城镇养老金制度"做减法"的改革本质来解释，城镇职工养老保险改革给居民带来的不确定性预期与对未来养老的担忧，增强了他们的预防性储蓄。养老保险制度改革以后，城镇基本养老保险覆盖率和替代率对城镇居民家庭人均全年总消费水平的影响都未能获得稳健而显著的估计结果，但对不同类型的消费支出影响存在差异。

第二，从我国的微观经验来看，城乡基本养老保险制度参保情况与待遇水平对低收入群体的消费促进作用较为明显，而对高收入组群体的消费倾向影响并不明显；同时，养老金待遇给付对消费者边际消费倾向的正向影响在低收入地区要显著高于高收入地区。

第三，人均可支配收入、家庭资产和消费习惯对居民当前的消费支出存在一定的正向影响，流动性约束与预防性储蓄动机对居民消费行为的影响也显著存在。可见，绝对收入假说、持久收入理论、习惯形成理论以及流动性约束、预防性储蓄理论在解释我国居民消费行为上有其合理性。

第四，21个工业化国家1971年以来的宏观跨国实证结果表明，公共养老金替代率水平对居民人均消费支出的影响无法得到一致、显著而稳健的结论；公共养老金覆盖率仅对较低 GDP 分组国家的居民消费支出呈现一定程度的促进作用。另外，绝对收入假说、持久收入假说、生命周期假说与消费支出的习惯形成理论对于解释居民消费的变异有着重要的国际经验证据。

本书的政策意蕴在于，我们不能简单地认为，"国家有了公共养老金制度，居民就一定扩大消费"，这需要区分人群、地区等看待。鉴于我国公共养老金制度对低收入人群、低收入地区的居民消费水平呈现出一定的正向效应，那么旨在扩大贫困地区、低收入群体的公共养老金覆盖并加强他们待遇给付水平的公共养老金政策，对于家户人均消费水平的提升具有一定的促进作用。但是，由于低收入人口及贫穷地区人口在总人口中所占比例有限，因而从平均意义上而言，公共养老金制度对居民消费产生的影响也极为有限，如宏观经验所示。由此看来，若以促进内需、经济发展为主要目标而进行公共养老金制度改革，则须谨慎对待。毕竟，公共养老金制度的主要目标是防止老年贫困和实现一定水平的收入替代，若过度强调公共养老金的经济功能而忽略其最根本目标的话，那么，充足且可持续性的公共养老金制度将难以实现。

本书拟做出的创新有四个方面：

第一，从宏观数据的研究来看，目前不乏对城镇公共养老金制度时间序列的分析和省际面板的建模，但是，结合我国城镇公共养老金制度从传统退休金制度向社会养老保险改革背景的分析并不多，本书在第五章纳入制度变迁视角，对公共养老金与城镇居民消费的关系进行结构性变动的分析。

第二，从微观数据的研究来看，基于个体差异的多元回归分析已十分丰富，但是，基于地区间的差异性分析却不常见。本书第六章将基于中国社会不同地区之间在经济、社会、文化上的复杂性与多样性，通过多层次线性回归模型的构建，探索基本养老保险在参保类型和保障水平方面对居民消费影响的地区性差异。多层次线性回归方法在该领域的运用还属首次。

第三，纳入国际比较分析的视角。目前，对公共养老金制度与居民消费的研究多聚焦于特定国家的分析，很少进行国际比较。本书基于国际上社会福利领域最为全面的调查（CWED2）1971—2011 年的数据分析，通过静态面板与动态面板模型的建立，考察强制性公共养老金制度与居民消费支出的跨国性规律特征。运用该数据于公共养老金制度和居民消费关系的跨国比较分析，在国内外均属首次尝试。

总之，本书力求综合宏观、微观经验证据，通过统计推断与因果推断等方法，对公共养老金制度与居民消费的关系做出科学回答。未来研究将在拥有更多追踪年份微观调查数据的基础上，将家庭类型进行细分，将消费类型进行细分，考察公共养老金制度影响居民消费行为的更多丰富而动态的规律特征。

Introduction

There has long been a widely concern on the relationship between public pensions and household consumption or saving. This is because insufficient – saving countries hope to increase saving by reforming public pensions, whereas over – saving countries hope to increase household consumption by reforming public pensions to realize economic growth. However, there has been a continuous debate on this topic since 1950s and no consensus has been reached so far. Theoretically speaking, the pay – as – you – go public pension system may have a crowd – out effect on household savings by life – cycle theory, overlapping – generation theory or asset – substitution effect, and it may also have a crowd – in effect on saving by induced – retirement effect, precautionary saving or "mental account" of behavioral life – cycle. Therefore we cannot draw a conclusion on this relationship by theoretic deduction. In that case, empirical evidence from China is essential to provide solid support for indigenous study. Practically speaking, under the pressure of current economy, the engines for economic growth in China have transformed from exports (external demand) and investment to domestic demand, i. e. household consumption. Under this background, there is a prevalent view that we must rely on social security to improve insufficient domestic demand. Could social security definitely promote household consumption? The dissertation aims to explore the real relationship between the public pension system, which could be a representative for social security programs because of its wide coverage and huge expenditures, and household consumption. This will have profound significance for sound policy – making in China.

Combining the latest development of the consumption function theory, this dissertation constructs specific consumption models for Chinese residents and general models for transnational comparison, and adopts the methods of time – series, cross – section, panel data analysis and experiment design by the use of Chinese macro data, China Health and Retirement Longitudinal Study (CHARLS) survey data, and Comparative Welfare Entitlements Database (CWED2), to answer the research question: Does public pensions really have an impact on household consumption? According to the evaluation system for public pensions put forward by the World Bank and relevant social security regulations in China, this research employs two indicators, pension coverage and benefit levels, to measure the degree of width and depth of public pension system in China. The research combines macro and micro evidence, national and transnational experience to obtain robust estimation, avoiding to draw biased conclusion from single source of data and analysis tool.

Empirical study demonstrates that the relationship between the pay – as – you – go public pension system and household consumption is complicated. We cannot draw a simple and general conclusion from positive analysis but should study the relationship within specific situation, like different periods, different income – groups, various regions and various types of consumption expenditure. The main findings are as follows. First of all, macro evidence in China shows that during the traditional retirement (pre – reform) period in urban China, pension coverage has a positive impact on household consumption while during the social insurance (post – reform) period neither coverage rate nor replacement rate has a significant influence on residents' consumption. This could be explained by uncertainties brought by the public pension reform in urban areas, which has made people worry about their future income so that increase their precautionary saving and suppress current consumption. After pension reform, provincial panel data analysis suggests that the impact of public pensions on urban household consumption is not significant or robust. And public pensions can have various influences on different types of consumption. Secondly, it is shown from China's micro evidence that the participation of public pension schemes and pension benefits for lower – income groups and for people in disadvantaged areas demonstrate significant positive relationship with household consumption, whereas the relationship for higher – income groups and people in developed areas is not obvious. Thirdly, per capita disposable income, household assets and previous consumption habit has a positive influence on current consumption, and liquidity constraints and precautionary saving are demonstrated to exist. As a result, hypotheses of absolute income, permanent income, habit formation, liquidity constraints and precautionary saving are reasonable in explaining Chinese residents' consumption behavior. Last but not the least, transnational evidence of 21 industrialized countries from 1971 to 2011 indicates that we cannot get consistent, significant and robust estimation of the link between replacement rates of public pensions and household consumption. It could only be found that coverage rates of public pensions have a slightly positive impact on household consumption for countries belonging to lower – GDP group. In addition, hypotheses of absolute income, permanent income, life – cycle and habit formation have important transnational evidence in explaining the variance of household consumption.

The policy implication for this research is that household consumption is not necessarily improved if there is a public pension system. Their relationship depends on specific situation. Based on the empirical evidence from China, public policies that aim to expand pension coverage and increase pension benefits for people in lower – income group and from most vulnerable regions are more likely to promote household consumption. However, the policy maker should be extremely cautious if promoting domestic demand and thus boosting economic growth is regarded as the primary goal for public pensions. After all, the principal object of public pensions is poverty alleviation and income substitution for people during retirement. If we overstate the sec-

ondary goal of public pension system, i. e. economic development, and o-
verlook the primary goal, a sustainable and adequate pension system could
not be achieved.

The innovations this research attempts to achieve are as follows. In the
first place, from the perspective of macro empirical study in China, there
are not a few studies using time – series data and provincial panel data to an-
alyze urban old – age social insurance but analysis considering the institu-
tional change from traditional retirement system to social insurance is very
limited. Consequently, chapter 5 of this dissertation investigates the impact
of public pensions on household consumption by introducing "structural
break". In the second place, from the perspective of micro survey in Chi-
na, regressions based on individual variances have been widely adopted,
however, research based on regional variances has rarely been seen. Taking
diversities and complexities of Chinese society into consideration, the paper
constructs a multilevel regression model in Chapter 6 to investigate regional
differences of the relationship between pension participation or benefit levels
and household consumption. Multilevel modeling in this paper is the first try
regarding the field of consumption. Lastly, international comparative per-
spective is included in the dissertation. Previous research usually focuses on
individual countries and rarely make comparison, this paper first tries to re-
veal cross – country regularity characteristics of the relationship between pub-
lic pensions and consumption.

In conclusion, the dissertation makes an endeavor to answer the re-
search question of "does public pensions affect household consumption" in a
scientific way by combining macro and micro data, statistical – inference
and causal – inference methods, and national and transnational evidence.
Future studies could investigate more rich and dynamic characteristics of the
relationship between public pensions and household consumption by the ac-
cess to more and more available longitudinal survey data and detailed divi-
sion of household types and consumption types.

目　录

第一章　导论 ……………………………………………………………… 1

　　第一节　研究背景与研究意义 ……………………………………… 1

　　第二节　研究问题与基本思路 ……………………………………… 6

　　第三节　研究方法 ………………………………………………… 11

　　第四节　本书的创新之处 ………………………………………… 13

第二章　文献综述 ……………………………………………………… 15

　　第一节　系统性文献回顾 ………………………………………… 15

　　第二节　国外研究现状 …………………………………………… 26

　　第三节　国内研究现状 …………………………………………… 38

　　第四节　文献述评 ………………………………………………… 50

第三章　消费函数理论的发展与公共养老金制度影响消费
　　　　（储蓄）的作用机理 ……………………………………… 51

　　第一节　绝对收入假说、相对收入理论与居民消费 ………… 51

　　第二节　持久收入理论与居民消费 ……………………………… 53

　　第三节　生命周期理论与居民消费 ……………………………… 55

　　第四节　世代交叠理论、公共养老金与居民消费 …………… 58

　　第五节　遗产动机与个人储蓄 …………………………………… 59

　　第六节　不确定性、预防性储蓄与流动性约束 ……………… 62

　　第七节　其他前沿理论 …………………………………………… 66

　　第八节　消费理论评价及其对本书的启示 …………………… 71

第四章　中国公共养老金制度发展历程与简要评价 ·············· 74

第一节　中国养老金制度构架 ······························· 74
第二节　城镇职工公共养老金制度 ························· 76
第三节　城镇和农村居民基本养老保险制度 ············· 93

第五章　公共养老金制度影响中国城镇居民消费的宏观经验 ······ 99

第一节　城镇公共养老金制度与居民消费：全国时间
序列模型 ··· 99
第二节　城镇职工基本养老保险与居民消费：省际面板
数据模型 ··· 117
本章小结 ··· 146

第六章　基本养老保险制度影响中国城乡居民消费的微观经验 ······ 149

第一节　中国健康与养老追踪调查 2011 年和
2013 年全国数据说明 ····························· 149
第二节　横截面数据回归分析 ····························· 168
第三节　面板数据回归分析 ······························· 197
第四节　因果关系推断：基于中国健康与养老追踪调查
2008 年和 2012 年数据的实验设计 ············· 208
本章小结 ··· 219

第七章　公共养老金制度与居民消费关系的跨国经验 ········· 221

第一节　各国公共养老金制度概览 ························· 221
第二节　相关变量说明及描述性统计 ····················· 229
第三节　静态面板数据分析 ······························· 235
第四节　动态面板数据分析 ······························· 249
本章小结 ··· 253

第八章　结论与政策意蕴 ·· 255

　　第一节　本书的主要发现与贡献 ····························· 255

　　第二节　政策意蕴 ··· 258

　　第三节　本书的不足与展望 ··································· 259

参考文献 ··· 261

后　　记 ··· 280

第一章 导论

第一节 研究背景与研究意义

一 研究背景

我国城乡居民的消费率（居民人均消费水平占人均国内生产总值比重）自 20 世纪 80 年代初的 50% 以上缓慢降至 40% 左右，2015 年仅为 38.6%。1978—2015 年，居民平均消费率为 44.8%。与此同时，城乡居民的储蓄水平不断增加。1978 年，我国城乡居民人民币储蓄存款年底余额为 210.6 亿元，从 20 世纪 90 年代开始迅速增长，2000 年增至 64332.38 亿元，2014 年已达 485261.3 亿元。中国居民偏好储蓄的现象如图 1 - 1 所示。

从支出法核算国内生产总值的角度看，1978—2015 年，平均而言，最终消费支出对国内生产总值增长的贡献率（57.85%）要超过资本形成总额对国内生产总值增长的贡献率（38.19%），以及货物和服务净出口对国内生产总值增长的贡献率（3.96%），具体情况见图 1 - 2。2015 年，最终消费、资本形成和净出口三大需求对 GDP 增长的贡献依次为 59.9%、42.6% 和 - 2.5%。全球经济危机以后，在净出口遭受重创的情况下，国内需求对经济增长的引擎作用被摆在突出位置。从最终消费支出的构成来看，居民消费支出平均约占 76%，而

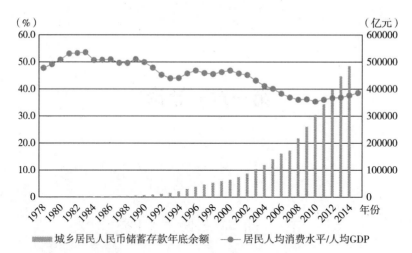

图 1-1 我国城乡居民消费率与储蓄存款余额（1978—2015 年）

资料来源：国家统计局。

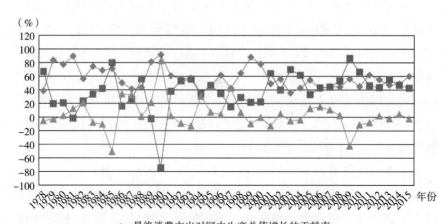

图 1-2 三大需求对国内生产总值增长的贡献率（1978—2015 年）

资料来源：国家统计局。

政府消费支出平均约占 24%。①

———————————

① 中央政府门户网站：《2016 年政府工作报告》，http：//www. gov. cn/guowuyuan/
2016 - 03/17/content_ 5054901. htm，2016 年 3 月 17 日。

如图 1-3 所示，1978—2015 年，我国居民消费是推动最终消费的主要力量。2015 年，国内生产总值达到 67.7 万亿元，增长 6.9%，全国居民人均可支配收入实际增长 7.4%，年末居民储蓄存款余额增长 8.5%。[①] 2016 年，我国政府工作报告指出，经济下行压力下，消费成为支撑经济增长的主要力量，应当增强消费拉动经济增长的基础作用，适度扩大需求总量，积极调整改革需求结构，促进供给需求有效对接、投资消费有机结合、城乡区域协调发展，形成对经济发展稳定而持久的内需支撑。[②]《中华人民共和国国民经济和社会发展第十三个五年规划纲要》特别强调"促进消费升级"：适应消费加快升级，不断增强消费拉动经济的基础作用；增强消费能力，改善大众消费预期，挖掘农村消费潜力，着力扩大居民消费。[③] 2017 年政府工作报告指出，"我国内需潜力巨大，扩内需既有必要也有可能，关键是找准发力点；要围绕改善民生来扩大消费，着眼补短板、增后劲来增加投资，使扩内需更加有效、更可持续，使供给侧改革和需求侧管理相辅相成、相得益彰"。[④] 2018 年政府工作报告在未来"积极扩大消费和促进有效投资"的策略中指出，要顺应居民需求新变化扩大消费，着眼于调结构增加投资，形成供给结构优化和总需求适度扩大的良性循环。其中，应增强消费对经济发展的基础性作用。推进消费升级，发展消费新业态新模式。[⑤]

在此背景下，关注与民生密切相关的公共养老金制度和居民消费的关系问题具有重要的现实意义。

就人口形势来看，2015 年，我国 65 岁以上人口占总人口的 10.47%，

---

① 中央政府门户网站：《2016 年政府工作报告》，http：//www.gov.cn/guowuyuan/2016-03/17/content_5054901.htm，2016 年 3 月 17 日。

② 同上。

③ 新华网：《中华人民共和国国民经济和社会发展第十三个五年规划纲要》（全文），http：//sh.people.com.cn/n2/2017/0317/c138654-29868849.html，2017 年 3 月 17 日。

④ 中央政府门户网站：《2017 年政府工作报告》，http：//www.gov.cn/premier/2017-03/16/content_5177940.htm，2017 年 3 月 16 日。

⑤ 中央政府门户网站：《2018 年政府工作报告》，http：//www.gov.cn/premier/2018-03/22/content_5276608.htmwww.gov.cn；2018-03-05，2018 年 3 月 22 日。

老年抚养比已达 14.3%，人口平均预期寿命为 76.34 岁（女性已达到 79.43 岁，男性为 73.64 岁）。老年人的消费成为居民消费群体中不可忽略的一部分。

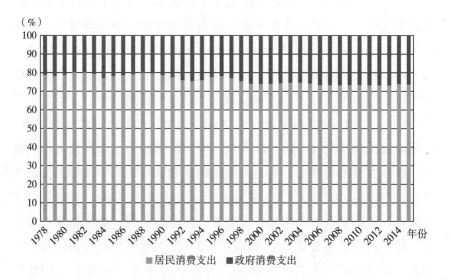

图 1-3　最终消费支出构成（1978—2015 年）

资料来源：国家统计局。

伴随着人口老龄化趋势，社会保障制度日臻完善。尤其在国际金融危机以后，我国社会保障制度已步入改革发展的快车道。目前，覆盖城乡居民的社会保障制度框架已经定型，基本医疗保险实现全覆盖，基本养老保险参保率超过 80%，城乡制度不断整合，朝着公平、可持续的方向迈进。以财政开支最大、制度建立最为成熟的基本养老保险为例，当前我国有两大并存的基本养老保险制度：城镇职工基本养老保险①与城乡居民基本养老保险。至 2015 年年底，全国参加基本养老保险的人数达到 85833 万人，其中，参加城镇职工基本养老保险的人数为 35361 万人（参保职工 26219 万人，参保离退休人员 9142 万人），参保的农民工人数为 5585 万人；参加城乡居民基本养老保险

---

① 当前，事业单位与公务员的养老保险制度正向企业职工基本养老保险制度并轨。

的人数为 50472 万人。全年基本养老保险基金收入 3.2 万亿元，各级财政补贴基本养老保险基金 4716 亿元，全年基本养老保险基金支出约 2.8 亿元。① 企业退休人员基本养老金水平已经历了"十二连调"，2005—2015 年，除 2006 年增幅为 23.7% 外，企业退休人员养老金每年以 10% 左右的幅度递增，2016 年的上调幅度平均为 6.5% 左右。②

将基本养老保险制度、人口结构特征和居民消费纳入同一理论框架下分析可能的影响关系，不仅有重要的时代意义，而且还对我国未来社会经济政策制定有着"永不过时"的理论价值。

二 研究意义

长期以来，社会保障收支与居民消费（储蓄）关系得到各界的广泛关注。这是因为，储蓄作为一个中间变量在长期内影响着经济增长，所以，储蓄不足的国家，学者希望通过社会保障制度的改革来引导居民增加储蓄；相反，储蓄过度的国家又希望通过社会保障制度的改革来引导居民增加消费，比如中国就是这样。然而，社会保障与居民储蓄/消费的关系在理论上并没有得到高度的共识。因此，本书不仅具有丰富相关理论的学术价值，又有评价相关社会保障政策的现实意义。

社会保障对储蓄影响的理论最早从公共养老金制度的讨论开始。20 世纪 50 年代，莫迪格利亚尼（Modigliani）基于生命周期理论，认为现收现付的公共养老金制度对私人储蓄具有资产替代效应。20 世纪 70 年代，费尔德斯坦（Feldstein）证明了美国的现收现付养老保险制度抑制了私人储蓄，这一发现构成了公共养老金制度私有化改革的基石。然而，公共养老金制度对居民储蓄的效应究竟如何仍在争论中，至今尚未形成定论。因此，我们有必要对中国的经验证据进行审视，为公共养老金制度与居民消费（储蓄）关系的本土化研究提供理论依据。

---

① 人力资源和社会保障部：《2015 年度人力资源和社会保障事业发展统计公报》，http://www.mohrss.gov.cn/SYrlzyhshbzb/dongtaixinwen/buneiyaowen/201605/t20160530_240967.html，2016 年 5 月 30 日。

② 新华视点：《养老金十二连调一亿人将受益 其中三类人群涨最多》，https://new.qq.com/cmsn/20160417/20160417007535，2016 年 4 月 17 日。

从宏观经济发展的角度来看，投资、消费和净出口是拉动国民经济增长的"三驾马车"。一直以来，投资和净出口是我国经济增长的主要拉动力。在全球经济危机以后，出口受到严重影响，而投资在去产能的供给侧结构性改革背景下重在结构性调整，因而扩大内需的重要作用不断提升。基于凯恩斯管理有效需求的思路，"通过扩张社会保障项目以扩大内需"已成为当前盛行的舆论导向（袁志刚、宋铮，1999；臧旭恒、张继海，2005；袁小霞，2011）。那么，社会保障真的能促进居民消费吗？其影响程度又如何？本书有必要基于中国的经验证据，考察社会保障项目中覆盖人群最广、开支最大的公共养老金制度对居民消费的真实影响，这对于我国合理的公共养老金政策制定具有重要的现实意义。

第二节　研究问题与基本思路

一　基本概念界定

（一）公共养老金制度内涵

1994 年世界银行出版的《防止老龄危机：保护老年人及促进增长的政策》成为全世界许多国家进行养老金改革的指导方案，"三支柱模式"成为进行养老金制度国际比较中公认的话语体系。这个三支柱体系包括：第一支柱是公共支柱，它仅限于缓和老年人的贫困，财务方式上采用现收现付制；第二支柱是强制性，它为完全积累方式的职业年金计划；第三支柱可以是任意的个人储蓄或商业保险，主要是为基本需求以外的人提供追加性保障。为重新审视养老金和退休保障的现状及发展思路，世界银行于 1999 年 9 月召开了"关于老年保障的新概念"研讨会，总结了 20 世纪 90 年代晚期养老金改革的发展，会议论文集《21 世纪可持续发展的养老金制度》对多支柱养老金体系的内涵进行了丰富和发展，形成"五支柱"方案：第一，提供最低保障水平的非缴费型"零支柱"（全民养老金或社会养老金）；第二，与不同工资水平相关联，旨在发挥某种收入替代功能的缴费型"第一支柱";第三,个人储蓄账户式的强制性"第二支柱",如职业年金;第四,多种形式但本质上强调灵活性和自由支配的自愿性"第三支柱"安排;第五,向老年人提供的非正式的家庭内部或代际的资金或非资金的支持,包括医疗卫生和住房等。因此,对于公共养老金制度,尽管在各国有不同的称谓(如国民养老金、基础养老金、基本养老保险、公共年金、社会保障等),但其本质上可归纳为两类:一类是与就业关联的、收入替代的现收现付型强制性公共养老金,即"第一支柱"养老金制度;另一类则是全民或特定人群享有、财政负担的非缴费型养老金,即"零支柱"养老金制度。

在中国,从时间维度看,公共养老金制度,既包括计划经济时代的传统退休金制度,也包括改革以来的社会基本养老保险制度。从空间维度看,公共养老金制度,既应包括城镇职工基本养老保险,该制度就业关联,雇主、雇员共同缴费,具有"第一支柱"养老金制度的性质;还应包括城乡居民社会养老保险①,该制度资金筹集由个人缴费、集体补助、政府补贴构成,养老金待遇中的基础养老金来源于政府补贴,具有一定程度的"零支柱"性质。国际上,公共养老金制度是"第一支柱"和"零支柱"养老金制度的统称。如此一来,无论是针对我国的研究还是国际比较研究,基本概念的内涵得以统一。

(二)公共养老金制度衡量指标

如何评价公共养老金体系?霍尔兹曼(Holzman,2005)指出,强制性公共养老金计划应提供一个充足、可负担、可持续且稳健的待遇水平。罗夫曼等(Rofman et al.,2005)认为,养老金体系的评价指标不外乎覆盖面、充足性和可持续性三个方面。我国于2010年10月通过、2011年7月施行的《中华人民共和国社会保险法》指出,国家建立基本养老保险、基本医疗保险、工伤保险、失业保险、生育

---

① 2014年,国务院颁布《关于建立统一的城乡居民基本养老保险制度的意见》(国发〔2014〕8号),决定将之前单独试点的新型农村社会养老保险和城镇居民社会养老保险两项制度合并实施,在全国范围内建立统一的城乡居民基本养老保险制度。

保险等社会保险制度，保障公民在年老、疾病、工伤、失业、生育等情况下依法从国家和社会获得物质帮助的权利；社会保险制度坚持"广覆盖、保基本、多层次、可持续"的基本方针，社会保险水平应当与经济社会发展水平相适应。2012年，《社会保障"十二五"规划纲要》再次强调要坚持"广覆盖、保基本、多层次、可持续"的基本方针。党的十八大报告提出，"要坚持全覆盖、保基本、多层次、可持续方针，以增强公平性、适应流动性、保证可持续性为重点，全面建成覆盖城乡居民的社会保障体系"。综观我国社会保障法律法规及政策文件，"全覆盖、保基本、多层次、可持续"成为社会保障的基本原则。"多层次"一般针对社会保障体系的整体设计而言，"可持续"多为宏观制度层面的评价，"全覆盖"和"保基本"既照顾了宏观政策追求的目标，又着眼于保障对象的实际受益情况。

就公共养老金制度而言，"全覆盖"即覆盖范围的测量，体现了制度的广度；"保基本"即保障水平的测量，体现了制度的深度。两个维度能够较为全面、客观地反映公共养老金制度。就覆盖范围而言，参保缴费人口占经济活动人口的比例，以及待遇领取人口占老年人口比例是"覆盖率"的常用指标。微观调查中，也常根据受访者"是否参保"进行判断。就保障水平而言，待遇给付的绝对值与相对值（替代率水平）通常为衡量标准。具体选择哪种指标来评价覆盖范围和保障水平，还需要将国际上的通用标准与我国实际情况、数据的可得性相结合来选用。各指标的选取将在实证分析的各章节进行详细说明。

二　研究问题及技术路线

鉴于公共养老金制度与居民消费关系研究的理论意义与现实意义，本书旨在系统性文献回顾的基础上回答如下问题：公共养老金制度与居民消费关系究竟是怎样的？具体而言，涵盖以下三个方面的内容。

第一，从宏观上看，中国城镇公共养老金制度与城镇居民消费关系是怎样的？

第二，从微观上看，中国的公共养老金制度对城乡居民家庭消费是否产生显著影响?

第三,就跨国经验而言,公共养老金制度对居民消费是否存在影响?

本书的基本研究思路和技术路线如图1-4所示。

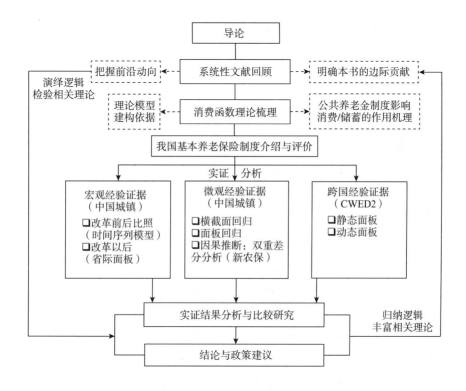

图1-4 本书的基本思路和技术路线

第一章主要介绍本书的研究背景和研究意义,研究问题和基本思路、研究方法和本书的创新之处。

第二章通过中外文的系统性文献回顾,把握该领域在理论与实证方面的前沿动向,明确本书的边际贡献:一方面为养老保险与消费(储蓄)理论提供来自中国的宏观、微观经验证据,另一方面从经验研究中提取本土化消费(储蓄)理论发展的理论依据。

第三章通过对消费函数理论演进的梳理,从绝对收入、相对收入理论到持久收入、生命周期、代际交叠理论，再到预防性储蓄理论、行为生命周期和习惯形成理论，一方面为构建我国消费函数模型提供理论依据；另一方面在理论上梳理养老保险制度影响居民消费（储蓄）的作用机理。在不同理论假设下，现收现付制的养老保险既可能对居民储蓄产生挤出效应，也可能产生挤进效应，还有可能呈现中性。因此，养老保险对居民储蓄的净效应在理论上仍是不确定的。这就有赖于经验数据的实证检验。

第四章对我国公共养老金制度的历史、制度结构进行介绍，并对该制度从成就和挑战两方面进行简要评价。

第五章主要通过宏观经验证据①考察中国城镇公共养老金两个核心的变量（养老金覆盖率与替代率水平）对城镇居民消费的影响：一是通过时间序列模型考察城镇养老保险改革前后与居民消费的关系是否存在差异；二是通过省际面板数据分析改革以后的城镇基本养老保险对居民消费的影响。

第六章运用中国健康与养老追踪调查（CHARLS）的微观经验证据分析城乡基本养老保险的参保情况、养老金待遇水平对居民消费支出的影响，通过对 CHARLS 2011 年和 2013 年数据的横截面分析、多层次回归分析、面板数据模型构建，达到减小内生性的估计；并且对基于 CHARLS 2008 年和 2012 年两省追踪数据的双重差分分析，进行新农保参保状况与农村居民消费的因果效应估计。

第七章结合国际宏观经验数据，通过构建静态面板数据与动态面板数据模型，探索强制性公共养老金制度的覆盖水平和待遇水平对各国居民历年消费支出影响的一般性特征。

第八章在实证结果分析的基础上给出结论与政策建议。

本书遵循演绎的逻辑，从理论假说、理论模型的构建到基于经验证据的实证检验，最后得出结果，并进行分析与讨论。同时，中国的

---

① 由于城镇的公共养老金制度建制历史最悠久且制度建设最为完善，有大量的宏观时间序列数据可做动态变化规律的模型分析，而城乡居民基本养老保险制度建制时间较短，且制度处于不断整合过程中，宏观数据较少。因此，本书的宏观经验分析主要是针对城镇公共养老金制度而言的。

宏微观经验证据以及国外的跨国比较数据及其分析论证，又能发展和完善我国的本土化消费函数模型，丰富我国公共养老金制度与居民消费（储蓄）的理论研究。

第三节　研究方法

本书采取定性与定量相结合的数据（资料）收集和数据分析方法。

一　数据和资料的收集方法

（一）文献法

利用中文社会科学引文索引（CSSCI）检索、万方数据资源、超新数字图书馆、方正 Apabi 数字图书系统，ISI Web of Science、OCLC、EBSCO 等外文数据库，以及 Netspar 与 NBER 资料库，检索相关领域期刊、工作论文、报告、学位论文等文献，通过鉴别、筛选和精读，保留所需相关度高、质量较好的文献的提纲和摘录，进而归类、提炼，形成系统性文献综述。

（二）统计资料法

国内宏观数据主要来源于历年《中国统计年鉴》《中国人口和就业统计年鉴》和《中国卫生统计年鉴》，微观数据来源于中国健康与养老追踪调查（CHARLS）。国外数据来源于经济合作与发展组织（OECD）、世界卫生组织（WHO）、联合国（UN）、世界银行以及CWED2 数据库。

二　数据的分析方法

本书主要采用 Stata 13.0 计量分析软件与 Eviews 8.0 统计分析软件，建立时间序列模型、横截面数据、面板数据模型，以及构造双重差分分析的准实验设计等方法，探索公共养老金制度核心变量与城乡居民消费的关系。具体变量构造情况如图 1-5 所示。

（一）时间序列分析方法

为把握宏观时间序列数据的动态变化规律，本书在对城镇养老保险制度变迁的研究过程中，通过协整方程和误差修正模型的建立，考察我国城镇公共养老金制度和城镇居民消费支出的长期均衡与短期波动关系。同时，通过构造时间虚拟变量的方法考察改革前后城镇公共养老金制度对居民消费的影响是否存在结构性变动。

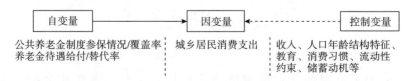

图1-5　本书核心自变量、因变量与控制变量的构造

（二）横截面数据的多元回归与多层次线性回归方法

横截面数据能够反映微观个体的异质性特征。在中国，新型农村社会养老保险、城镇居民基本养老保险、城乡居民基本养老保险等制度的实施时间不长，宏观数据有限而不利于纵向比较分析。利用CHARLS家庭调查数据，能够进行微观个体的差异性分析。在此基础上，引入多层次线性回归模型，考察基本养老保险参保类型、待遇水平对居民消费支出的影响是否存在地区间差异。

（三）面板数据模型建构

鉴于面板数据包含的样本容量更大，能够提供横截面和时间两个维度的个体动态行为信息，解决遗漏变量等问题，因而可以建立分析我国跨省及跨国公共养老金制度对居民消费水平影响的固定效应和随机效应模型。为减少内生性问题，模型将因变量的滞后值纳入解释变量，构造动态面板数据模型。

（四）双重差分分析与因果推断

基于实验设计的理念，通过构造实验组和控制组的反事实模型，观察"处理"发生前后的效应差异（双重差分），达到因果推断的目的。根据CHARLS 2008年和2012年的调查数据，可以将2009年政策实施前的2008年称为"实验前阶段"，政策实施后的2012年称为"实验后阶段"，通过双重差分的方式估计新农保政策对居民消费支出的因果效应。本书所采用的定量分析方法梳理如图1-6所示。

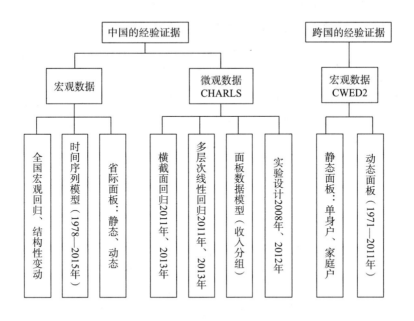

图1-6 本书所采用的定量分析方法梳理

第四节 本书的创新之处

第一，就宏观数据研究来看，目前不乏对城镇养老保险时间序列的分析和省际面板的建模，但是，结合我国城镇公共养老金从传统退休金制度向社会养老保险改革的分析并不多，本书在第五章纳入制度变迁的视角，对公共养老金与城镇居民消费的关系进行结构性变动的剖析。

第二，就微观数据研究来看，基于个体差异的多元回归分析十分丰富，但是，基于地区间的差异性分析却不常见。本书第六章将基于中国社会不同地区之间在经济、社会、文化上的复杂性和多样性，通过多层次线性回归模型的构建，探索基本养老保险在参保类型和保障水平方面对居民消费影响的地区性差异。多层次线性回归方法在该领域的运用还属首次。

第三，通过实验设计的方法考察变量间因果关系的研究在国内还相当缺乏，本书用 CHARLS 2008 年和 2012 年的我国两个省份追踪调查，通过双重差分的实验设计方法，对新型农村社会养老保险与居民消费的关系进行因果推断，这在当前的研究中尚不充足。

将宏观数据与微观数据相结合、统计推断与因果推断相结合，这样一来，数据与方法的互补和结合，不仅能够全面把握我国公共养老金制度与居民消费的真实关系，而且能够提升估计结果的稳健性。

第四，纳入国际比较分析的视角。目前，对公共养老金制度与居民消费（储蓄）影响的研究多聚焦于特定国家的分析，很少进行国际比较。本书基于国际上在社会福利领域较为全面的调查（CWED2）1971—2011 年的数据分析，通过静态面板与动态面板模型的建立，考察强制性公共养老金制度与居民消费支出的跨国性规律特征。运用该数据于公共养老金制度与居民消费关系的跨国比较分析，在国内外尚属首次尝试。

第二章 文献综述

本章将借用系统性文献回顾的思路对公共养老金制度与居民消费（储蓄）关系进行梳理，通过全面搜索与筛选，把握这一领域的国内外研究动态。

第一节 系统性文献回顾

一 系统性文献回顾内涵

系统性文献回顾是近几年兴起的一套科学化文献回顾的方法。它旨在通过有序的、透明的、可复制的操作程序对某一特定研究问题进行全面定位和综合检索（Littell et al. , 2008）。系统性文献回顾也是一种从海量信息中获取与研究问题相关文献的识别方式，同时发现哪些文献不相关、哪些是新研究或未来研究所需要突破的（Petticrew et al. , 2012）。

系统性文献回顾与一般性文献综述的主要区别在于：第一，系统性回顾能够减小在文献检索、选择、分析、呈现过程中的偏差，以更客观、充分地反映所有证据；第二，它使用透明并且可复制的科学检索方法；第三，确保文献综述的全面性和完整性；第四，有助于发现已有文献中的不足，从而进行突破和创新；第五，系统性文献回顾能够替代一般性文献综述，从而使研究者节省时间和精力；第六，能够帮助研究者与同一领域中的其他研究者建立联系。

如何进行系统性文献回顾，包括八个主要步骤：第一，界定研究问题；第二，编写研究草案；第三，定位所有的相关证据；第四，运用"包含"和"排除"性原则对文献标题、摘要进行筛选；第五，关键词检索；第六，运用高质量排序原则进行数据提取；第七，合成数据并放置于概念性语境中；第八，汇报结论。

二　系统性文献回顾流程

根据佩蒂克鲁和罗伯茨（Petticrew and Roberts，2012），进行系统性文献回顾主要包括四大步骤：第一，识别，即在所有可能的文献检索范围内查找所需数据资料，保证资料来源的全面性；第二，筛选，除剔除不同资料来源中获取的重复文献外，根据题目与摘要选择相关性较强的文献资料，同时剔除相关性弱的资料；第三，合格性检验，即对初次筛选的文献进行二次筛选，主要是基于文章内容和结构筛选出相关性强的高质量文献进行精读；第四，纳入分析，对二次筛选的文章在专家评判的基础上确定纳入最后的文献回顾分析之中。[①] 下面将重点阐述对"公共养老金制度与居民消费储蓄的关系"进行的系统性文献回顾流程：文献筛选规则及程序，如图 2 - 1 所示。

由于本书分国内、国外研究现状两部分进行回顾，而现有中文文献均重点研究中国问题，鲜有中文文献分析国外公共养老金制度与居民消费储蓄的关系。然而，英文文献中有若干篇研究中国的问题，大多分析各国养老金制度与居民消费储蓄的关系或进行国际比较。故接下来本书分别从中文、外文文献的提取介绍系统性文献回顾的筛选程序。

（一）外文文献

首先定位外文数据库 Web of Science 核心合集，主要包括社会科学引文索引（Social Sciences Citation Index，SSCI）、科学引文索引（Science Citation Index Expanded，SCI）、艺术和人文科学引文索引（Arts & Humanities Citation Index，A&HCI）三大引文检索，以及科学与人文社会科学引文检索（Conference Proceedings Citation Index，CPCI - S & CPCI - SSH）。时间定位于 1975 年至今收录的所有期刊论文或会

---

① Petticrew, M. and Roberts, H., *Systematic Reviews in the Social Sciences：A Practical Guide*, Malden：Blackwell, 2012, p. 16.

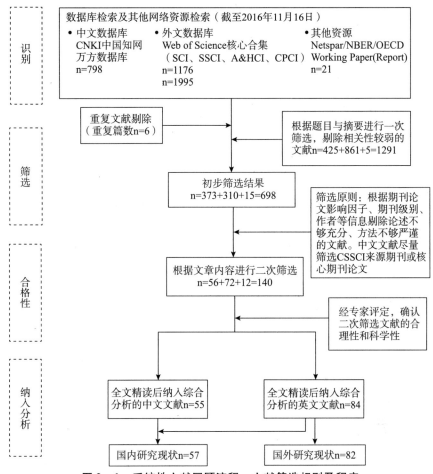

图 2 - 1　系统性文献回顾流程：文献筛选规则及程序

议论文。搜索策略为采用逻辑语、通配符与近义词法对研究问题"公共养老金与居民消费储蓄关系"进行高级检索，以尽可能全面地包含所有相关信息。检索式为：主题：（effect* OR influence OR impact）AND 主题：（pension* OR social security）AND 主题：（consumption OR saving）。截至 2016 年 11 月 16 日，共搜索出满足检索式条件的结果 1176 条。引文报告的可视化结果如图 2 - 2 和图 2 - 3 所示。可见，有关这一问题的国外研究自 20 世纪 90 年代以来逐渐增加，尤其在 2010 年以后，2015 年的相关研究数量达到最高。每年的引文数也在最近几年达到峰值。

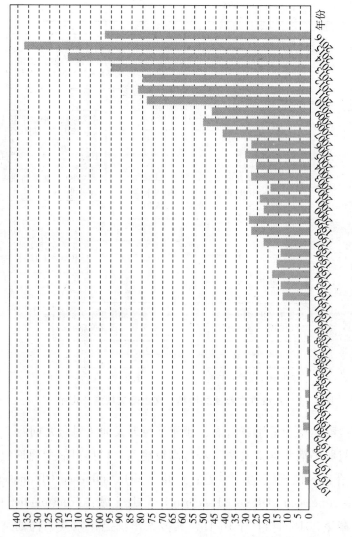

图 2 - 2　Web of Science 引文检索历年出版的文献数统计（截至 2016 年 11 月）

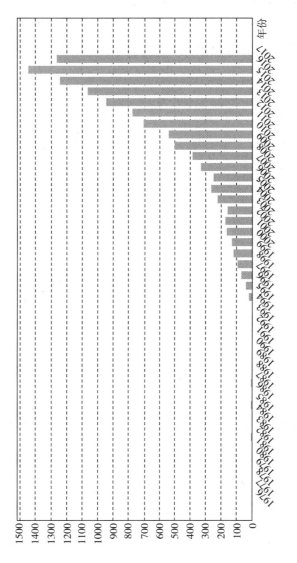

图 2 - 3　Web of Science 历年的引文数统计（截至 2016 年 11 月）

另外，我们还增加了养老金与宏观经济领域的其他重要资料来源。如荷兰养老金研究机构 Netspar①、美国 NBER②、OECD③ 的工作论文和出版物。以相同检索词共收集相关文献 21 篇。

其次，剔除通过不同资料来源收集的相同作者、相同主题的文献 6 篇。基于题目与摘要关键词的检索，剔除关联性较弱的文献 866 篇，初步筛选出 325 篇文献。然后，根据文献文本内容，主要是文章逻辑结构、理论与方法的完整性、论述的合理与严谨性，再次筛选出满足"合格性"要求的文献 84 篇。最后，经与同行讨论、专家评定，确认这 84 篇文献进入系统性文献回顾的精读文献范围。

（二）中文文献

对于中文文献，搜索范围定位于国内最大、最全面的中国知网 CNKI 数据库及万方数据库检索目录。在中国人民大学中文发现平台（涵盖以上两大数据库），通过主题"T＝（养老保险｜公共养老金）×（消费｜储蓄｜经济效应）"的专业检索，搜索到截至 2016 年 11 月以来的结果共 798 个，包括期刊、图书、报纸、学位论文、专利、视频、法律法规、信息资讯等文献类型。关键词出现频率高低的可视化文献分析如图 2 - 4 所示。有关这一主题的研究从 1986 年后开始快速增长，尤其是期刊、学位论文与报纸的数量最为突出。更进一步地看，围绕检索词条出现的文献所涉及的高频关键词如图 2 - 5 所示。

围绕检索词条所出现的相关知识点频率如图 2 - 5 所示，社会养老保险、养老保险制度、新型农村社会养老保险、保险制度与居民消费等知识点出现频率最高，其次是储蓄率、生命周期、现收现付制及人口老龄化的相关知识点。

根据关键词检索的相关机构出现频率如图 2 - 6 所示，可以看出，北京大学、中国人民大学、武汉大学、辽宁大学和湖南师范大学围绕这一问题的研究居多，其次是山东大学、对外经济贸易大学、西南财

① Netspar. https：//www.netspar.nl/en/.
② NBER. http：//www.nber.org/.
③ OECD. http：//www.oecd.org/.

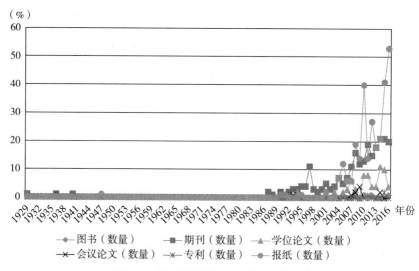

图 2 - 4　各类型学术文献发展趋势曲线

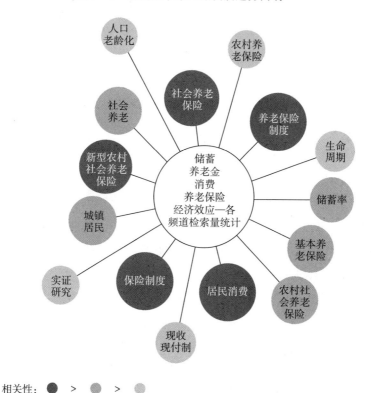

图 2 - 5　根据关键词检索的相关知识点频率

相关性：● > ● > ●

图 2 - 6　根据关键词检索的相关机构出现频率

经大学、山西财经大学等。在这一研究领域，根据期刊数量、影响因子及论文被引等因素排序列出的作者有白重恩、赵耀辉、张川川、约翰·吉尔斯（John Giles）、金烨、王亚柯、吴斌珍、蒋云赟、赵智生、封进、何立新等（见图 2 - 7）。鉴于此，我们可以重点关注以上作者的相关研究，以把握我国在这一领域的前沿动态。

　　截至 2016 年 11 月，围绕"养老保险/养老金"及"居民消费/储蓄"或"经济效应"进行的累计检索结果，期刊数量共 243 篇，占 30.5%；其次为报纸共 239 篇，占 30.0%。之后是信息资讯（21.6%）、学位论文（8.66%）、法律法规（6.15%）、会议论文（1.38%）、图书（0.62%）等，如图 2 - 8 所示。就 69 篇学位论文的结构来看，博士论文仅有 7 篇，占 10.1%。由此看来，在我国，对于"公共养老金制度与居民消费/储蓄的关系"问题进行系统性探讨

相关性: ● > ● > ●

图 2 - 7 根据关键词检索的相关作者出现频率

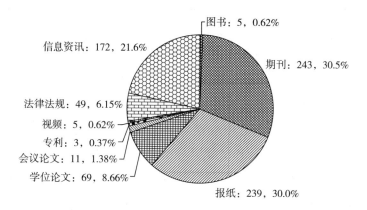

图 2 - 8 根据关键词检索的文献类型分布

的图书及学位论文并不充分，尤其是博士学位论文，更有待于补充与发展。

就学科分布类型而言，91%的文献来自经济学科，3.95%来自政治、法律学科，2.87%为社会科学总论部分，另有2%左右的文献来自其他领域。可见，对这一问题的研究，目前主要依托经济学理论和方法（见图2-9）。

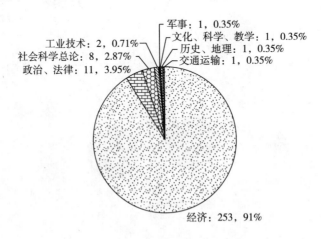

图2-9 根据关键词检索的学科类型分布

由于期刊资料丰富且数量多，构成了本书进行文献分析的主要来源，图2-10对期刊来源做进一步分析发现，经关键词搜索到的所有期刊资料中，149篇为中文核心期刊，其中，中文核心期刊（北大）有84篇，CSSCI中文社会科学引文索引（南大）54篇，CSCD中国科学引文库（中科院）6篇，统计源期刊（中信所）5篇。期刊的影响力为二次筛选提供了重要参考。

对中文数据库的全方位检索主要依赖于中国人民大学图书馆的"中文发现平台"，故所有文献资料没有重复。初次筛选基于文献标题、摘要及关键词进行，剔除相关性较弱的文献425个，初步筛选出373个相关文献。在前两步文献识别和筛选的基础上做出第三步"合格性"分析：在通读文献内容的基础上，根据期刊论文影响因子、期刊级别、作者等信息剔除论述不够充分、方法不够严谨的文献317篇，二次筛选出56个中文文献。通过合格性分析，力求筛选出研究议

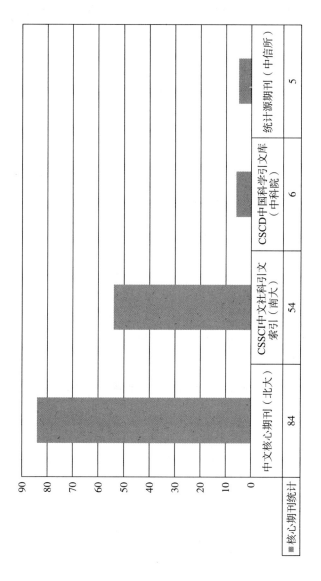

图 2－10 中文核心期刊分布

核心期刊统计	中文核心期刊（北大）	CSSCI中文社科引文索引（南大）	CSCD中国科学引文文库（中科院）	统计源期刊（中信所）
■ 核心期刊统计	84	54	6	5

题高度相关、质量高的文献，以追踪到国内研究的前沿动态。最后，通过同行讨论、专家评审的方法，过滤出 1 篇文献，最终选择 55 个中文文献进入系统性文献回顾的范围，其中，期刊论文 50 篇，著作 2 部，博士学位论文 3 篇。

第二节　国外研究现状

一　研究概述

已有外文文献对公共养老金制度与消费/储蓄关系的研究无论是分析对象、研究内容、研究范式，还是采用的数据方法，都广泛且丰富。根据研究对象而言，既有发达国家和发展中国家的跨国比较，又有分别以美国、加拿大、欧洲各国、澳大利亚、日本、韩国等为对象的国别研究，研究范围十分广泛。根据研究内容，既有对现收现付制公共养老金（社会保障）的研究，又有对强制性积累制养老金（职业养老金）的探讨。从研究范式来看，既有纯粹的理论模型推导，也有从数据出发的归纳式分析，但更多的是理论与实证相结合的演绎分析。从采用的数据方法来看，数据来源于宏观序列、微观调查以及登记注册的数据类型，分析方法从时间序列分析、横截面回归、面板回归到模拟分析、准实验设计，均有涉及。由此，得出的研究结论也不尽相同。概括而言，关于公共养老金制度与居民消费（储蓄）关系的研究主要观点可分为三大类：一是认为公共养老金制度挤出储蓄或挤进消费；二是认为公共养老金制度挤进储蓄或挤出消费；三是认为公共养老金制度与消费（储蓄）关系复杂，已有经验数据并不能支撑确定性结论的获得。表 2－1 是对纳入系统性文献回顾的外文文献的归纳总结。

二　公共养老金制度与消费/储蓄替代关系论

对公共养老金制度与消费/储蓄问题的关注最早从 20 世纪 50 年代在欧洲开始。尤其在德国，现收现付制引入公共养老金制度遭到社会反对，一个主要原因是担忧公共养老金会减少国民储蓄率。由于当时对这一问题的讨论和学术论文并没有英文发表，世界大部分国家

表 2 – 1　　　　　　　　　　　系统性外文文献回顾要点提取

作者(国家)	理论/模型	数据	因变量	养老保险变量	结论
费尔德斯坦(1974)(美国)	扩展生命周期	1929—1971年	消费	社会保障财富	挤出储蓄
费尔德斯坦(1979)(美国)	扩展生命周期	1963年调查	其他私人资产	社会保障财富	挤出储蓄
费尔德斯坦(1996)(美国)	扩展生命周期	1929—1995年	消费	社会保障财富	挤出储蓄
威尔科克斯(Wilcox, 1989)(美国)	李嘉图等价	1966年3月至1985年4月(月度)	消费	OASI待遇给付	挤进消费
盖尔(Gale, 1998)(美国)	生命周期	1983年调查	广义私人资产	养老金财富	挤出
Pecchenino(1999)(美国)	世代交叠(OLG)	模拟	资本积累	社会保障税	挤出
布鲁斯等(2013)(美国)	世代交叠(OLG)	模拟	经济增长	社会保障税	阻碍
博斯沃思等(Bosworth et al., 2004)(美国及13个OECD国家)	—	1978—1999年(美)1970—2000年(OECD)	私人储蓄	养老金储蓄	挤出储蓄
阿莱西等(Alessie et al., 2013)(欧洲13国)	生命周期	SHARELIFE调查	家户储蓄	养老金财富	挤出储蓄
科恩等(Cohn et al., 2003)(G7国家)	—	1960—1999年	家户储蓄	社会保障供款	挤出储蓄
金等(Kim et al., 2010)(德国)	生命周期	1984—1999年面板	私人财富	养老金财富	挤出
艾德(Aydede, 2008)(土耳其)	生命周期	1970—2003年	消费	社会保障财富	挤进消费
佩雷拉等(Pereira et al., 2012)(葡萄牙)	—	1970—2007年	私人部门总储蓄率	公共养老金支出占GDP比例	挤出储蓄
阿莱西等(Alessie et al., 1997)(荷兰)	持久收入	1987—1991年面板	私人储蓄	社会保障财富	挤出储蓄

续表

作者(国家)	理论/模型	数据	因变量	养老保险变量	结论
桑滕(Santen, 2012)(荷兰)	生命周期	2006—2011 年家计调查	私人储蓄	强制性养老金替代率	挤出效应(富裕群体)
Attanasio(2003)(意大利)	生命周期	1989 年、1991 年、1993 年、1995 年微观调查	家户储蓄	养老金财富	替代效应
Choi(2010)(韩国)	—	1983—1987 年和1989—1991 年家计调查	家户储蓄	1988 年国民养老金实施与否	挤出效应
Okumura(2014)(日本)	—	2007 年和 2009 年调查	私人储蓄	公共养老金财富	挤进储蓄
Horioka(2007)(日本)	世代交叠(OLG)	模拟	储蓄	公共养老金供款	挤进储蓄
莱默等(Leimer et al., 1982)(美国)	扩展生命周期	1930—1974 年	消费	社会保障财富	中性论
巴罗等(1979)(16 个工业化国家)	扩展生命周期	1951—1960 年	私人储蓄	人均公共养老金待遇/GDP	不确定
梅古尔(Meguire, 1998)(美国)	扩展生命周期	1931—1992 年	私人储蓄	社会保障财富	不确定
威廉姆森(1983)(美国)	生命周期	模拟	消费	社会保障财富	不确定
费尔德(Felderer, 1992)	生命周期	理论推导	个人储蓄	现收现付养老金	不确定
赞伯格(Zandberg, 2013)(非 OECD 54 国)	—	2001—2010 年	经济增长	养老金资产	复杂(短/长期)
克里迪等(Creedy et al., 2015)(新西兰)	生命周期	政策模拟	家户储蓄	养老金供款	中性
萨姆威克(Samwick, 2000)(智利、瑞士、英国、巴布亚新几内亚、冈比亚)	生命周期	1970—1994 年	储蓄	养老金改革	不确定
科波茨等(Kopits et al., 1980)(14 个发达国家和 40 个发展中国家)	生命周期	1969—1971 年	家户储蓄	待遇、税收、制度建立年份	中性

续表

作者(国家)	理论/模型	数据	因变量	养老保险变量	结论
弗雷塔斯等(Freitas et al., 2013)(22 个 OECD 国家)	生命周期	1970—2009 年	家户储蓄	养老金替代率	复杂(考虑医疗支出)
贝尔特拉梅蒂等(Beltrametti et al., 2003)	OLG	政策模拟	资本积累	国家间的养老金协调政策	中性
阿塔纳西欧(Attanasio, 2003)(英国)	生命周期	1974—1987 年家计调查	私人储蓄	BSP 与 SERPS 养老金净财富	BSP 中性 SERPS 挤出
布鲁姆等(Blum, 1990)(德国)	生命周期	1978 年跨部门家计调查	私人储蓄	养老金供款	部分替代
古斯特曼(Gustman, 1999)(美国)	生命周期	1992 年 HRS 调查	非养老金储蓄	社会保障财富	不明确
戴利等(Daly et al., 1982)(加拿大)	生命周期	1975 年和 1976 年	个人储蓄	CPP 计划供款	部分替代
Wakabayashi 等(2001)(日本)	目标财富假说	1996 年微观调查	退休储蓄	待遇给付/社会保障财富	挤出/中性

注:此处国家为论文重点分析的国家及地区。

的经济学家并不知晓这一议题。直到美国哈佛大学费尔德斯坦教授相继发表关于社会保障与消费/储蓄的理论与实证的学术研究,并在美国掀起一股广泛讨论的热潮,这一议题才逐渐成为学界焦点。已有研究中相当一部分认为,公共养老金与消费/储蓄存在替代关系。具体而言,现收现付制公共养老金制度挤出居民储蓄,由于消费与储蓄相当于一枚硬币的正反面,这也就意味着公共养老金制度对居民消费的挤进效应。

费尔德斯坦(1974)基于生命周期理论,在莫迪格利亚尼和安多(Modigliani and Ando, 1961)消费函数的基础上加入社会保障①财富

———————

① 在美国,"社会保障"专指政府强制提供的"老年、遗属及残障保险",实为现收现付的公共养老金制度安排。

变量，建立扩展的生命周期模型，并根据美国 1929—1971 年（除 1941—1946 年第二次世界大战年份）宏观数据估算社会保障财富总值和净值，回归结果发现：社会保障挤进了个人消费支出，进而推断出社会保障财富挤出了个人储蓄 30%—50% 的水平。由此认为，美国社会保障的"资产替代效应"超过"引致退休效应"，从而引发对美国国民总储蓄及资本积累量的担忧。[1] 同样，费尔德斯坦（1979）在扩展的生命周期模型基础上，通过美国 1963 年消费者金融状况调查的横截面数据发现，社会保障显著地抑制了私人财富积累。针对莱默和莱斯诺伊（Leimer and Lesnoy，1982）等学者的质疑，费尔德斯坦（1996）在 1974 年研究基础上新增了 21 年的宏观数据，经修正后的社会保障财富估算方法，并未显著地改变最初的分析结论：总体而言，社会保障财富约减少 60% 的私人总储蓄，并且 1930 年以来的估计和战后的估计结果是相似的，结果具有稳健性。[2] 芒内尔（Munnell，1976）基于生命周期储蓄模型，采用美国 1966—1971 年的调查数据中 45—59 岁的男性样本，分析发现：社会保障养老金及私人养老金覆盖率的提高抑制了其他形式的储蓄，没有被养老金制度覆盖的群体（除最低收入群体以外）比那些期望从正式养老金制度中获得待遇给付的群体拥有更多的个人资产。[3] 威尔科克斯（1989）基于生命周期的累积理性预期假说和李嘉图等价定理，根据美国 1966 年 3 月至 1985 年 4 月的宏观月度数据，通过对差分序列的回归考察社会保障待遇给付对消费支出的影响，结果表明：社会保障待遇水平的增加会带来消费支出的大幅增加，尤其对于耐用消费品。[4] 盖尔（1998）根据 1983 年美国消费者金融调查（SCF）3824 个家户的横截面数据

① Feldstein, M., "Social Security, Induced Retirement, and Aggregate Capital Accumulation", *Journal of Political Economy*, Vol. 82, No. 5, 1974, pp. 905 – 926.

② Feldstein, M., "Social Security and Saving: New Time Series Evidence", *National Tax Journal*, Vol. 49, No. 2, 1996, pp. 151 – 164.

③ Munnell, A. H., "Private Pensions and Savings: New Evidence", *Journal of Political Economy*, Vol. 84, No. 5, 1976, pp. 1013 – 1032.

④ Wilcox, D. W., "Social Security Benefits, Consumption Expenditure, and the Life Cycle Hypothesis", *Journal of Political Economy*, Vol. 97, No. 2, 1989, pp. 288 – 304.

进行最小绝对偏差回归，发现养老金财富对其他类型财富具有较大的挤出效应。[①] Pecchenino 和 Utendorf （1999） 通过三期世代交叠模型的模拟，认为在多种人口学情景假设下，社会保障税挤出了教育支出，降低了资本积累，减缓了经济增长及全民福利。[②] 布鲁斯和杜诺夫斯基（Bruce and Turnovsky，2013） 在纳入现实死亡率和人口因素假设的均衡增长世代交叠模型模拟下，发现美国拥有现收现付制社会保障的稳态经济比没有社会保障的稳态经济增长较慢；现存和未来家庭的终生期望效用在拥有社会保障的稳态经济中要更低。[③]

关于公共养老金与消费/储蓄的关系在欧洲和亚洲的经验研究正不断丰富和发展。科恩和库鲁里（Cohn and Kolluri，2003） 对 20 世纪 60 年代到 1999 年七国集团（G7）国家（加拿大、法国、德国、意大利、日本、英国、美国）的跨国比较时间序列分析显示，社会保障供款对家庭储蓄产生负向影响。[④] 阿莱西等（Alessie et al.，2013）基于简单离散时间的生命周期模型（不考虑不确定性及流动性约束），根据欧洲 2008—2009 年 SHARELIFE 的调查数据进行稳健的中位数回归，研究发现，养老金财富与非养老金财富（家庭储蓄）之间存在替代效应：在其他条件一定时，每一欧元养老金财富的增加将会降低非养老金财富约 47 分；使用工具变量的回归则呈现出完全的替代效应。[⑤] 金和克隆普（Kim and Klump，2010） 依托简单的生命周期模型，根据 1984—1999 年德国社会经济面板数据（GSOEP）检验社会养老保险和个人财富的关系，最小绝对偏差回归结果表明，德国社会

① Gale, W., "The Effects of Pensions on Household Wealth: A Revaluation of Theory and Evidence", *Journal of Political Economy*, Vol. 106, No. 4, 1998, pp. 706–723.

② Pecchenino, R. A. and Utendorf, K. R., "Social Security, Social Welfare and the Aging Population", *Journal of Population Economics*, Vol. 12, No. 4, 1999, pp. 607–623.

③ Bruce, N. and Turnovsky, S. J., "Social Security, Growth, and Welfare in Overlapping Generations Economies with or without Annuities", *Journal of Public Economics*, No. 101, 2013, pp. 12–24.

④ Cohn, R. A. and Kolluri, B. R., "Determinants of Household Saving in the G–7 Countries: Recent Evidence", *Applied Economics*, Vol. 35, No. 10, 2003, pp. 1199–1208.

⑤ Alessie, R., Angelini, V. and Santen, P. V., "Pension Wealth and Household Savings in Europe: Evidence from SHARELIFE", *European Economic Review*, No. 63, 2013, pp. 308–328.

养老保险财富对私人退休资产积累产生挤出作用，但这一挤出效应不
到22%，并没有生命周期理论设想的效果大，也没有美国的经验效果
严重。[1] 艾德（Aydede，2008）基于生命周期模型（纳入可能会影响
总消费的不确定性、借贷性约束、失业、人口变化、利率等因素），
对土耳其1970—2003年34年的时间序列数据进行回归分析，结果表
明，社会保障养老金财富对居民消费具有显著的正向影响，且影响是
稳健的，亦即公共养老金减少了居民储蓄。[2] 佩雷拉和安德拉斯
（Pereira and Andraz，2012）基于葡萄牙1970—2007年的宏观数据，
对社会保障养老金支出占GDP的比例、失业率和储蓄率构建VAR时
间序列模型，估计结果显示，社会保障支出对劳动力市场、资本市
场、失业率及边际储蓄率造成负面影响，并认为传统现收现付制养老
金制度的参数式改革不再奏效，建议进行结构式改革，使养老金转向
积累式的第二、第三支柱以适应人口结构变化、财务可持续性及宏观
经济效率的发展要求。[3] 阿莱西等（1997）基于生命周期的持久收入
假说，采用荷兰1987—1991年的社会经济面板数据（SEP）对荷兰
强制性养老金计划的私人储蓄效应进行固定效应分析，结果表明，在
完全资本市场、无预防性储蓄动机等假设下，公共养老金财富对自愿
储蓄存在完全的替代效应，而积累制的职业养老金财富对于自愿储蓄
并无明显的替代效应。[4] 桑滕（2012）根据一个包括不确定性的有限
期离散时间生命周期模型，对荷兰DNB家计调查数据进行面板数据
的分位数回归，分析结果显示，对于处于收入分位数较高水平的群
体，荷兰第一、第二支柱的强制性养老金对私人储蓄的替代效应显

---

[1] Kim, S. and Klump, R., "The Effects of Public Pensions on Private Wealth: Evidence on the German Savings Puzzle", *Applied Economics*, Vol. 42, No. 15, 2010, pp. 1917 – 1926.

[2] Aydede, Y., "Aggregate Consumption Function and Public Social Security: The First Time – Series Study for a Developing Country, Turkey", *Applied Economics*, Vol. 40, No. 14, 2008, pp. 1807 – 1826.

[3] Pereira, A. M. and Andraz, J. M., "Social Security and Economic Performance in Portugal: After All that Has Been Said and Done How Much Has Actually Changed?", *Portuguese Economic Journal*, Vol. 11, No. 2, 2012, pp. 83 – 100.

[4] Alessie, R., Kapteyn, A. and Klijn, F., "Mandatory Pensions and Personal Savings in the Netherlands", *De Economist*, Vol. 145, No. 3, 1997, pp. 291 – 324.

著——强制性养老金财富每下降 1 欧元，其他私人财富约提升 11.5%；同时，个人储蓄随着未来养老金收入不确定性的增加而增加，如果忽视预防性储蓄动机，养老金财富的替代效应将被高估。对于处于低收入分位数的群体，养老金对储蓄的替代效应和预防性储蓄效应均不显著。[①] 阿塔纳西欧和布鲁贾维尼（2003）以意大利 1992 年的社会保障改革为切入点，基于 1989 年、1991 年、1993 年和 1995 年意大利家户收入与财富调查（SHIW）微观数据，构建双重差分（DID）模型探索社会保障养老金财富变化量与家户储蓄率的因果关系。分析结果说明，1992 年意大利养老金改革后，社会保障养老金财富的降低增加了私人储蓄率，并且这一替代效应因不同年龄组而产生差异：在 35—45 岁工作人群中的替代效应显得尤其高。[②] Choi（2010）同样采用准实验设计的思路，以韩国 1988 年《国民养老金法案》的颁布为切入点，依据韩国 1983—1987 年与 1989—1991 年的家户收入和支出调查数据，设定拥有特殊养老金计划的政府雇员为控制组，1988 年以后加入国家养老金计划的私部门就业者为实验组，通过双重差分分析发现，1988 年以前，实验组和控制组的储蓄率水平并无显著性差异；而改革以后，两组的储蓄率存在显著差异。实证结果表明，韩国的国民养老金挤出了家庭储蓄 -0.9% — -1.8%，平均挤出效应为 -1.4%；若将特定组别的时间效应考虑在内，平均挤出效应为 -5.9%，从 -3.4% — -9.3%；另外，这一挤出效应将随着社会保障制度的成熟而变大。[③]

Horioka 等（2007）基于世代交叠模型的模拟分析表明，日本现收现付制公共养老金的供款增加了 1960 年以后出生队列群体的储蓄率，尤其是在 1960 年后出生队列人口占总人口比例上升的情况下，

① Santen, P., "Uncertain Pension Income and Household Saving", *Netspar Discussion Papers*, DP 10/2012 - 034, 2012.

② Attanasio, O. P. and Brugiavini, A., "Social Security and Households Saving", *The Quarterly Journal of Economics*, Vol. 118, No. 3, 2003, pp. 1075 - 1119.

③ Choi, S. E., "Social Security and Household Saving in Korea: Evidence from the Household Income and Expenditure Survey", *The Korean Economic Review*, Vol. 26, No. 1, 2010, pp. 97 - 119.

在一定程度上抑制了由人口老龄化带来的储蓄率下降趋势。然而，
2004 年的养老金改革①可能对家户储蓄率产生不利影响。② Okumura
和 Usui（2014）基于日本老年退休调查（JSTAR）2007 年与 2009 年
的微观数据，通过最小二乘及工具变量估计，发现日本公共养老金的
改革③，使人们对未来养老金给付预期下降，对未来养老金的担忧增
加了非退休人员的私人储蓄水平。④

二 公共养老金制度与消费/储蓄关系不确定论

另有一部分学者对公共养老金制度与储蓄/消费的替代关系提出
了质疑，并基于实证研究得出不确定性的结论。莱默和莱斯诺伊
（1982）针对费尔德斯坦（Feldstein，1974）关于美国的经验证据，
对社会保障财富变量的假设、算法与时期敏感性提出质疑，分析方法
经修正后发现，经验数据并不支持费尔德斯坦的社会保障财富挤出储
蓄论，战后的证据显示，社会保障财富很有可能挤进了储蓄，因此，
相关经验证据并不能为挤出论或挤进论提供显著的经验支撑。梅古尔
（1998）根据美国1931—1992 年的宏观时间序列数据，进行自相关、
异方差修正后的最大似然估计，并考虑第二次世界大战前后及 1972
年的结构性变动，认为费尔德斯坦（1996）的计算结果所依据的假设
一旦放松，模型的拟合效果会更好，但可能会颠覆其最初结论：社会
保障对个人储蓄的负向影响很大程度上取决于 1972 年法规的改变，
即使将相关的因素进行修正，得出 1992 年社会保障抑制了居民储蓄

---

① 2004 年日本公共养老金改革的特点主要是将其筹资体系转化为自我平衡。通过供
款率的事先确定机制，引入宏观经济调济指数等方式降低替代率水平，进一步实现公共养
老金制度的长期财务平衡。

② Horioka, C. Y., Suzuki, W. and Hatta, T., "Aging, Savings, and Public Pensions
in Japan", *Asian Economic Policy Review*, Vol. 2, No. 2, 2007, pp. 303 – 319.

③ Okumura, T. and Usui, E., "The Effect of Pension Reform on Pension – Benefit Expecta-
tions and Savings Decisions in Japan", *Applied Economics*, Vol. 46, No. 14, 2014, pp. 1677 – 1691.

④ 日本的公共养老金包括三个部分：第一，针对自雇者和非雇佣人群的"国家养老保
险（NPI）"；第二，针对私人部门雇员的"雇员养老保险（EPI）"；第三，针对公共部门和
私立学校雇员的"互助保险（MAI）"。获取公共养老金的资格包括最低 25 年的供款年限。
EPI 与 MAI 受抚养的配偶的收入若在最低标准以下可享受固定比率待遇给付而免于供款。根
据近年的系列改革要求，日本男性、女性对于不同类型公共养老金的领取年龄自 2001 年开
始有逐步提升。

约350亿美元的结论，消费支出函数（无论是生命周期模型还是ACA的形式）都不可能对社会保障影响储蓄的作用给予过多的有用信息。[①]费尔德（1992）基于代表性家庭的生命周期模型，在一系列制度环境假设下进行理论推导，发现：在个人储蓄和代际转移都能为老年退休提供收入保障的社会，现收现付制公共养老金不一定会降低个人储蓄水平。[②] 古斯特曼和斯塔梅尔（Gustman and Steinmeier，1999）基于对美国健康与退休研究（HRS）1992年微观数据的分析，认为社会保障养老金财富对其他财富呈现出有限的替代作用，它对非养老金储蓄是否有替代作用尚不明确。[③]

另有一些跨国比较的经验分析发现，很难得出公共养老金与消费/储蓄的明确关系。巴罗和麦克唐纳（Barro and Macdonald，1979）基于扩展的生命周期模型，对西方16个工业化国家1951—1960年的时间序列及横截面数据分析，发现结果并没有提供社会保障对私人储蓄负面影响的证据，并且由于数据质量与估计的问题，结论仍是不确定的。因此，社会保障与私人储蓄、资本形成仍然是一个开放的经验问题（其实理论上也未形成定论），一种可能的解释是自愿性的私人代际转移发生时，能抵消部分社会保障挤出储蓄的效应。[④] 科皮茨和戈图尔（Kopits and Gotur，1980）基于1969—1971年的平均年度观测数据，分别对14个发达国家和40个发展中国家建立家庭储蓄及劳动力参与模型，分析发现：社会保障待遇水平的提高以及社保税的增长并没有对家庭储蓄造成负面影响，征税及待遇给付在发达工业化国家还有可能促进了家户储蓄，尽管这一刺激作用可能随着制度的完善而

---

① Meguire, P., "Comment: Social Security and Private Savings", *National Tax Journal*, Vol. 51, No. 2, 1998, pp. 339 – 358.

② Felderer, B., "Does a Public Pension System Reduce Savings Rates and Birth Rates?", *Journal of Institutional and Theoretical Economics*, Vol. 148, No. 2, 1992, pp. 314 – 325.

③ Gustman, Alan L. and Steinmeier, Thomas L., "Effects of Pensions on Savings: Analysis with Data from the Health and Retirement Study", *Carnegie – Rochester Conference Series on Public Policy*, Vol. 50, No. 1, 1999, pp. 271 – 324.

④ Barro, R. J. and Macdonald, G. M., "Social Security and Consumer Spending in an International Cross Section", *Journal of Public Economics*, Vol. 11, No. 3, 1979, pp. 275 – 289.

减弱。[①] 萨姆威克（2000）基于标准的生命周期模型，根据 1970—1994 年智利、瑞士、英国、巴布亚新几内亚、冈比亚的面板及时间序列数据，考察各国养老金制度从现收现付制向基金积累制的巨大变革是否会增加国民总储蓄。结果表明：其一，时间序列的经验显示，除智利以外，几乎没有国家在养老金向积累制改革后表现出储蓄率增长的趋势，且智利的经验也是不稳健的；其二，横截面数据的分析表明，拥有现收现付制养老金的国家呈现较低的储蓄率，但储蓄率会随着覆盖率的提高而增加。总之，不同养老金类型与国民储蓄率的因果关系推断尚没有明确的结论。[②] 弗雷塔斯和马丁斯（Freitas and Martins，2014）建立了一个包括社会转移支付和寿命变化的生命周期模型，通过 22 个 OECD 国家 1970—2009 年的面板数据分析，发现：若单独考虑高养老金替代率和较高比例的医疗费用支出，它们将不利于增加家户储蓄；但是，从储蓄动机的角度看，如果老年消费者的消费结构转向有较大政府补贴的产品从而能获得较为充足的退休收入，那么储蓄不会减少。[③] 赞伯格和斯皮尔迪克（Zandberg and Spierdijk，2012）基于 54 个 OECD 国家及非 OECD 国家 2001—2010 年的面板数据和稳健估计结果显示，养老基金对于经济增长的影响是复杂的：短期并没有显著影响，但长期来看，养老基金可能会对经济增长产生微弱的正向影响。[④] 克里迪等（2015）基于两期生命周期模型模拟代表性家庭通过最优化消费、住房、储蓄的选择实现一生效用的最大化，结果显示，公共养老金水平的降低可能带来家户储蓄的增加；而通过对新西兰经济的模拟，家户储蓄、消费及住房选择对于税率、公共养

① Kopits, G. and Gotur, P. , "The Influence of Social Security on Household Savings: A Cross – Country Investigation", *Staff Papers – International Monetary Fund*, Vol. 27, No. 1, 1980, pp. 161 – 190.

② Samwick, A. , "Is Pension Reform Conducive to Higher Saving?", *Review of Economics and Statistics*, Vol. 82, No. 2, 2000, pp. 264 – 272.

③ Freitas, N. E. and Martins, J. O. , "Health, Pension Benefits and Longevity: How They Affect Household Savings?", *The Journal of the Economics of Ageing*, No. 3, 2014, pp. 21 – 28.

④ Zandberg, E. and Spierdijk, L. , "Funding of Pensions and Economic Growth: Are They Really Related?", *Journal of Pension Economics and Finance*, Vol. 12, No. 2, 2012, pp. 151 – 167.

老金等政策及人口变化的反应是中性的。[①] 阿塔纳西欧和罗韦德尔（Attanasio and Rohwedder，2003）基于一个四期的生命周期模型，根据 1974—1987 年英国家庭支出调查微观数据，将英国三次养老金重大改革视为自然实验，通过实验设计探索英国国民基础养老金（BSP）与收入关联养老金（SERPS）和养老金净财富对家户储蓄率的净影响。结果表明，收入关联养老金对私人储蓄具有较高的挤出效应，而国家基础养老金对私人储蓄几乎没有替代效应。[②] 布鲁姆和高德里（Blum and Gaudry，1990）通过对德国 1978 年跨 5 个经济部门（分收入组的蓝领、白领工人、自雇者）的家计调查数据进行 Box - Cox 变化分析，发现德国公共养老金供款对私人储蓄产生部分替代效应，公共养老金供款对储蓄的挤出效应在高收入白领家庭表现得并不明显。[③] 戴利（Daly，1982）基于加拿大 1975 年、1976 年的税收横截面数据，通过加权最小二乘回归，发现加拿大公共养老金计划（CPP）对个人退休储蓄存在部分的替代效应，但是，无法衡量 CPP 对总储蓄的全部效应。[④] Wakabayashi（2001）在"目标财富假设"这一理论框架下，基于日本 1996 年社会保障与自我帮助调查数据的分析结果发现，公共养老金待遇给付对于退休储蓄呈现出显著的挤出效应，而社会保障财富对于退休储蓄的"挤出效应"并不显著。[⑤]

---

① Creedy, J., Gemmell, N. and Scobie, G., "Pensions, Savings and Housing: A Life - Cycle Framework with Policy Simulations", *Economic Modelling*, No. 46, 2015, pp. 346 – 357.

② Attanasio, O. P. and Rohwedder, S., "Pension Wealth and Household Saving: Evidence from Pension Reforms in the United Kingdom", *American Economic Review*, Vol. 93, No. 5, 2003, pp. 1499 – 1521.

③ Blum, C. H. and Gaudry, M. J. I., "The Impact of Social Security Contributions on Savings: An Analysis of German Households by Category", *Jahrbuch für Sozialwissen schaft*, Vol. 41, No. 2, 1990, pp. 217 – 242.

④ Daly, M. J., "The Impact of Public Pensions on Personal Retirement Saving in Canada: Some Evidence from Cross - Section Data", *Southern Economic Journal*, Vol. 49, No. 2, 1982, pp. 428 – 439.

⑤ Wakabayashi, M., "Retirement Saving in Japan: With Emphasis on the Impact of Social Security and Retirement Payments", *Journal of the Japanese and International Economies*, Vol. 15, No. 2, 2001, pp. 131 – 159.

第三节 国内研究现状

一 研究概述

关于国内的公共养老金制度与居民消费/储蓄关系的探讨，一般围绕城镇职工基本养老保险制度、新型农村社会养老保险制度、城乡居民养老保险制度展开，根据持久收入理论、生命周期理论、世代交叠模型等，通过宏观总量数据、微观调查数据及政策模拟分析进行相关性或因果关系推断。公共养老金制度衡量指标丰富、数据类型多样化，所得结论也不尽相同。依据国内研究文献的系统性回顾（见表2-2），我们可以从三个方面对主要观点进行归类：①认为公共养老金制度挤出储蓄或挤进消费；②认为公共养老金制度挤进储蓄或挤出消费；③认为公共养老金制度与消费（储蓄）关系较为复杂，尚无明确结论。

表2-2　　　　　　　　系统性中文文献回顾要点提取

作者	分析对象	数据/方法	因变量	养老保险变量	结论
何立新、封进、佐藤宏（2008）	城镇职工基本养老保险	1995年、1999年城镇住户调查	家庭储蓄	养老金财富	挤出储蓄
张继海（2008）	城镇职工基本养老保险	2002年、2003年辽宁省城镇家计调查	居民消费	养老金财富	挤进消费
王亚柯（2008）	城镇职工养老基本保险	2002年城镇住户调查	家庭储蓄	养老金财富	挤出储蓄
黄莹（2009）	城镇养老保险	1990—2006年全国宏观时序	居民储蓄	社会养老基金收入	挤出储蓄
柳清瑞、穆怀中（2009）	城镇养老保险	模型推导	私人储蓄	养老金替代率	挤出储蓄
蒋云赟（2010）	城镇养老保险	模拟测算	国民储蓄	代际账户	挤出储蓄

续表

作者	分析对象	数据/方法	因变量	养老保险变量	结论
杨河清、陈汪茫（2010）	城镇基本养老保险	2000—2007 年各地区宏观数据	居民消费	养老保险基金支出、参保人数	挤进消费
石阳、王满仓（2010）	城镇职工基本养老保险	30 个省份 2000—2007 年宏观数据	居民消费	养老金财富	挤出储蓄
虞斌、姚晓垒（2011）	城镇职工基本养老保险	30 个省份 2001—2009 年宏观数据	居民消费	养老金财富	挤进消费
苏春红、李晓颖（2012）	城镇职工基本养老保险	山东省 17 个地市 2003—2010 年	居民消费	人均城镇基本养老保险支出	挤进消费
姚晓垒、虞斌（2012）	城镇职工基本养老保险	1989—2009 年全国宏观时序	居民消费	人均养老保险收入	促进消费
孟祥宁（2013）	城镇基本养老保险	1980—2010 年全国宏观数据	居民消费	人均养老保险支出	挤进消费
张虹、王波（2014）	城镇养老保险	1995—2011 年全国时序，2011 年省际	居民消费	基金总支出	挤进消费
蔡兴（2015）	城镇养老保险	31 个省份 2002—2013 年宏观时序	居民消费	养老金替代率、覆盖率	促进消费
徐舒、赵绍阳（2013）	城镇养老保险	URBMI 全国 9 县追踪调查	消费	养老金替代率（差异）	促进消费
朱波、杭斌（2014）	城镇养老保险	CGSS 2008	居民消费	参保与否	参保促进消费
陈航、李景华（2016）	基本养老保险	1989—2014 年全国时序	居民消费	基本养老保险基金支出	促进消费
薛畅（2016）	城镇职工基本养老保险	31 个省份 2008—2014 年	储蓄	养老金覆盖率、替代率、负担率	挤出储蓄
王利军（2006）	基本养老保险	1980—2004 年宏观时序	居民消费	养老保险财政支出	促进消费
孟醒、申曙光（2016）	基本养老保险	CGSS 2004 年、2009 年	居民消费	养老金财富	促进消费
徐勇、谢琼（2008）	基本养老保险	各省份 2000—2005 年	总消费	参保人数	挤进消费

续表

作者	分析对象	数据/方法	因变量	养老保险变量	结论
马明申（2010）	城镇基本养老保险	福建省2001—2008 年	居民消费	基本养老保险基金总收入	挤进消费
李时宇、冯俊新（2014）	城乡居民社会养老保险	模拟	总消费	基础养老金水平	挤出储蓄
沈毅、穆怀中（2013）	新农保	31 个省份 2011 年	居民消费	基金支出、新农保参保人数	促进消费
杨宏亮（2014）	新农保	31 个省份 2006—2010 年	居民消费	新农保实施与否	促进消费
张川川、John Giles 和赵耀辉（2014）	新农保	CHARLS 2011 年	家庭消费	新农保试点地区	促进消费
Huamao Zheng，Teng Zhong（2016）	新农保	全国农村定点调查 2009—2010 年	居民消费	新农保试点地区、实施前后	促进消费
陈亚欧、万山（2012）	城镇基本养老保险	1989—2010 年全国时序	居民消费	养老保险基金、覆盖率	抑制消费
杨继军、张二震（2013）	城镇基本养老保险	1994—2010 年省际数据	居民储蓄	养老保险覆盖率、缴费率	挤进储蓄
徐裕人、吴斌、吴明峰（2008）	社会基本养老保险	1993—2005 年宏观时序	居民储蓄	养老保险基金支出、参保人数	挤进储蓄
Jin Feng、Lixin He 和 Hiroshi Sato（2011）	城镇基本养老保险	中国家户收入调查（CHIP）1999	家庭储蓄	养老金财富	挤进储蓄
万春、许莉（2006）	基本养老保险	模型测算	经济增长	社会统筹账户缴费率	抑制经济增长
田银华、龙朝阳（2008）	基本养老保险	模型测算	个人消费/储蓄	养老保险基金	复杂
张力、陈加旭（2011）	基本养老保险	—	居民消费	养老保险	无定论
李雪增、朱崇实（2011）	城镇职工基本养老保险	2001—2008 年省际	居民储蓄	人均基本养老金收入、改革	挤进储蓄
白重恩、吴斌珍、金烨（2012）	城镇养老保险	中国城镇住户调查（2002—2009）	家庭消费	养老金缴费率、覆盖与否	复杂

续表

作者	分析对象	数据/方法	因变量	养老保险变量	结论
邹红、喻开志、李奥蕾（2013）	城镇养老保险	2002—2009 年广东省城镇住户调查	—	参保与否、缴费率	复杂
张国海、王枫林（2015）	城镇职工基本养老保险	2003—2012 年的省际	居民消费	人均基金支出	复杂
李珍、赵青（2015）	城镇职工基本养老保险	1987—2012 年宏观时序，2000—2012 年省际面板	居民消费	覆盖率、替代率	无定论
陈静（2015）	基本养老保险	2011 年中国家庭金融调查	居民（不同类型）消费	参保类型	复杂
洪丽、曾国安（2016）	城镇基本养老保险	30 个省份 2001—2011 年	居民储蓄	养老金占 GDP 比率、覆盖率	不明确
田玲、姚鹏（2015）	基本养老保险	CGSS 2010 年	养老保险持有类型	居民消费	复杂
杨燕绥、于森、胡乃军（2016）	城镇职工基本养老保险	31 个省份 1997—2012 年	居民消费	养老金替代率、覆盖率	复杂
郭媛媛、刘灵芝（2013）	新农保	2011 年湖北省实地调查	居民消费	参保与否	挤出部分消费（短期）
李慧、孙东升（2014）	新农保	2009 年山西省太原市调查	消费意愿	养老保险满意度	复杂
于建华、魏欣芝（2014）	新农保	2007—2012 年	居民消费	政策试点、待遇领取/缴费人数	没有定论
马光荣、周广肃（2014）	新农保	2010 年和 2012 年中国家庭追踪调查	居民储蓄	参保与否、参与人数	没有定论
尹佳瑜（2015）	新农保	CHARLS 2011 年、2013 年	居民消费	覆盖与否	不明确
许鼎（2015）	新农保	政策仿真	人均消费	基础养老金率、个人缴费率	复杂

二　公共养老金制度挤出储蓄/挤进消费论

目前，较占上风的一派观点认为，养老保险挤出储蓄或挤进当前消费。这与费尔德斯坦对现收现付制公共养老金制度的观察相一致。国内学者既有从宏观经验入手，也有从微观证据入手，还有通过模拟等其他方式对城镇基本养老保险、新型农村社会养老保险与居民的消费（储蓄）行为进行分析。

（一）宏观证据

从宏观经验看，已有研究通常通过时间序列、面板数据与横截面数据的模型构建实现。黄莹（2009）基于戴蒙德模型的理论推导，分析后发现，现收现付制养老金能够降低储蓄，并用我国1990—2006年的宏观时间序列分析证实了社会养老保险基金收入对居民储蓄的挤出效应。姚晓垒、虞斌（2012）基于1989—2009年的全国宏观数据，对我国城镇职工基本养老保险改革前后进行比较，研究发现：1997年以后人均养老金水平对居民消费的促进作用显著，大于改革以前养老保险对消费的影响。[①] 孟祥宁（2013）基于生命周期模型，对1980—2010年的时序数据进行协整分析并构造误差修正模型，结果显示，从长期均衡来看，人均养老保险支出每增加1%，城镇居民的人均消费性支出将增加0.5%。[②] 张虹、王波（2014）基于凯恩斯的绝对收入假说，根据我国1995—2011年的宏观时间序列建立城镇老年人总消费支出和城镇养老保险基金总支出的短期波动和长期均衡模型，研究结果显示，社会基本养老保险对带动老年人消费的经济效应明显。[③] 陈航、李景华（2016）基于1989—2014年的时序数据，对全国基本养老保险基金支出与农村居民消费支出建立非限制性向量自回归模型（VAR），研究结果表明，基本养老保险基金支出与农村居民消费之间

---

① 姚晓垒、虞斌：《我国养老保险影响居民消费的实证研究——基于养老保险改革前后的对比分析》，《浙江金融》2012年第3期。

② 孟祥宁：《中国城镇居民养老保险对消费行为的影响研究——基于Feldstein生命周期假说模型》，《桂海论丛》2013年第2期。

③ 张虹、王波：《社会基本养老保险对老年人消费影响的实证研究》，《财经问题研究》2014年第4期。

呈正向相关关系。①

　　还有学者采用宏观横截面的经验分析。沈毅、穆怀中（2013）采用 2011 年 31 个省份的相关数据建立横截面模型，研究发现，农村养老保险基金支出平均每增加 1 亿元，可以促进当年农村居民生活消费支出约 18 亿元。②

　　综合时间序列及横截面数据特点的面板分析在宏观经验分析中最为常见。杨河清、陈汪茫（2010）基于凯恩斯消费函数理论，采用我国 2000—2007 年的各地区面板数据，得出各省份城镇基本养老保险基金支出对城镇居民家庭人均消费支出产生显著的正向影响。③ 石阳、王满仓（2010）基于全国 30 个省份 2000—2007 年的面板数据分析，发现我国城镇基本养老保险财富对城镇居民消费存在正向影响，即对储蓄具有"挤出效应"。④ 虞斌、姚晓垒（2011）根据我国 30 个省份（西藏除外）2001—2009 年的数据建立省际面板模型，结果显示，养老金财富对城镇居民的消费水平具有显著的促进作用，亦即对储蓄的挤出作用。⑤ 苏春红、李晓颖（2012）对山东省 17 个地市 2003—2010 年的面板数据模型分析，发现各地的人均基本养老保险支出对城镇居民消费有正向影响：在其他条件一定时，基金支出每增加 1 元，居民消费水平约增加 0.0197 元。⑥ 杨宏亮（2014）基于 2006—2010 年全国 31 个省份面板数据的分析，得出新农保的实施显著地提升了

　　① 陈航、李景华：《养老保险基金支出对农村居民消费的影响研究——基于 VAR 模型的实证分析》，《科技资讯》2016 年第 18 期。

　　② 沈毅、穆怀中：《新型农村社会养老保险对农村居民消费的乘数效应研究》，《经济学家》2013 年第 4 期。

　　③ 杨河清、陈汪茫：《中国养老保险支出对消费的乘数效应研究——以城镇居民面板数据为例》，《社会保障研究》2010 年第 3 期。

　　④ 石阳、王满仓：《现收现付制养老保险对储蓄的影响——基于中国面板数据的实证研究》，《数量经济技术经济研究》2010 年第 3 期。

　　⑤ 虞斌、姚晓垒：《我国养老保险对居民消费的影响——基于城镇居民面板数据的实证研究》，《金融纵横》2011 年第 8 期。

　　⑥ 苏春红、李晓颖：《养老保险对我国城镇居民消费的影响——以山东省为例》，《山东大学学报》（哲学社会科学版）2012 年第 6 期。

农民生活消费水平。[1] 蔡兴（2015）在一个两期世代交叠模型的基础上，通过对 31 个省份 2002—2013 年的面板数据静态/动态估计，发现基本养老保险覆盖率及保险水平能够在一定程度上遏制由人口预期寿命延长所带来的城镇居民消费率的下降趋势。[2] 薛畅（2016）通过2008—2014 年省际面板数据的固定效应分析，认为城镇基本养老保险的覆盖率、替代率、负担率均对城镇居民人均储蓄率水平产生显著的负向影响，即挤出储蓄效应明显。[3]

（二）微观证据

越来越多的学者开始从调查数据中获取微观经验。王亚柯（2008）根据我国 2002 年的城镇居民调查数据，估算城镇基本养老保险的养老金财富，并对其储蓄效应进行分析，结果显示，现收现付的养老金挤出居民的储蓄为 70%—80% 的水平，而个人账户养老金则没有显著挤出家庭储蓄。[4] 何立新等（2008）根据 1995 年、1999 年和2002 年的城镇住户调查数据（CHIPS），考察 1995—1997 年城镇企业职工养老保险制度改革引起的养老金财富变化对家庭储蓄的影响，研究发现，养老金财富对家庭储蓄的挤出效应为 30%—40%，并且这一效应在不同年龄户主之间存在显著差异，其中 35—49 岁户主的家庭储蓄率受到养老金财富的负向影响十分显著。[5] 张继海（2008）基于生命周期—持久收入假说，采用 2002 年和 2003 年辽宁省城镇居民家计调查数据估算城镇基本养老保险的养老金财富，回归结果表明，养老金财富对城镇家户人均消费支出具有正向效应，同时也证实了生命周期—持久收入理论在我国的适用性。[6] 徐舒、赵绍阳（2013）基于

① 杨宏亮：《新型农村养老保险对中国农民消费的影响研究》，《人文杂志》2014 年第4 期。

② 蔡兴：《预期寿命、养老保险发展与中国居民消费》，《经济评论》2015 年第 6 期。

③ 薛畅：《人口年龄结构和养老金规模对私人储蓄率影响分析——基于省际面板数据的研究》，《财经理论研究》2016 年第 4 期。

④ 王亚柯：《中国养老保险制度的储蓄效应》，《中国人民大学学报》2008 年第 3 期。

⑤ 何立新、封进、佐藤宏：《养老保险改革对家庭储蓄率的影响：中国的经验证据》，《经济研究》2008 年第 10 期。

⑥ 张继海：《社会保障养老金财富对城镇居民消费支出影响的实证研究》，《山东大学学报》（哲学社会科学版）2008 年第 3 期。

2007 年城镇居民基本医疗保险调查（URBMI），采用似然矩估计法，通过反事实模拟考察养老金"双轨制"对公务员和城镇企业职工的生命周期消费差距影响，研究发现，由养老金"双轨制"带来的替代率差异能够解释两类群体消费差距的 24.3%；若企业职工能享有与公务员相同的养老金替代率，则生命周期的平均消费将提高约 4.84%。[①]朱波、杭斌（2014）通过中国综合社会调查（CGSS）2008 年的数据建立横截面回归模型，以探索养老保险财富效应及其传导机制、习惯形成理论是否存在，分析结果表明，相对于未参保群体而言，参加基本养老保险的居民平均多消费约 9.4%，这对于 40 岁以上参保者的消费水平提升尤为明显。[②]孟醒、申曙光（2016）基于 CGSS 2004 年和 2009 年的数据，通过分位数回归模型探索 2005 年城镇基本养老保险政策变革养老金财富对家庭消费的影响，研究发现，养老金财富变量对居民消费具有激励效应，并且政策改革对男性户主家庭消费的财富激励效应显著增强，而对女性户主家庭则没有明显影响。[③]

张川川等（2014）基于 CHARLS 2011 年调查数据，采用断点回归（RD）与双重差分（DID）估计策略以探求变量间的因果关系，实证结果表明，新农保的养老金收入在一定程度上增进了家庭总（人均）消费水平。[④] Zheng 和 Zhong（2016）根据农业部全国农村定点调查 2009 年、2010 年的数据，通过新农保试点地区、政策实施前后的双重差分识别做因果推断，发现：平均而言，新农保增加了试点地区 1%—3% 的居民消费。[⑤]

---

① 徐舒、赵绍阳：《养老金"双轨制"对城镇居民生命周期消费差距的影响》，《经济研究》2013 年第 1 期。

② 朱波、杭斌：《养老保险对居民消费影响的实证分析》，《统计与决策》2014 年第 24 期。

③ 孟醒、申曙光：《基本养老金财富对居民消费的激励效应——基于分位数回归的研究》，《中山大学学报》（社会科学版）2016 年第 1 期。

④ 张川川、John Giles、赵耀辉：《新型农村社会养老保险政策效果评估——收入、贫困、消费、主观福利和劳动供给》，《经济学》（季刊）2014 年第 1 期。

⑤ Zheng, H. and Zhong, T., "The Impacts of Social Pension on Rural Household Expenditure：Evidence from China", *Journal of Economic Policy Reform*, Vol. 19, No. 3, 2016, pp. 221 - 237.

（三）其他证据

蒋云赟（2010）基于代际核算体系的模拟测算，发现：总体而言，我国的基本养老保险体系对国民储蓄具有一定的挤出效应；但这一挤出效应、挤出强度在不同年龄、不同性别的人群间产生显著差异。[①] 李时宇、冯俊新（2014）基于一个多阶段世代交叠一般均衡模型（A—K 模型）的模拟分析，发现城乡居民社会养老保险中的社会统筹基础养老金能够降低参保人群的养老储蓄需求，提高参保者和全社会的消费水平，短期内社会总消费约上升 0.4%，而长期资本存量则降低约 0.7%。[②]

三 公共养老金制度挤进储蓄/挤出消费论

还有研究发现，我国养老保险挤进了居民储蓄或挤出了居民消费。尽管此类研究不多，但既有来自宏观方面的经验，也有来自微观方面的证据。徐裕人、吴斌、吴明峰（2008）基于生命周期假说，分析我国 1993—2005 年的宏观时间序列数据，发现我国基本养老保险的储蓄的"挤进"效应明显。从绝对数看，随着社会养老金支出的增加，储蓄额的增加明显高于养老金支出的增加；从相对量来看，居民储蓄额相对于养老金支出额是富于弹性的。[③] 陈亚欧、万山（2012）基于行为生命周期模型，在 1989—2010 年的全国宏观时序模型、2011 年 31 个省份的横截面模型分析的基础上，发现基本养老保险基金的增加以及养老保险覆盖率的提高，均抑制了居民消费。[④] 杨继军、张二震（2013）结合中国人口转型、城镇养老保险制度转轨的背景，采用 1994—2010 年的全国省际数据进行动态面板分析，研究结果表明，养老保险覆盖面、养老保险缴费额对居民储蓄的影响显著为正，

---

① 蒋云赟：《我国养老保险对国民储蓄挤出效应实证研究——代际核算体系模拟测算的视角》，《财经研究》2010 年第 3 期。

② 李时宇、冯俊新：《城乡居民社会养老保险制度的经济效应——基于多阶段时代交叠模型的模拟分析》，《经济评论》2014 年第 3 期。

③ 徐裕人、吴斌、吴明峰：《我国社会养老金制度对储蓄影响的实证分析》，《广西财经学院学报》2008 年第 2 期。

④ 陈亚欧、万山：《浅析我国养老保险制度对居民消费的影响——基于行为生命周期模型》，《海南金融》2012 年第 10 期。

这说明以 1997 年、2005 年为代表年份的养老保险制度改革和参数调整并没有缓解居民对于未来的养老保障担忧，反而增加了居民的总储蓄率。[1] Feng 等（2011）基于生命周期理论，并根据中国家户收入调查（CHIP）1999 年的微观数据构建城镇基本养老保险财富变量，在可行性的情景假设下分析发现：1999 年，对于 25—29 岁组人群，基本养老保险改革挤进居民储蓄，为 6%—9%；对于 50—59 岁组人群，养老保险改革挤进居民储蓄，为 2%—3%。另外，不断下降的养老金财富减少了人们花在教育和医疗方面的当前消费开支。[2]

四　公共养老金制度与消费/储蓄关系不确定论

另有不少学者通过对城镇基本养老保险和新型农村社会养老保险的考察，发现它们对居民消费/储蓄的影响关系复杂，并不能得出定论。

李雪增、朱崇实（2011）基于我国 2001—2008 年的省际面板数据的 GMM 系统估计结果显示，养老保险对家庭储蓄的影响较为有限。一方面，人均养老金收入对居民储蓄率产生并不显著的负向影响；另一方面，2005 年的政策变革显著地增加了家庭储蓄率。[3] 白重恩、吴斌珍、金烨（2012）根据生命周期模型，通过中国城镇住户调查（2002—2009 年）建立的面板数据模型，考察基本养老保险覆盖率、缴费率对城镇居民家庭消费支出的影响，发现：被制度覆盖能够显著促进了家庭消费；而养老保险缴费率的上升在 2006 年以前对缴费家庭的消费有显著的抑制作用，在 2006 年以后该影响程度对模型设定十分敏感，尚未得出定论。[4] 邹红、喻开志、李奥蕾（2013）根据广东省 2002—2009 年的城镇住户调查数据，建立两阶段最小二乘回归

---

① 杨继军、张二震：《人口年龄结构、养老保险制度转轨对居民储蓄率的影响》，《中国社会科学》2013 年第 8 期。

② Feng, J., He, L. and Sato, H., "Public Pension and Household Saving: Evidence from Urban China", *Journal of Comparative Economics*, Vol. 39, No. 4, 2011, pp. 470-485.

③ 李雪增、朱崇实：《养老保险能否有效降低家庭储蓄——基于中国省际动态面板数据的实证研究》，《厦门大学学报》（哲学社会科学版）2011 年第 3 期。

④ 白重恩、吴斌珍、金烨：《中国养老保险缴费对消费和储蓄的影响》，《中国社会科学》2012 年第 8 期。

模型，发现参保与否及缴费率对居民消费产生不同方向的影响。拥有养老保险的家庭比未参保家庭在各种消费项目上具有更强的消费意愿；养老保险缴费率的提高将显著地降低居民消费，尽管在不同消费支出类型中的挤出效应存在差异。① 陈静（2015）在扩展生命周期理论的基础上，基于2011年的中国家庭金融调查（CHFS）数据，实证分析基本养老保险的参与情况对不同类型家庭消费支出的影响，研究结果表明，有基本养老保险的家庭，在衣物、耐用品上的边际消费倾向要显著高于没有基本养老保险的家庭；而参保与否对旅游探亲消费和教育培训消费的影响却没有通过显著性检验。② 洪丽、曾国安（2016）基于全国2001—2011年30个省份的面板数据分析，认为城镇基本养老保险覆盖率对城镇居民个人储蓄率存在显著的挤出效应，但养老保障水平对个人储蓄率则并没有显著性影响。③ 田玲、姚鹏（2015）基于2010年中国综合社会调查（CGSS），采用倾向值得分匹配法（PSM）以消除自我选择效应，实证分析结果表明，拥有城市/农村的基本养老保险对于部分家庭消费项目具有正向促进作用，对于个别消费项目则呈现出抑制效应。④ 杨燕绥、于淼、胡乃军（2016）基于全国1997—2012年31个省份的面板数据的动态系统广义矩估计，发现城镇职工基本养老保险替代率挤出城镇居民消费，而制度覆盖率则挤进居民消费。⑤ 张国海、王枫林（2015）基于对2003—2012年省际面板数据的固定效应模型分析，得出结论认为，总体上说，城镇职工基本养老保险基金支出能够促进城镇居民消费，但各地区却存在显著差异，它对居民消费既有正向作用也有负向作用，故无法得出

---

① 邹红、喻开志、李奥蕾：《养老保险和医疗保险对城镇家庭消费的影响研究》，《统计研究》2013年第11期。

② 陈静：《基本养老保险对家庭消费的影响——基于CHFS数据的实证分析》，《消费经济》2015年第1期。

③ 洪丽、曾国安：《养老保险制度的储蓄效应：基于中国的经验研究》，《社会保障研究》2016年第3期。

④ 田玲、姚鹏：《养老保险与家庭消费：基于中国综合社会调查的实证研究》，《北京理工大学学报》（社会科学版）2015年第5期。

⑤ 杨燕绥、于淼、胡乃军：《人口老龄化、养老保险与城镇居民消费研究》，《苏州大学学报》（哲学社会科学版）2016年第3期。

确定性结论。[1]

就新型农村社会养老保险而言，马光荣、周广肃（2014）通过对2010年和2012年的中国家庭追踪调查（CFPS）面板数据分析，发现：对于60岁以下的参保居民，新农保并未对其储蓄率产生显著性影响；对于60岁以上的参保居民，新农保显著地挤出了他们的储蓄率。[2] 许鼎（2015）基于一个两期的世代交叠模型的政策仿真分析发现，提高基础养老金率会抑制人均消费，而提高个人缴费率则对人均消费没有影响。[3] 尹佳瑜（2015）根据CHARLS 2011年和2013年的数据构造断点回归与三重差分回归模型，将实验组设为2011年未实行新农保政策地区的60岁以上老人，控制组设为一直实行新农保政策地区的60岁以上老人，研究结果表明，新农保政策的覆盖对农户当期日常消费产生的促进作用并不显著。[4] 郭媛媛、刘灵芝（2013）基于对2011年湖北省实地问卷调查的分析，得出了新农保政策的短期挤出效应，而长期效应如何，则未给出判断。[5] 李慧、孙东升（2014）通过对山西省太原市230份调查问卷建构结构方程模型的估计，得出新农保对农民消费具有正反两方面影响的结论，并且认为，在不同的经济发展阶段，社会保障对消费有不同的影响。[6] 于建华、魏欣芝（2014）基于2007—2012年的面板数据分析，发现新农保制度建立与否对农民消费没有显著影响，而参保缴费人数和待遇领取人数与农民消费水平仅有微弱的正向关系。[7]

---

[1] 张国海、王枫林：《城镇职工养老保险基金支出对城镇居民消费的影响研究——基于省际面板数据的实证分析》，《安徽科技学院学报》2015年第1期。

[2] 马光荣、周广肃：《新型农村养老保险对家庭储蓄的影响：基于CFPS数据的研究》，《经济研究》2014年第11期。

[3] 许鼎：《农村养老保险、不定寿命与消费需求》，《河南社会科学》2015年第11期。

[4] 尹佳瑜：《农户消费需求会因社会养老保险覆盖而提高吗》，《消费经济》2015年第5期。

[5] 郭媛媛、刘灵芝：《新型农村社会养老保险制度对居民消费的影响——基于湖北省农村居民调研数据的实证分析》，《农村经济与科技》2013年第5期。

[6] 李慧、孙东升：《新型农村社会养老保险对我国农民消费的影响——基于SEM的实证研究》，《经济问题》2014年第9期。

[7] 于建华、魏欣芝：《新型农村社会养老保险对农民消费水平影响的实证分析》，《消费经济》2014年第4期。

第四节 文献述评

综合国内外研究现状，可以发现，当前国内外文献研究呈现以下四个特点或趋势。

第一，单纯基于理论模型的推导越来越少，将理论与实证相结合的分析越来越多。

第二，研究所依据的理论模型随着消费函数的发展而改进。消费函数从绝对收入假说、持久收入假说、生命周期假说发展到扩展的生命周期假说、世代交叠模型，再到行为生命周期理论、纳入不确定性的预防性储蓄理论、习惯形成理论等现代消费函数理论，公共养老金制度对消费/储蓄的作用机理在理论上已然变得更为复杂。

第三，经验证据从宏观总体数据逐渐转向微观调查数据。正如安格斯·迪顿（Angus Deaton）所指出的，我们可以从宏观经验数据中了解消费者行为的总体特点或平均意义上的代表性特征，可以从微观数据中探寻个体的差异性，因此，需要做到宏观经验和微观证据的协调（Deaton，2015）。

第四，分析方法逐渐从传统探寻相关关系的回归模型，发展到相关政策假设下的模拟分析，再到各种实验设计（如断点回归、双重乃至三重差分分析），以探求变量间的因果关系。

然而，就我国公共养老金制度与居民消费、储蓄关系的研究来看，理论依据多局限在生命周期理和扩展的生命周期理论，对近年来发展的行为生命周期理论、预防性储蓄理论等应用较为不足；宏观经验和微观证据的结合与互补尚不充足；宏观经验中多侧重描述变量间的长期稳定均衡关系，对宏观政策改革（如城镇基本养老保险1997年的制度变革）可能引发的结构性变动关注不够；微观证据上探寻相关关系较多，而进行因果性推断的实验设计较少。因此，本书接下来将针对以上几个方面研究存在的不足，一方面，为公共养老金与消费/储蓄关系的理论提供来自中国的宏观、微观经验证据；另一方面，从经验研究中提取本土化消费、储蓄理论发展的理论依据。

第三章 消费函数理论的发展与公共养老金制度影响消费（储蓄）的作用机理

自凯恩斯于 20 世纪 30 年代开创性地提出绝对收入假说以来，相对收入假说、生命周期理论、持久收入理论相继问世并得到一定的经验支持，纳入不确定性因素的预防性储蓄理论，以及考虑消费者心理的行为生命周期理论、习惯形成理论等成为最新发展动向。本章在梳理消费函数理论发展的同时，分析公共养老金制度对居民消费/储蓄的可能作用机理，为实证研究提供理论依据。

第一节 绝对收入假说、相对收入理论与居民消费

一 绝对收入假说："短视的"消费者

在凯恩斯创造性地引入收入变量之前，人们对于消费和储蓄的了解更多地停留在利率的决定机制上。直到 20 世纪 30 年代，凯恩斯以有效需求不足解释经济危机根源并以刺激有效需求为药方的宏观经济理论在世界范围内得到广泛传播。凯恩斯在 1936 年出版的《就业、利息和货币通论》中指出，消费者的短期消费行为主要由现期的收入水平决定，即绝对收入假说。

绝对收入假说把以工资单位衡量的消费 C_W 和同样以工资单位衡量的对应于一定就业量水平的收入 Y_W 联系在一起，建立如下函数：

$$C_W = x(Y_W) \text{ 或 } C = W \cdot x(Y_W) \tag{3.1}$$

凯恩斯在《就业、利息和货币通论》中指出，社会用于消费的开

支数量取决于：①客观因素，主要是社会收入的数量；②主观因素，包括社会居民的主观需求、心理上的倾向性、习惯以及收入分配的原则等。由于主观性因素在短期内不会有大的变动，因而笔者将主观因素当作既定的，并假设消费倾向仅取决于客观因素的变动。凯恩斯注意到，影响消费倾向的客观因素有工资单位的变动、收入和净收入之间差额的变动、资本价值的意外变动、时间贴现率、财政政策的变化等。但对于给定情形，在短期内，不确定性和意外变动都是不重要的，因此认为，消费倾向是相当稳定的函数（消除以货币计量的工资单位的变动），从而得出总消费量一般取决于总收入量的结论。

在此基础上，消费倾向遵从一条"基本心理规律"：一般而言，当人们收入增加时，他们的消费也会相应地增加，但消费的增加不如收入增加得快，即消费倾向的"边际递减规律"。用数学表达式更为直接：ΔC_w 和 ΔY_w 会具有相同的正负号，但前者小于后者，即：$0 < dC_w/dY_w < 1$。

总体来看，绝对收入理论所考虑的预算约束是当期的或即时的，流动性约束没有考虑在内，消费者的预期由于短期或在社会总体中可能抵消的原因而予以忽略，因而被认为是"短视的"消费者行为。

二 相对收入理论："后顾的"消费者

在凯恩斯的绝对收入假说提出之后，引发了许多基于经验研究的质疑。库兹涅茨对美国自 1899 年以来半个世纪的储蓄的观察发现，居民储蓄率并没有随着收入的大幅增加而提高，据其估计，储蓄率在整段观察时期保持在大致相同的水平。[1] 越来越多的经验研究表明，仅仅把消费与当期收入关联的消费函数研究是不充足的。布雷迪和弗里德曼（Brady and Friedman, 1947）认为，消费者的单位消费水平并非取决于其绝对收入，而取决于消费者在其社区消费单元中收入分布的位置。[2]

---

① Kuznets, S. , "Proportion of Capital Formation to National Product", *American Economic Review*, Papers and Proceedings, 1952, pp. 507 – 526.

② Brady, D. S. and Friedman, R. D. , "Savings and the Income Distribution", *NBER Book Series Studies in Income and Wealth*, 1947, pp. 247 – 265.

杜森伯里（Duesenberry，1949）在凯恩斯的绝对收入理论框架中衍生出相对收入假说。与凯恩斯消费函数不同的是，相对收入假说则完全是从对消费者行为的分析和设定入手。与凯恩斯假设截然不同的是，杜森伯里指出，个人的体验和消费行为并非独立，而受其他个体消费行为的影响。在此基础上推导出相对收入假定的第一个命题：家庭在收入中储蓄的百分比不受收入绝对水平的影响，而与该家庭在收入分配中所占的比重（相对收入水平）有关。并且消费者具有向邻居消费未知消费品看齐的"示范效应"。

莫迪格利亚尼（1949）同样基于消费者行为，针对传统的包含绝对收入与时间变量的消费函数，指出储蓄率对于收入水平扩张的变化其实是不敏感的，而收入分布的变动及消费习惯的刚性会影响人们的消费—储蓄选择。他基于美国的预算经验数据，把"过去收入"引入消费函数，认为收入中用于储蓄的部分取决于"周期性收入指数"，即第 t 年收入水平和 t 年前最高收入的差值与第 t 年收入的比例。[1]

尽管相对收入假说仍具有理论解释上的局限性，但它开始从消费者行为特征和选择过程入手，指出相对收入分布和过去收入对消费、储蓄的重要性，并推断出消费者具有"后顾的"行为特点。

第二节　持久收入理论与居民消费

托宾（Tobin，1951）审视了绝对收入假说和相对收入假说，基于已有的经验证据发现，这两个假说都不能完全令人满意，并尝试性地提出，财富的变化可能可以解释储蓄率为何基本保持稳定。可见，在绝对收入和相对收入之外，还有类似于财富的稳定要素对消费/储蓄起着解释作用。

弗里德曼（1957）从纯粹的消费者行为理论出发，探索在先验的

---

[1]　Modigliani，F.，"Fluctuations in the Saving－Income Ratio：A Problem in Economic Forecasting"，*NBER Chapters*，1949，pp. 369－444.

理论架构与事后的经验证据之间建立连接点。他指出，在某一特定时期，消费者的收入由两部分组成：一个是持久部分（y_p），对应于理论分析的持久收入；另一个是暂时部分（y_t）。[①] 可用公式表示如下：

$$y = y_p + y_t \tag{3.2}$$

持久收入反映的是决定资本价值和财富的部分，包括：非人力资本；劳动者所具有的个人属性，如培训、能力、人格；劳动者所从事的经济活动的特征，如职业及活动地点等。持久收入类似于概率分布中"期望"的概念。暂时收入反映的是偶然性、意外性因素的发生所影响收入变动的部分，如经济活动中的周期性波动等。在统计数据中，暂时部分也包括测量误差。

同样地，某一特定时期的消费支出也包括两个部分：持久消费部分（c_p）和暂时消费部分（c_t），即：

$$c = c_p + c_t \tag{3.3}$$

暂时性消费部分是针对某些个体的特殊事件，如非同寻常的疾病、突然发生的大额消费等，其期望趋向于零；若这些特殊事件针对于消费群体而发生，如流感和季节性丰收，其期望可能为正或为负。

总体来看，持久部分一般与一生的平均价值相联系，而暂时部分表示终生均值水平与某一特定测量值的离差。通常而言，持久消费取决于持久收入部分，如式（3.4）所示：

$$c_p = k(i, w, u) y_p \tag{3.4}$$

可见，持久消费与持久收入的比率取决于消费者借贷时的利率水平（i）、非人力财富与收入的比（w），以及其他反映消费者偏好的综合变量（u）。

同时，持久收入的三个重要等式即式（3.2）至式（3.4）需满足如下假设：

$$\rho y_t y_p = \rho c_t c_p = \rho y_t c_t = 0 \tag{3.5}$$

即收入、消费的持久性部分与暂时性部分不相关，同时暂时性消

① Friedman, M., *A Theory of the Consumption Function*, Princeton, N. J.: Princeton University Press, 1957, p. 12.

费部分与暂时收入部分也不相关。① 弗里德曼（Friedman，1957）还指出，收入的短暂性改变，会使消费者使用过去积累的资产而非立即改变当前的消费水平。

第三节　生命周期理论与居民消费

生命周期理论最早由莫迪格利亚尼和布伦伯格（1954）提出，后经安多和莫迪格利亚尼（1963）提供经验证据丰富和发展，再由费尔德斯坦（1974）通过扩展性的生命周期理论将公共养老金与消费/储蓄的关系纳入分析的视野。

一　生命周期理论：前瞻的消费者

莫迪格利亚尼和布伦伯格（1954）利用消费者选择理论和效用函数的特点，推导出一个较为简化而统一的消费函数理论，并用于解释横截面研究中的重要发现，并且这些发现与时间序列的分析相一致。与凯恩斯绝对收入假说认为的消费存在"心理规律"不同，他们认为，"一般而言，人是前瞻性的动物，会在一生中最优化其消费行为"。② 由此衍生出两个重要的命题：第一，个人储蓄的目的是为生命周期中收入的大幅变动提供缓冲，并抵御收入与需求在短期内非系统性的波动；第二，家庭所希望并且能够为退休或其他紧急状况做的准备，必须与其基本收入能力成正比。这也成为消费函数理论构建的前提。个体消费者的效用被看作当前和未来一段时期总消费的函数，其预算约束为当前收入净值与未来生命周期中收入的现值之和。因此，作为效用最大化的结果，个体当前的消费及其决定机制如式（3.6）所示：

$$c = c(y, \ y^e, \ a, \ t) = \frac{1}{L_t} \cdot y + \frac{N-t}{L_t} \cdot y^e + \frac{1}{L_t} \cdot a \qquad (3.6)$$

---

① 前两个假设比较温和，一般容易满足，而第三个假设则较为强烈。如若放松第三个假设，则会引起对消费行为预测的有用性减弱。

② Modigliani, F. and Brumberg, R. H., "Utility Analysis and the Consumption Function: An Interpretation of Cross – section Data", in Kenneth K. Kurihara ed., *Post – Keynesian Economics*, New Brunswick, N. J.: Rutgers University Press, 1954.

其中，t 表示（当前）年龄，c 表示当前消费，y 表示当前收入，y^e 表示期望的平均收入，a 为年龄 t 时的资产，N 为工作（收入）年限，L 为整个生命年限。可见，当前消费是当前收入、一生的期望收入、初始资产以及人口年龄特征的线性同质函数。根据式（3.6），可以推导出年龄为 t 的人的边际消费倾向为：

$$\frac{dc}{dy} = \frac{1}{L_t} + \frac{N-t}{L_t} \frac{dy^e}{dy} \tag{3.7}$$

可见，边际消费倾向取决于年龄特征和 $\dfrac{dy^e}{dy}$。

安多和莫迪格利亚尼（1963）基于对个体效用函数及年龄结构的基本假设，即：①不同时点上的效用函数是同质的；②代际不存在任何形式的财富遗赠和继承；③任何年龄阶段，消费者都平均地消费其剩余寿命中的总资源；④利率是恒定的；⑤工作期的每个年龄组在某一特定年份拥有相同的平均收入，每一个家庭都拥有相同的总寿命与工作期限，将个体消费函数推导至总体消费函数[①]：

$$C_t = \alpha_1 Y_t + \alpha_2 Y_t^e + \alpha_3 A_{t-1} \tag{3.8}$$

其中，C_t、Y_t、Y_t^e、A_{t-1} 是对所有年龄组所有个体 c_t^T、y_t^T、y_t^{eT}、α_{t-1}^T 的加总，分别表示总消费、当前的非财产性收入、总的年度预期非财产性收入和资产净值。

二 扩展的生命周期理论：养老保险与个人储蓄

费尔德斯坦（1974）在安多和莫迪格利亚尼（1963）的消费函数基础上首次引入社会保障[②]财富（Social Security Wealth，SSW）变量，构造出包含公共养老金财富的消费函数[③]：

$$C_t = \alpha + \beta_1 Y_t + \gamma_1 W_{t-1} + \gamma_2 SSW_t \tag{3.9}$$

其中，C_t 为 t 年末的居民消费支出；Y_t 为持久收入（用滞后一年

---

① Ando, A. and Modigliani, F., "The 'Life Cycle' Hypothesis of Saving: Aggregate Implications and Tests", *The American Economic Review*, Vol. 53, No. 1, 1963, pp. 55 – 84.

② 美国称为"社会保障"的项目指的是现收现付的老年、遗属及残障保险（Old – Age Survivors and Disability Insurance，OASDI）。

③ Feldstein, M., "Social Security, Induced Retirement, and Aggregate Capital Accumulation", *Journal of Political Economy*, Vol. 82, No. 5, 1974, pp. 905 – 926.

的家庭可支配收入表示）；W_{t-1} 为年末的家庭财富存量（剔除社会保障财富）；SSW_t 为年末的养老金财富价值，它表示 t 年所有的在职者和退休者养老金权益的现值，其计算取决于生存概率和折现率水平。养老金财富总值减去在职者所支付的社保税现值，即为养老金财富净值。

结合哈罗德（1948）关于"驼峰储蓄"的讨论，即认为人们一般在工作时多储蓄而在退休时多消费，生命周期理论给社会保障（现收现付的公共养老金）的影响提供了一个解释框架：社会保障通过给人们在退休时提供收入保障，而减少了在工作期间的储蓄。具体而言，当社会保障税收与待遇给付的共同作用并没有产生净的收入效应时，个人一生中的预算约束保持不变，那么社会保障持有人的个人储蓄将会减少到足以使退休时的消费保持不变的水平。[①] 弗里德曼（1957）也注意到，社会保障将倾向于削弱人们对私人资产积累的需要，因而减少了个人储蓄。这种将养老保险因替代了其他形式的家庭资产而减少了个人储蓄的效应被称作"资产替代效应"。随后，费尔德斯坦在卡根的"认知效应"以及卡托纳"目标梯度"假说分析的基础上，认为社会保障还存在"引致退休效应"：参加社会保障的人比没有参保的人具有提前退休的激励，这样一来，养老保险延长了退休期，而退休期的养老金水平却有限，人们为了使退休期的生活水平不至于大幅下降，往往会增加个人储蓄以维持与退休前大体相当的生活水平。费尔德斯坦从理论上分析认为，现收现付的养老保险从两个相反的作用力上对个人储蓄产生影响，而最终影响则取决于"资产替代效应"和"引致退休效应"的力量对比：如果"资产替代效应"大于"引致退休效应"，则私人储蓄被挤出；如若相反，则私人储蓄会增加。因此，理论分析上并不能得出现收现付养老金对个人储蓄/消费影响的明确结论，还有待于经验数据的检验。

总体来看，生命周期理论从跨时预算约束的角度分析"前瞻的"

---

① Harrod, R., *Towards a Dynamic Economics*, London: Palgrave Macmillan, 1948, pp. 45－49.

消费者的跨时效用最大化问题，将生命周期收入、资产及年龄特征（结构）等因素纳入消费函数，将消费函数的发展向前推进一步。另外，生命周期函数在分析公共养老金制度对个人消费/储蓄的影响上给出了一个重要的解释框架，无论是为以后的理论建构还是经验实证都提供了基础。

第四节　世代交叠理论、公共养老金与居民消费

萨缪尔森最早将代际交叠的思想融入消费—借贷模型，后经戴蒙德纳入新古典增长框架下发展形成世代交叠理论（OLG）。此后，逐渐有学者将现收现付养老金制度的缴费、给付等相关参数引入世代交叠模型，从理论上分析其对个人消费/储蓄的影响。

萨缪尔森（1958）在一个只有两期生产和一期退休的简单三期的完全确定性经济活动中，假设没有任何货币储藏也没有任何形式的交换，人口呈稳态增长，通过不同代际的消费—借贷模型推导出生物利率（R）由人口增长率（m）决定，即 $R = 1/(1 + m)$。他最后分析指出，在没有社会保障或社会契约的情形下，全社会通过使用这部分货币将从非最优的负利率结构转化为最优化的生物利率结构。[①] 戴蒙德（1965）在一个生存两期（工作期和退休期）且新旧交替的经济中，构建具有内部债务和外部债务的经济增长模型。在新古典稳态及固定资本—劳动比的假设下，发现：政府由征税引发的外部债务直接减少了个体纳税人一生中可获得的资源，税收通过减少可支配收入而减少了个人储蓄及相应的资本积累；内部债务会由于政府债务对个人财富安排中实物资本的替代，而进一步减少资本存量。由于公共养老金给

---

① Samuelson, P. A., "An Exact Consumption – Loan Model of Interest with or without the Social Contrivance of Money", *Journal of Political Economy*, Vol. 66, No. 6, 1958, pp. 467 – 482.

付通常被看作政府债务的一部分，其对个人储蓄的替代效应已在叠代模型中有所体现。①

此后，我国不少学者在戴蒙德世代交叠模型基础上加入我国基本养老保险制度参数，建立一个包含个人、企业、政府的世代交叠模型，重点对公共养老金制度与储蓄（消费）进行理论分析，认为现收现付的公共养老金对个人储蓄存在一定的挤出作用。柳清瑞、穆怀中（2009）将养老金缴费和养老金收入纳入具有稳态竞争均衡的代际交叠经济中，发现养老金替代率不仅对个体生存两期的消费均衡产生影响，还对私人储蓄产生负向影响。② 黄莹（2009）利用戴蒙德模型比较现收现付和基金积累两种形式的养老保险制度对个人储蓄的影响：根据代际交叠模型建立行为人消费的欧拉方程，发现现收现付制下私人储蓄对社会养老保险贡献率的偏导小于零，即养老保险贡献率与私人储蓄呈负效应；而完全基金积累制的养老保险对行为人的最优储蓄/消费没有影响或影响不大。③ 蔡兴（2015）把基本养老保险覆盖率和养老金替代率引入一个两期的世代交叠模型，并根据拉格朗日乘子法求解行为人最优消费率：养老保险覆盖率水平和替代率水平共同削弱了人口预期寿命抑制消费率的影响，即基本养老保险制度在一定程度上促进了当前消费而挤出了当前储蓄。④

第五节　遗产动机与个人储蓄

根据生命周期的代际交叠模型，不同的养老保险筹资模式会对个人储蓄行为产生不同的影响：现收现付公共养老金对个人储蓄的挤出

---

① Diamond, P. A., "National Debt in a Neoclassical Growth Model", *The American Economic Review*, Vol. 55, No. 5, 1965, pp. 1126–1150.

② 柳清瑞、穆怀中：《养老金替代率对私人储蓄的影响：一个理论模型》，《社会保障研究》2009 年第 2 期。

③ 黄莹：《中国社会养老保险制度转轨的经济学分析——基于储蓄和经济增长的研究视角》，《中国经济问题》2009 年第 3 期。

④ 蔡兴：《预期寿命、养老保险发展与中国居民消费》，《经济评论》2015 年第 6 期。

效应较为明显，而基金积累制对个人储蓄没有影响。然而，这一结论却受到了来自巴罗的"遗产性储蓄动机"的质疑。巴罗（1974）认为，任何一代人的效用都同其后代人的效用相联系。老年人出于对年青一代的利他主义关心，会给下一代留下遗产，而遗产是老一辈对年青一代的转移支付，与年青一代向退休一代强制性转移支付的现收现付养老金制度方向正好相反。① 如此一来，老年人给年轻人的遗产将会抵消现收现付养老保险体系的公共转移支付，因而公共养老金制度可能不影响个人消费—储蓄行为。尽管如道格拉斯（1987）等经验研究的结果显示，个人的遗产性储蓄动机不一定是普遍的，它会因不同区域、经济、社会、文化特征的家庭而产生差异，我们并不能断定遗产性储蓄动机下现收现付养老金制度的储蓄效应为零，但我们仍可以认为，家庭内部的转移机制至少将世代交叠模型推论下的结论变得不再确定。②

费尔德（1992）基于生命周期理论建立了一个代表性家庭的两期消费/储蓄模型，研究发现，在一个个人储蓄和家庭内部的代际转移都能为退休提供收入保障的社会，现收现付制养老金不一定会降低个人的储蓄水平，这一理论框架不仅适用于发展中国家，也适用于工业化国家。③ 根据模型，代表性家庭的效用函数可表示为：

$$U = U(c_t^1, \ c_{t+1}^2, \ e_t) \tag{3.10}$$

$$e_t = N_{t+1}/N_t \tag{3.11}$$

其中，e_t 为代表性家庭的子女数量，N_t 为 t 时期的就业人口数，c_t^1 为 t 时期第一期（工作期）的消费，c_{t+1}^2 为 $t+1$ 时期第二期（退休期）的消费。

———————————

① Barro, R. J., "Are Government Bonds Net Wealth?", *Journal of Political Economy*, Vol. 82, No. 6, 1974, pp. 1095 – 1117.

② Douglas, B., "The Economic Effects of Social Security: Towards a Reconciliation of Theory and Measurement", *Journal of Public Economics*, No. 33, 1987, pp. 273 – 304.

③ Felderer, B., "Does a Public Pension System Reduce Savings Rates and Birth Rates?", *Journal of Institutional and Theoretical Economics*, Vol. 148, No. 2, 1992, pp. 314 – 325.

因此，在"子女既是消费品又是投资品"[①] 的前提假设下，引进现收现付公共养老金制度后，家庭面临的最优化效用函数为：

$$\max U = U(c_t^1,\ c_{t+1}^1,\ e_t) \tag{3.12}$$

$$\text{s. t. } c_t^1 + s_t + q_t \cdot e_t = w_t(1 - \beta_t) - b_t \tag{3.13}$$

$$c_{t+1}^2 = (1 + r_t) \cdot s_t + b_{t+1} \cdot e_t + p_{t+1} \tag{3.14}$$

其中，s_t 为工作期的储蓄；q_t 为抚养子女的单位成本（外生变量），是子女"质量"的衡量；w_t 为 t 时期的劳动收入；β_t 为 t 时期（工作期）的公共养老金税（费）率；p_{t+1} 为 $t+1$ 时期（退休期）的养老金水平；b_t 为家庭内部的转移支付。对式（3.13）求导可得：

$$\underset{(+)}{\frac{\partial c_t^1}{\partial p_{t+1}}} + \underset{(+)}{\frac{\partial s_t}{\partial p_{t+1}}} + q_t \cdot \frac{\partial e_t}{\partial p_{t+1}} = 0 \tag{3.15}$$

在正态性假定下，有：

$$\frac{\partial s_t}{\partial p_{t+1}} < 0 \tag{3.16}$$

根据现收现付制养老金收支平衡公式，有：

$$N_t^2 \cdot p_t = N_t^1 \cdot w_t \cdot \beta_t \tag{3.17}$$

进而推出：

$$p_{t+1} = (1 + n_{t+1}) \cdot w_{t+1} \cdot \beta_t \tag{3.18}$$

对 β_t 求导，则有：

$$\underset{(-)}{\frac{\partial c_t^1}{\partial \beta_t}} + \underset{(-)}{\frac{\partial s_t}{\partial \beta_t}} + q_t \cdot \frac{\partial e_t}{\partial \beta_t} = -w_t \tag{3.19}$$

很显然，$\dfrac{\partial s_t}{\partial \beta_t}$ 的符号是不明确的。

由此可以推断，如果人们在退休后存在家庭成员间的代际转移（私人机制），那么在引进现收现付的公共养老金以后，个人储蓄率改变的方向是不明确的。费尔德模型是对巴罗"利他动机的代际转移"

[①] 承认家庭内部代际支持的可能性，子女若被当作"投资品"，将成为其父母老年收入的一个重要来源。

的进一步发展，从数理模型上说明，现收现付公共养老金对个人储蓄
的影响在家庭内部转移支付机制发挥作用的情况下是不确定的。

第六节　不确定性、预防性储蓄与流动性约束

无论是持久收入假说还是生命周期理论及代际交叠模型，均是基
于消费者的确定性收入与稳定性预期而言的，而实际情况并非总是确
定的。下面将介绍在不确定性条件、非完全资本市场前提下的个人消
费/储蓄行为及其与公共养老金可能的作用机理。

一　不确定性与预防性储蓄

利兰（Leland，1968）最早通过理论推导，提出了储蓄的预防性
需求动机。他建立起一个两期的消费模型：消费者第一期的收入水平
未知，第二期收入未知而只知其主观概率分布。[①] 我们感兴趣的问题
是当未来收入变得不确定时现阶段的储蓄水平。在这个两期消费模型
中，假设利率是固定的，第二期的消费为随机变量，它取决于这一时
期收入的真实值，由此可以将两期消费行为在预算约束下的效用最大
化函数表示为：

$$\max E[U(C_1, C_2)] \tag{3.20}$$

相应的预算约束为：

$$C_1 = (1-k)I_1 \tag{3.21}$$

$$C_2 = I_2 + (1+r)kI_1 \tag{3.22}$$

$$E(I_2) = I_2^* \tag{3.23}$$

$$E(I_2 - I_2^*)^2 = \sigma^2 \tag{3.24}$$

其中，$U(C_1, C_2)$ 为第一期和第二期消费的基数效用函数，I_1
为第一期的固定收入水平，I_2 为第二期的不确定收入水平（随机变
量），r 为利率，k 为储蓄率水平。式（3.23）为 I_2 的一阶矩，表示未

---

① Leland, H. E., "Saving and Uncertainty: The Precautionary Demand for Saving", *The Quarterly Journal of Economics*, Vol. 82, No. 3, 1968, pp. 465 – 473.

来收入的期望值；式（3.24）为 I_2 的二阶矩（方差），表示未知收入的波动及不确定性。通过对效用函数的三阶求导分析，笔者发现，人们在收入不确定性情况下所预期的边际效用要大于确定性情形下消费的效用水平，可见，选择在当前更多进行储蓄而在未来更多进行消费会使人们获得更高水平的效用。

消费函数的更为一般形式为：$C = f(y, Y, A, r, \sigma^2)$。其中，y 为当期收入，Y 为未来预期收入的折现值，A 为资产，r 为利率，σ^2 为预期收入的波动。通过效用函数的求导，推出 $\partial f/\partial \sigma^2 < 0$。由此得出结论，收入波动性越大，即未来收入的不确定性越大，当前消费越少，当前储蓄会增加[①]——这就是利兰的预防性储蓄动机理论的核心，预防性储蓄与不确定性呈正向关系。

另外，恩金和威廉（Engen and William，1993）的研究发现，预防性储蓄动机的强弱与年龄有着密切的关系：随着年龄的增长，人们所面临的收入不确定性风险逐渐减小，年轻人因为面临对未来收入更大的不确定性而比老年人具有更强的预防性储蓄动机。[②] 然而，值得注意的是，年龄结构对预防性储蓄的影响与对生命周期储蓄的作用方向截然不同。

公共养老金作为一种社会经济制度安排，可以通过对个人未来收入等不确定性因素的作用而影响人们的预防性储蓄动机。莫顿（Merton，1983）基于养老保险是一种人力资本投资的保险机制，能够减少人力资本投资未来收益的不确定性，因此认为，它会减少预防性储蓄。萨姆威克（Samwick，1995）认为，在引入了预防性储蓄动机之后，养老金财富对个人储蓄的一对一的替代效应会减弱，因为尤其对于年轻人，养老保险资产与其他个人储蓄之间的替代性较差。[③] 就中

① Leland, H. E., "Saving and Uncertainty: The Precautionary Demand for Saving", *The Quarterly Journal of Economics*, Vol. 82, No. 3, 1968, pp. 465 – 473.

② Engen, E. M. and William, G. G., *IRAs and Saving in a Stochastic Life Cycle Model*, Mimeo, Brookings Institution, 1993.

③ Samwick, A., *The Limited Offset between Pension Wealth and Other Private Wealth: Implications of Buffer – Stock Savings*, Mimeo, 1995.

国国情来看，我国在从计划经济向市场经济转轨过程所引发的整个宏观经济环境的不确定性，构成了居民预防性储蓄的主要来源。[1] 计划经济时期，国家统一规定工资标准，收入采取平均分配制，对绝大多数城镇居民而言，养老、医疗、生育、工伤、教育等费用基本由企业承担，个人不存在未来收入与支出的风险；市场经济改革所引起的经济波动（失业、通货膨胀、汇率等）及其相伴的社会制度变迁，如社会养老保险改革，医疗卫生、住房、教育等市场化改革等，都给居民带来系统性经济社会风险，人们对未来的收入预期不再稳定，导致改革以来的相当长一段时间，居民储蓄率居高不下。[2]

二 不完全资本市场与流动性约束

最初分析消费所依据的生命周期模型是在具有前瞻行为的消费者、理性预期和完全资本市场假设下进行的，然而，更符合现实情况的是资本市场的不完全，如流动性约束的存在，它会限制消费者当前资源的获得，从而抑制当前消费。

哈伯德等（Hubbard et al.，1986）最早指出了流动性约束对宏观经济的重要影响及其在税收政策中的作用。他们通过一个简单的生命周期模型阐述了流动性约束对国民储蓄和个人福利的影响。他们认为，"流动性约束"是对财富净值的非负性约束：消费者当前的消费受制于当前的可获得资源，由于资本市场借贷约束的存在，人们很难通过借贷的方式为当前期望的但收入与财富水平又无法满足的消费融资。[3] "流动性约束"条件下的消费者效用最大化水平及其面临的预算约束为：

$$\max \int_0^T U(c) e^{-\rho t} dt$$

---

① 李珍：《基本养老保险制度分析与评估——基于养老金水平的视角》，人民出版社2013年版，第94页。

② 袁志刚、宋铮：《城镇居民消费行为变异与我国经济增长》，《经济研究》1999年第11期。

③ Hubbard, R. G., Judd, K. L., Hall, R. E. and Summers, L., "Liquidity Constraints, Fiscal Policy, and Consumption", *Brookings Papers on Economic Activity*, No. 1, 1986, pp. 1 – 51.

s. t. $\dot{A} = (1 - \tau_L)E + (1 - \tau_K)rA - c,\ A(t) \geqslant 0$ 　　　　（3.25）

这里，假设效用在各时期是可加的。c 为消费，ρ 为主观折现率（常数），r 为利率；τ_L 和 τ_K 分别为工资税率和资本税率；A 为累积的资产；$\dot{A}$ 为累积资产单位时间的变化率；E 为劳动收入流量。A(t) ⩾ 0 是流动性约束下对个人一生净财富值的非负性限制。

如图 3 - 1 所示，在完全资本市场条件下，不存在流动性约束，对于消费水平高于现阶段收入水平的人（尤其是年轻人），可以通过向资本市场自由借贷的方式为其消费筹资，即允许相应时期的财富净值为负；在不完全资本市场条件下，存在流动性约束，即要求个人不能存在负资产，人们无法通过在资本市场上自由借贷的方式进行融资，而只能转向自身资本积累①，因而有助于增加当前储蓄而抑制当前消费。哈伯德等（1986）在具有流动性约束的生命周期一般动

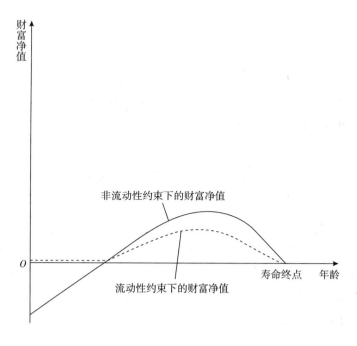

图 3 - 1　流动性约束存在与否情况下的生命周期财富净值比较

---

① 　为使问题简化，这里暂不考虑代际转移支付及遗产性赠与。

态均衡模型［式（3.25）］的基础上，通过模拟不同的消费替代弹性、不同约束期及不同家庭规模等条件，结果发现，存在流动性约束情形下的资本—收入比（储蓄率）要高于没有流动性约束的情况。[①]

袁志刚、宋铮（1999）针对中国的实际指出，流动性约束依然对较为贫困家庭的消费行为产生约束。尤其对于住房这一耐用消费品，随着我国1998年住房分配制度的市场化改革，中低收入家庭可能要耗费其一生财富积累才能购买得起住房。尽管住房公积金制度及银行按揭贷款正逐步走向成熟，但是，如果低收入居民不能方便地向银行或他人无抵押地借贷，便无法获得足额的消费信贷，面临严重的流动性约束，他们仍有可能通过更多储蓄进行买房的积累，如此一来，就挤出了当期消费。

第七节　其他前沿理论

除传统经典消费函数理论以外，近二十年来，越来越多的研究将行为经济学、文化、习惯等特征纳入消费函数的分析之中。接下来，重点分析其中两个讨论较为成熟的理论：行为生命周期理论和习惯形成理论。

一　行为生命周期理论、公共养老金与居民消费

传统的生命周期—持久收入理论（Modigliani and Brumberg，1954；Friedman，1957）强调消费者的理性选择与最优化行为，谢夫林和塔勒（Shefrin and Thaler，1988）在此基础上将行为主体所具有的自我控制、心智账户及框架性特征纳入生命周期储蓄的行为扩展之中，形成"行为生命周期假说"（Behavioral Life – Cycle，BLC），使消费理论更贴近行为现实。

---

① Hubbard, R. G., Judd, K. L., Hall, R. E. and Summers, L., "Liquidity Constraints, Fiscal Policy, and Consumption", *Brookings Papers on Economic Activity*, No. 1, 1986, pp. 1 – 51.

谢夫林和塔勒（1988）认为，人们在做出当前消费和储蓄的决策时，可以用包含内部冲突、诱惑和意志力三个重要特征的"自我控制"模型来解释。从消费者的行为特征来看，其行为特质具有双重结构偏好：一个是基于长远利益的计划者，另一个是着眼于短期的行动者，这两个具有内在冲突的角色因诱惑和意志力而共存和相容。为简化分析起见，在完全资本市场及零利率假设下，将个人的生命周期设为 T 期，最后一期代表退休。①

个人终生收入流可以表示为 $y = (y_1, \cdots, y_T)$，退休期的收入 $y_T = 0$，终生财富 $LW = \sum_{t=1}^{T} y_t$，各时期的消费流量可表示为 $c = (c_1, \cdots, c_T)$，则终生的预算约束为：$\sum c_t = LW$。

行动者被视为短视者，只关注当前消费，t 时期所拥有的子效用函数为 $U_t(c_t)$ 是边际效用递减的凹函数。计划者效用通过最大化行动者一生的效用函数获得。由于当前消费通常比为未来的消费（当前的储蓄）更具诱惑力，计划者通过意志力来降低当前消费的行为是要付出心理成本的。这种付出意志力的心理成本用 W_t 表示，是一种负向感受，它与从当前消费带来的积极感受 U_t 方向相反。由此，行动者的总效用 Z_t 可表示为：$Z_t = U_t + W_t$。

为解决计划者与行动者偏好的冲突以及付出意志力的高昂成本问题，笔者进而提出"心智账户"来实现自我控制。心智账户包括三种不同类型的财富：①当期收入账户，用 I 表示；②当期资本账户，用 A 表示；③未来收入账户，用 F 表示。这种账户分解的方式又是一种"框架建构"，与传统生命周期框架不同的是，行为生命周期理论假设"框架"间是相互依赖的，即三个账户可以相互转换而非完全独立。这三个账户对于人们当期消费的诱惑力从大到小，因而使用意志力的成本也逐渐增加。② 经证明，一个代表性家庭的行为生命周期的总消

①　Shefrin, H. M. and Thaler, R. H., "The Behavioral Life - Cycle Hypothesis", *Economic Inquiry*, Vol. 26, No. 4, 1988, pp. 609 - 643.

②　Kahneman, D. and Tversky, A, *Choices*, *Values*, *and Frames*, Cambridge：Cambridge U. P University Press, 2003.

费函数可表示为 C = f (I, A, F), 分别对应于三个账户的收入或资产, 当期收入账户的边际消费倾向最大, 其次为当期资本账户, 未来收入账户的边际消费倾向最小, 即:

$$1 \approx \partial C / \partial I > \partial C / \partial A > \partial C / \partial F \approx 0 \tag{3.26}$$

以上不等式反映的各个账户消费的效用水平如图 3 - 2 所示, 由于意志力成本的存在, 从当前收入账户消费到未来收入账户的消费, 总效用水平以递减的速率增长。

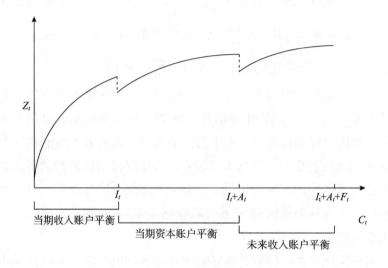

图 3 - 2 三种 "心智账户" 的效用水平

将现收现付养老金制度引入 "心智账户" 后, 各个账户的收入、财富将发生改变。设 s 为公共养老金的缴费率, 此时, 当期收入账户余额为:

$$I = (1 - s) y_t \tag{3.27}$$

当期财富账户 (累积至 t - 1 期的非养老金储蓄) 额度为:

$$A = \sum_{T=1}^{t=1} [(1 - s) y_T - c_T] \tag{3.28}$$

未来收入账户积累值 F 则为养老金提取之后的未来收入与养老金财富 (sLW) 之和。

　　由此看来，现收现付制的养老保险，一方面因缴费而减少了当期
收入账户，这样就提高了消费的意志力成本，对消费者的当期消费施
加一定的自我控制约束；另一方面，养老金待遇给付承诺作为未来收
入账户的一部分，因而对当前消费的诱惑力最小。因此，从行为生命
周期理论的角度看，养老保险通过征收、发放两个机制对行为主体的
"心智账户"产生影响，进而很有可能降低当前的消费支出。

二　习惯形成理论与居民消费

　　习惯形成理论主要基于跨期不可分的时间偏好假设，认为在习惯
影响下，当期的效用不仅取决于当期的消费支出，还依赖于过去的消
费支出，即"习惯存量"。由于习惯因素的潜在影响，消费者对持久
收入变化的反应机制调整比较缓慢。米尔鲍尔（Muellbauer，1988）、
康斯坦丁尼斯（Constantinides，1990）、塞金（Seckin，2000）、戴南
（Dynan，2000）以及卡罗尔（Carroll，2000）的经验研究证实了习惯
形成在消费函数中的重要作用。

　　戴南（2000）在一个简单的生命周期模型中纳入习惯形成偏好，
构造家庭当期消费支出的效用最大化函数：

$$E_t \Big[\sum_{s=0}^{T} \beta^s u(\widetilde{c}_{i,t}; \psi_{i,t+s}) \Big]$$

　　其中，E_t 表示 t 时期的条件期望，$\widetilde{c}_{i,t}$ 为家庭 i 在 t 时期的消费支
出，β 为时间折现因子，$\psi_{i,t+s}$ 为偏好传动机制（在时期 t 改变边际效
用的变量）。那么 t 时期的消费与当前的支出正相关，而与滞后期的
支出负相关，如式（3.29）所示：

$$\widetilde{c}_{i,t} = c_{i,t} - \alpha c_{i,t-1} \tag{3.29}$$

　　α 用来衡量习惯形成机制的大小，一般来说，$0 < \alpha < 1$，α 变大
意味着消费者从给定的支出水平获得较小的生命周期效用。通过进一
步推导，得出：

$$\Delta \ln(c_{i,t}) = \gamma_0 + \alpha \Delta \ln(c_{i,t-1}) + \gamma_1 \Delta \ln(\psi_{i,t}) + \varepsilon_{i,t} \tag{3.30}$$

　　式（3.30）描述了习惯形成机制根本的动态特征：习惯存量（过
去消费）与当期的消费量存在正向关联（来自美国 PSID 的家庭微观
数据也证实了 $\alpha > 0$），习惯使消费者倾向于对持久收入的改变做出渐

进式调整而非迅速改变。[①]

塞金（2000）首次将习惯形成机制引入具有流动性约束的跨期消费（储蓄）模型之中，同样，基于消费偏好在时间上是不可分的，将代表性消费者最大化一生效用所面临的预算约束和流动性约束表示如下：[②]

$$\max c_t, A_{t+1} E_0 \sum_{t=0}^{\infty} \beta^t U(c_t - \alpha x_t)$$

$$\text{s. t. } A_{t+1} = (1 + r)[A_t + y_t - c_t], \ A_{t+1} \geqslant 0, \ t = 0, \ 1, \ 2, \ \cdots$$

$$(3.31)$$

其中，y_t 为不确定性条件下的收入流量，c_t 为 t 时期的消费水平，A_t 代表资产，$E_t(\cdot)$ 代表 t 时期的条件期望，β 为折现因子，r 为利率。个人对当期消费（C_t）以及对下一期资产（A_{t+1}）决策的动态优化方程为：

$$V(A_t, \ c_{t-1}, \ y_t) = \max U(c_t - \alpha c_{t-1}) + \beta E_t V \{ (1 + r)[A_t + y_t - c_t],$$

$$c_t, \ y_{t+1} + \mu_t (1 + r)[A_t + y_t - c_t] \}$$

$$(3.32)$$

μ_t 是与流动性约束相关的拉格朗日乘数。定义 $\hat{c_t}$ 为有效消费水平，$\hat{c_t} = c_t - \alpha c_{t-1}$，通过欧拉方程可求解：

$$\hat{c_t} = \beta(1 + r) E_t \hat{c}_{t+1} - \frac{1 + r}{v_2} \mu_t - \frac{1 + r}{v_2} E_t \sum_{\tau=1}^{\infty} (\alpha\beta)^{\tau} \mu_{t+\tau} - \frac{k}{1 - \alpha\beta}$$

$$(3.33)$$

塞金指出，具有习惯形成机制的流动性约束会增加当前消费的边际效用，也就是比没有习惯形成机制时要进行更低水平的消费。个人的习惯形成动机越强，那么当前和预期的未来流动性约束就越弱。这种由习惯引起的储蓄也称为"习惯性储蓄"。[③]

---

① Dynan, K. E., "Habit Formation in Consumer Preferences: Evidence from Panel Data", *American Economic Review*, Vol. 90, No. 3, 2000, pp. 391 – 406.

② Seckin, A., "Consumption with Liquidity Constraints and Habit Formation", *CIRANO Scientific Series*, No. 41, 2000.

③ Seckin, A., "Consumption – Leisure Choice with Habit Formation", *Economics Letters*, Vol. 70, No. 1, 2001, pp. 115 – 120.

第八节　消费理论评价及其对本书的启示

综合以上对消费函数理论发展脉络的梳理，我们既可以从理论上归纳影响消费/储蓄的所有可能因素，为构建我国的消费函数模型提供理论基础；又可以在了解各经典消费函数核心思想的基础上，分析现收现付的公共养老金制度对居民消费/储蓄的可能作用机理，为经验研究提供相关的理论依据。

从消费函数在西方的系统性研究和发展来看，它经历了绝对收入假说、相对收入假说、持久收入假说、生命周期假说、世代交叠模型的建构，再到预防性储蓄与行为、习惯等消费前沿理论的发展。尽管其中一些理论并无严格的先后发展顺序，而更多的成为同时代的竞争性假说。本书从基本共识的理论演进中归纳出如下特点。

首先，消费者从"短视的""后顾的"逐渐发展为"前瞻的""理性的"，以及通过"自我控制"要付出"意志力成本"的行为主体，相应理论对行为人特征的假说越来越贴近实际。

其次，从即期约束到跨期约束，从单代视角到代际视角，从确定性考虑到不确定性考虑，消费函数与客观社会经济环境现实越来越接近。

最后，每一种理论都不是完美的，但因其中某一方面的特殊贡献而能在解释居民的消费/储蓄行为上发挥一定的作用。

总之，我们可以将相关理论假说概括如下：

第一，根据绝对收入假说、相对假说收入和持久收入假说，当期收入和过去收入会对个人的当期消费产生正向作用；

第二，根据生命周期理论，当前资产净值对当期消费具有正向影响；

第三，根据生命周期理论，人们一般在工作时（年轻）多储蓄而在退休时（年老）多消费；

第四，未来收入（支出）的不确定性越大，预防性储蓄动机越强；

第五，流动性约束的存在，会抑制消费者的当前消费行为；

第六，习惯存量（过去消费）与当期消费存在正向关联。

综上所述，本书据此构建的消费模型将考虑如下（控制）因素：①具有丰富内涵的收入因素，如绝对收入、相对收入、当期收入、过去收入、生命周期收入；②资产或财富因素；③人口特征，如年龄结构、子女数量等；④不确定性因素，如收入和支出的波动性；⑤流动性约束；⑥消费习惯的影响；等等。

本书关注的核心变量——现收现付的公共养老金制度对居民消费/储蓄的作用机理可以通过消费/储蓄相关理论描述，如图 3 - 3 所示。

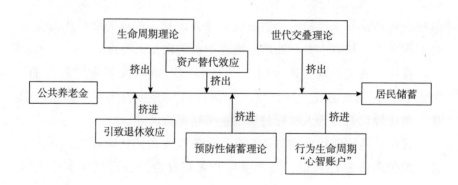

图 3 - 3　公共养老金制度影响居民储蓄/消费的作用机理

生命周期理论认为，人们基于生命周期而进行储蓄，年轻时储蓄更多而退休时消费更多来平滑整个生命周期的消费，政府强制性的公共养老金制度安排会挤出个人其他形式的财富积累，这也正是费尔德斯坦提到的资产替代效应。

代际交叠模型指出，由现收现付养老金制度形成的政府债务会对个人财富安排中的实物资本进行替代，从而减少个人储蓄。然而，提前领取养老保险所产生的引致退休效应，又会增加当前储蓄；由公共养老金制度变革引起的未来收支不确定性风险，则会增强个人的预防性储蓄动机。

另外，根据行为生命周期理论，养老保险的征收与待遇给付因减少个人当前收入账户、增加未来收入账户而减小了当前的边际消费倾向，这对个人储蓄也是一种挤出效应。

由此可见，根据不同的消费/储蓄理论，公共养老金制度会对居民消费/储蓄行为产生不同方向的影响——公共养老金制度既可能通过生命周期理论、资产替代效应和世代交叠理论对居民储蓄产生挤出效应，又可能通过引致退休效应、预防性储蓄理论和行为生命周期理论的"心智账户"对储蓄产生挤进作用，净效应如何，尚无定论。

因此，在理论上说，我们不可能用一个模型囊括所有的影响因素，因而也不能给出公共养老金制度与居民消费/储蓄关系的确定性结论，这就有赖于经验证据的检验。下面章节将基于宏观经验与微观证据，对我国公共养老金制度与居民消费/储蓄的关系进行实证分析。

第四章　中国公共养老金制度
发展历程与简要评价

本章将在回顾我国公共养老金制度发展历程的基础上，介绍制度内容及结构特点，并总结养老金制度已取得的成就和未来在覆盖范围、保障水平及可持续性方面面临的挑战。

第一节　中国养老金制度构架

伴随着经济和社会的大转型，中国养老保险制度已经从以传统的计划经济体制为基础的退休金模式转变为以市场经济为基础的现代公共养老保险制度，致力于保障退休老年人的基本生活水平。公共养老金体系已经建立，并逐渐从就业人口扩展到非就业人口，从城市地区扩展到农村地区。

世界银行（2005）在《21世纪的老年收入保障：养老金制度改革国际比较》中提出了"五支柱"养老金制度的建议构想，尤其强调对发展中国家的适用性。它包括五个基本要素：第一，提供最低保障水平的非缴费型"零支柱"（财政支持的津贴制度）；第二，与不同工资水平相关联，旨在发挥某种收入替代功能的缴费型"第一支柱"（公共强制性DB计划）；第三，个人储蓄账户式的强制性"第二支柱"（强制性DC计划）；第四，多种形式但本质上强调灵活性和自由支配的自愿性"第三支柱"安排（自愿性DC计划）；第五，向老年人提供的非正式的家庭内部或代际的资金或非资金的支持，包括医疗卫生和住房。①

　　以"五支柱"的标准来检视，中国的养老金体系呈现如下特点：第一，"第一支柱"公共养老金制度目前由四个并存的制度组成：城镇企业职工养老保险、事业单位养老保险、公务员养老保险以及城乡居民养老保险。由于机关事业单位的养老金制度正逐步向企业职工养老保险制度转轨，因此，我国的公共养老金制度主要由城镇职工基本养老保险制度和城乡居民基本养老保险制度两大部分组成。第二，我国的公共养老金制度为多层次架构，具有国际上"多支柱"养老金体系的混合特征。城镇职工基本养老保险既是就业关联的"第一支柱"，又有强制性个人账户（"第二支柱"特征），还有一定的政府补贴（"零支柱"特征）；城乡居民基本养老保险制度不与就业关联，本质上是政府津贴（"零支柱"特征）与个人账户（"第二支柱"特征）的结合。第三，多层次的养老金结构从设计上只针对城镇职工，仅仅对城镇职工提供多样化的老年收入保障，农民和自雇者、灵活就业人口只有第一支柱而无多层次可言。即使是城镇职工，企业年金和职业年金发展非常有限，自愿性养老储蓄因为缺乏政策支持而仅仅成为一个概念。

　　目前，绝大多数企业没有建立企业年金，缺乏补充养老保险，多层次的养老保障体系在很大程度上尚未形成。截至 2013 年年末，建立企业年金的企业仅有 6.6 万个，积累基金 6035 亿元，覆盖职工人数只有 2056 万人，仅占城镇企业职工基本养老保险覆盖人数的 6.8%，这表明 93% 以上的参加基本养老保险的企业职工没有企业年金。2007—2013 年，参加企业年金人数占城镇企业职工基本养老保险参保人数的比重从 5.1% 只增加到 6.8%，增速非常缓慢，反映了企业年金发展受到严重制约。建立企业年金的企业主要集中在国有或国有控股企业和外资企业。其中中央企业虽然仅占建立企业年金企业总数的 7.08%，但其覆盖人数却占参加企业年金总人数的 45.2%，中

①　罗伯特·霍尔茨曼、理查德·欣茨：《21 世纪的老年收入保障：养老金制度改革国际比较》，郑秉文、黄念译，中国劳动社会保障出版社 2006 年版，第 46 页。

央企业年金基金占所有企业年金基金结余总额的 52.7%。从地区分布来看，经济发达地区高于经济不发达地区。其中，上海、广东、浙江、福建、山东、北京等沿海和经济发达地区企业年金覆盖率较高，发展速度也快，基金积累额位于全国前列。企业年金基金投资收益率较低。2013 年，企业年金基金投资收益率只有 3.67%，略高于银行一年期存款利率。

第二节　城镇职工公共养老金制度

城镇职工公共养老金制度历经了从计划经济体制下的传统退休金制度向市场经济体制下的社会养老保险制度的嬗变。回顾历史上两种体制下不同的养老金制度结构和特点，对于后文的经验性分析和理解居民的消费行为有着基础性作用。

一　中国传统退休金制度的历史

20 世纪 50 年代至 1997 年，是我国城镇的传统退休金时期。这一时期又可分为两个阶段：计划经济体制下的退休金制度与转型时期的社会保险试点阶段。

（一）传统退休养老制度的内容及特点

20 世纪 50 年代初，我国仿照苏联模式，建立起了城镇退休金制度，采取预先扣除制。中国城镇企业职工的退休办法最早遵循的是1952 年 2 月政务院颁布的《中华人民共和国劳动保险条例》，它与计划经济时期的国家兜底、单位包办、职业关联的"低工资、高就业、高补贴、高福利"模式相关联。根据当时的《中华人民共和国劳动保险条例》，劳动保险基金按工资总额的 3% 计提，全部由用人单位负担，70% 留于基层工会用于本单位包括养老、医疗、工伤与生育的劳动保险费用支出，30% 上缴上级工会用于统筹调剂。1952 年，《各级政府工作人员退休处理暂行办法》对国家机关、事业单位工作人员的退休待遇进行了明确规定。1958 年国务院颁布的《关于工人、职员退休处理的暂行规定》统一了企业职工和国家机关工作人员（统称为全民所有制职工）的退休制度，并一直沿用到 1978 年。[①] 该制度主要覆盖城镇企业职工和国家机关工作人员，由国家和单位提供了一套包括养老、医疗、工伤与生育在内的劳动保险。退休金就是企业职工福利中的一项重要内容。

　　归纳而言，传统的退休金制度有如下特点：第一，保障对象为国有企业职工和集体职工。在计划经济体制下，1956 年至 20 世纪 80 年代，中国城镇几乎实行单一的所有制形式，即国有经济。到 20 世纪 80 年代，伴随着改革开放才开始出现少量的个体经济。第二，制度的覆盖率高。由于就业关联，制度覆盖了所有城镇国有企业和集体企业职工。第三，退休金待遇水平高。当时中国实施的是低工资、高福利政策，传统退休金的待遇标准也相当高，其工资（职工本人最后工资）替代率一般为 80%—90%，有些达到 100%，甚至超过 100%。[②] 第四，获取退休金的条件严格。职工必须工作满 30 年。20 世纪 50 年代初的退休年龄规定，女性工人的法定退休年龄为 50 岁，女性干部为 55 岁，男性统一为 60 岁，而当时我国出生人口预期寿命平均为 46 岁。第五，国家—单位保障模式。职工个人不需要缴纳养老保险费，国家机关、事业单位职工的退休养老金完全来源于国家财政拨款，企业职工的退休经费则来源于企业生产收益并在企业营业外列支，国家是最后的责任人。[③]

　　传统的退休金制度是计划经济的产物。它的建制理念强调平等性原则，有利于增进劳动者福利。另外，稳定的保障机制解除了城镇职工的养老后顾之忧，为就业者退休能够提供安全而稳定的心理预期，这也正是社会保障制度最为本质的功能。[④]

　　（二）传统退休金制度的改革试点

　　当计划经济向市场经济转型时，传统的退休金制度不能适应经济

---

　　① 董克用：《中国经济改革 30 年》（社会保障卷），重庆大学出版社 2008 年版，第 15—18 页。

　　② 董克用：《我国社会保险制度改革的背景环境和模式选择》，《管理世界》1995 年第 4 期。

　　③ 郑功成：《从企业保障到社会保障：中国社会保障制度变迁与发展》，中国劳动社会保障出版社 2009 年版，第 5—12 页。

　　④ 同上书，第 39—40 页。

的发展，已经暴露出许多缺陷：首先，在市场优胜劣汰的作用机制下，国有企业破产制度随之建立，一些国有企业经营亏损，在职工队伍老化的情况下已不能负担退休金制度；其次，风险池太小、统筹层次过低，导致老龄化风险无法有效分散；再次，传统的退休金制度不能覆盖其他所有制就业类型以及个体劳动者，新增就业人口也缺乏相应的退休金制度保护；最后，不同所有制下，劳动力流动受到阻碍。

鉴于此，随着城镇国有企业改革的推进，为配合国有企业转变经营方式和推行劳动合同制，实现企业在劳动、人事、分配方面的自主权，传统退休金制度的改革试点通过退休、待业等费用的社会统筹来解决企业负担畸轻畸重的问题，以公平参与市场竞争，传统退休金制度也开始了改革试点。1986 年，《国营企业实行劳动合同制暂行规定》可以看作中国公共养老金制度从退休金制度走向社会保险制度的重要转折点。依据规定，国家对劳动合同制工人退休养老实行社会保险制度；退休养老基金的来源，由企业和劳动合同制工人共同缴纳；退休养老金不敷使用时，国家给予适当补助。[1] 1991 年 6 月，国务院发布《关于企业职工养老保险制度改革的决定》又将养老保险向社会化方向推进了一步。1993 年 11 月，党的十四届三中全会通过的《中共中央关于建立社会主义市场经济体制若干问题的决定》提出，养老保险制度改革实行"社会统筹和个人账户相结合的原则"，并明确指出，要建立包括社会保险、社会救济、社会福利等在内的多层次社会保障体系，这对于深化企业和事业单位改革，保持社会稳定，顺利建立社会主义市场经济体制具有重大意义。[2] 可见，"从单位化走向社会化、责任共担机制逐步取代单一责任主体"[3] 是转型时期的主要特点。

---

① 中国网：《国营企业实行劳动合同制暂行规定》（国务院 1986 年 7 月 12 日发布），http：//www. china. com. cn/cpc/2011 – 04/12/content_ 22343445. htm。

② 人民网：《中共中央关于建立社会主义市场经济体制若干问题的决定》，http：//www. people. com. cn/GB/shizheng/252/5089/5106/5179/20010430/456592. html。

③ 郑功成：《中国社会保障制度变迁与评估》，中国人民大学出版社 2002 年版，第 12 页。

二　城镇职工基本养老保险的结构及特点

1995 年 3 月，国务院发布《关于深化企业职工养老保险制度改革的通知》，确立了社会统筹与个人账户相结合的模式，并附有统账结合不同规模的实施方案。1997 年，在各地试点的基础上，国务院通过《关于建立统一的企业职工基本养老保险制度的决定》（国发〔1997〕26 号）统一了制度安排：统一和规范养老金缴费费率，建立个人账户，统一计发办法，扩大覆盖范围，加强基金管理等。2005 年，《国务院关于完善企业职工基本养老保险制度的决定》（国发〔2005〕38号）进一步确定了扩面的范围，改革养老金的计发办法以形成参保缴费的激励机制。与此同时，2009 年国务院推出《关于开展新型农村社会养老保险试点的指导意见》（国发〔2009〕32 号），建立个人缴费、集体补助、政府补贴相结合的新农保制度，实行社会统筹与个人账户相结合，保障农村居民老年基本生活。[1] 2011 年，《国务院关于开展城镇居民社会养老保险试点的指导意见》为城镇非从业居民提供城镇居民养老保险，并规定，养老金待遇由基础养老金和个人账户养老金构成，个人账户养老金水平取决于个人缴费和政府补贴总额，基础养老金则来自政府全额支付。[2] 城镇居民养老保险和新农保在制度设计上有许多相似之处，均由政府主导建立，并参照职工基本养老保险制度模式，实行社会统筹和个人账户[3]相结合。2014 年 2 月，国务院常务会议决定在全国范围内合并新型农村社会养老保险和城镇居民社会养老保险，建立统一的城乡居民基本养老保险制度，以突破之前的城乡二元体制分隔。至此，就养老而言，社会保险两套平行的主要制度安排已经形成：一类是城镇职工基本养老保险，另一类是城乡居民社会养老保险。由于城镇职工基本养老保险的制度历史最长、建制

---

① 　中央政府门户网站：《国务院关于开展新型农村社会养老保险试点的指导意见》（国发〔2009〕32 号），http：//www. gov. cn/zwgk/2009 - 09/04/content＿ 1409216. htm，2009 年 9 月 4 日。

② 　2011 年规定的中央基础养老金标准为每人每月 55 元，之后逐年上涨。

③ 　实际上，由于历史转轨成本等问题，我国的社会养老保险个人账户空账运行现象比较普遍。

最健全，成为城乡居民基本养老保险制度的一个参照，因而下面将城镇公共养老金的制度特征做出如下梳理。

（一）制度的价值观：效率优先，兼顾公平

从 1997 年 26 号文件产生的背景来看，20 世纪 90 年代，中国开始反思计划经济时代"平均主义"的价值观。与此同时，新自由主义在中国的流行，世界银行"三支柱方案"的建议以及智利社会保障私有化的成功案例、新加坡公积金制度等都对中国的制度设计起到政策影响。我国社会保障制度改革之初的设计基本倾向是偏重效率的，认为从效率和公平的边际效益比较来看，追求效率可以在较大范围实现较高程度的经济富裕。因此，在处理分配问题时，遵循"效率优先，兼顾公平"的原则，注重鼓励个人劳动的激励系统的有效性，避免吃"大锅饭"的弊端；强调保持较高的积累率，不希望社会保障成为国家的"财政包袱"。社会统筹和个人账户相结合，既发挥了社会统筹共济性强的优点，寿命长短和收入高低之间都有互济，又发挥了个人账户激励作用强的优点。

（二）制度的多重目标：广覆盖、保基本、可持续

《中华人民共和国社会保险法》指出，社会保险制度坚持"广覆盖、保基本、多层次、可持续"的方针，社会保险水平应当与经济社会发展水平相适应。党的十八大提出"要坚持全覆盖、保基本、多层次、可持续方针"，并且"以增强公平性、适应流动性、保证可持续性为重点"。[①] 党的十八届三中全会进一步强调，要建立更加公平可持续的社会保障制度。党的十九大报告在加强社会保障体系建设方面提出："按照兜底线、织密网、建机制的要求，全面建成覆盖全民、城乡统筹、权责清晰、保障适度、可持续的多层次社会保障体系。全面实施全民参保计划。完善城镇职工基本养老保险和城乡居民基本养老

---

① 胡锦涛：《坚定不移沿着中国特色社会主义道路前进　为全面建成小康社会而奋斗——在中国共产党第十八次全国代表大会上的报告》，http：//politics. people. com. cn/n/2012/1109/c1001 - 19529890. html，2012 年 11 月 9 日。

保险制度，尽快实现养老保险全国统筹。"① 可见，关于基本养老保险政策的目标定位是多重的，可概括为"广覆盖、保基本、可持续"。

（三）制度结构：统账结合

基本养老保险制度是社会统筹和个人账户相结合的"混合"制度安排。从属性来看，社会统筹是公共养老保险，而个人账户则是强制性私人养老金制度。根据世界银行 1994 年提出的养老金"三支柱"方案：第一支柱是强制性公共养老金计划，第二支柱是强制性私人养老金计划（既可以是企业年金，也可以是个人账户），第三支柱是自愿性的个人养老储蓄账户。中国的社会统筹属于第一支柱，而强制性的个人账户则属于第二支柱。决策者希望通过社会统筹来体现公平，通过个人账户来体现效率。所以，中国的基本养老保险制度实际上是世界银行建议案的第一支柱与第二支柱的结合，即现收现付与基金积累的结合，待遇确定型（DB）与缴费确定型（DC）计划的结合，政府责任与个人责任的结合。

（四）参保人的演变

在对传统退休金制度改革的试点过程中，政府要解决的是传统退休金制度向社会保险制度转变的问题，所以，保障的对象仅限于国有企业和集体企业的职工。到 20 世纪 90 年代，不同所有制得到了发展，越来越多的劳动者在其他所有制企业就业，因而 1997 年参保人扩大到不同所有制度企业的雇员，包括国有企业、集体企业、外资企业、合资企业、私营企业、股份制企业等。

2005 年参保人进一步扩展到自雇者和灵活就业人员。自雇者和灵活就业人员享有缴费环节的优惠（费率为工资的 20%，其中，12% 进入社会统筹，8% 进入个人账户），养老金的计算公式与雇员是一样的。参保人向自雇者和灵活就业人员的扩展，意味着"城镇职工基本养老保险"实质变成了"城镇就业者养老保险"，而不只是雇员的保险制度。

---

① 习近平：《决胜全面建成小康社会　夺取新时代中国特色社会主义伟大胜利——在中国共产党第十九次全国代表大会上的报告》，人民出版社 2017 年版，第 47 页。

（五）政策期望的保障水平

不同于传统制度的退休金替代率过高，新制度决定将社会保险定位于提供基本生活保障，即遵行"保基本"的原则。基本养老保险在两个维度上降低了养老金的保障水平：第一，养老金衡量标准由"本人最后工资"调整为"社会平均工资"，而社会平均工资一般都低于本人的最后工资；第二，目标替代率由80%下降到约60%，其中约35%来自社会统筹，24%来自个人账户。基本养老保险还建立了与物价和工资挂钩的调整机制，以保证养老金收入不会大幅下降。

（六）其他制度参量

26号文件实施后，参加工作的"新人"缴费累计满15年退休后，按月领取基本养老金：由基础养老金和个人账户养老金组成。26号文件实施前参加工作、38号文件实施后退休的"中人"在（视同）缴费年限累计满15年后，享有基础养老金、个人账户养老金以及过渡性养老金。关于保障水平，李铁映（1995）曾指出，根据我国的实际情况，随着经济的发展，职工收入的增加和补充养老保险、个人储蓄性保险的发展，基本养老金替代率（养老金相当于工资水平的比例）在60%左右水平比较合适。胡晓义（1997）在解读26号文件时，基于"保障基本生活"的原则进行测算，认为基本养老保险总的待遇水平应为平均工资的58.5%。制度内容及参量如表4-1所示。

表4-1　　　　　　城镇职工基本养老保险制度主要内容

制度结构		社会统筹	个人账户
制度类型		DB型现收现付制	DC型基金积累制
保障对象		城镇各类企业职工、个体工商户和灵活就业人员	
资金来源		工资总额的20%（企业）	工资的8%（职工）
		12%（自雇者）	8%（自雇者）
制度参量	退休年龄	男性60岁、女性干部55岁、女性工人50岁	
	缴费基数	社会平均工资的60%—300%	
	最低缴费年限	15年	

续表

制度结构	社会统筹	个人账户
养老金	基础养老金月标准 = （当地上年度在岗职工月平均工资 + 本人指数化月平均缴费工资） × 1/2 × n × 1%	个人账户积累额（由一年期银行利率决定）分别除以 139、170、195
预期替代率	35%（社会平均工资）	24%（社会平均工资）

三　发展现状与评价

近年来，对城镇职工基本养老保险制度的评估主要集中在以下几方面：对基金收支现状、支付能力的评估（封铁英、刘芳，2010；郑秉文、孙永勇，2012）与养老金收支缺口及可持续性的测算评估（王晓军、米海杰，2013；刘学良，2014）；养老保险收入再分配效应的政策评估（彭浩然、申曙光，2007；刘长庚、张松彪，2014），以及对公平性的测度研究（吴永求、冉光和，2014）。另外，还有对基本养老保险制度设计的替代率进行评估分析（徐颖、王建梅，2009），以及对职工基本养老保险的待遇调整效应进行的考察（何文炯等，2012）。本章将不局限于某一角度，而是从"广覆盖、保基本、可持续"多方面的宏观视角，结合历史变迁，分析目前制度取得的成就与面临的困境。

（一）主要成就

"国家—企业保险"向"社会保险"的转变，使养老风险在社会范围内分散，不仅有利于经济转型与多种所有制企业的发展，还有利于社会的稳定与对城镇就业群体的广覆盖。

1. 保障多种所有制经济的发展

随着经济转型，计划经济下国有经济一统天下的局面注定被多种所有制经济结构所打破。1995 年，国有经济职工人数、集体经济职工人数及其他经济就业人数占全国在职职工人数的比例分别为 73.6%、20.6% 和 5.8%，2000 年分别为 69.8%、12.9% 和 17.3%，到 2012 年分别为 44.9%、3.9% 和 51.2%。目前，其他经济的职工人数已超过国有企业职工数，成为城镇就业的主体。可以设想，如果没有城镇养老保险制度的改革以均衡养老负担，国有企业是不可能顺利完成所有制改革，以自主经营、自负盈亏的主体身份参与市场竞争的。

2. 成为国有企业改革的社会稳定器

1997 年以后，国有企业改革为实现从产业及所有制结构的调整、减员增效，全国下岗职工至 2002 年累计达到 2600 多万人，为维护社会稳定，国家通过社会保障体系确保企业离退休人员基本养老金按时足额发放和国有企业下岗职工基本生活。在两个"确保"政策下，全国 95% 左右的国有企业下岗职工领到了基本生活费，98% 左右的离退休人员按时足额领到了养老金。没有包括养老保险改革在内的社会保障制度为经济转型保驾护航，营造稳定的社会氛围，国有企业也不可能扭转亏损局面。

3. 社会保险的发展对劳动力跨制度流动的意义

在 20 世纪 90 年代以前，"企业保险"模式下的企业因所有制不同而为劳动者提供的保障水平不同，这就阻碍了劳动力在不同所有制之间的自由流动，影响劳动力资源的有效配置。20 世纪 90 年代开始的企业保险向社会保险的改革，使覆盖主体间的劳动力流动性增强，劳动力配置效率明显提升。为提高社会保险对劳动力资源配置的效率，我国职工基本养老保险制度还需在待遇的可携带性、与其他基本养老保险制度的转移接续等方面继续完善。

4. 建立了多方责任共担机制

从传统退休金制度到社会养老保险，职工基本养老保险制度实现了国家兜底向企业、个人和政府补贴相结合的三方筹资机制转变。多方责任共担机制的形成不仅有助于增强劳动者个人的责任意识，更有利于制度的长期财务稳定性，在一定程度上减轻了政府的财政风险。

5. 制度发展迅速，覆盖率不断提高

自城镇职工基本养老保险制度起步以来，参保人数逐年增加，从 1993 年的 9847.6 万人增加到 2013 年的 32218 万人。其中，职工参保人数从 1993 年的 8008.2 万人上升到 2013 年的 24177.3 万人，参保职工数占城镇就业人员数比重从 43.85% 相应地上升到 63.23%，如图 4-1 所示。制度迅速发展，逐渐迈向"广覆盖"。国际劳工局在

《世界社会保障报告》（2010—2011 年）中发布了全球主要地区的养老保障制度实际覆盖率指标，据此计算的中国企业职工基本养老保险覆盖人数约占劳动年龄人口[①]的 41.3%（2010 年），与全球各地区强制缴费型养老保险计划的实际覆盖率相比，高于世界平均水平（37.3%），见表 4-2。我国城镇老年收入保障"第一支柱"的覆盖范围虽低于北美、欧洲和拉丁美洲等发达地区，但高于中东、北非、亚太及撒哈拉以南非洲等发展中国家和地区的平均水平。尽管如此，值得注意的是，城镇中仍有 20%—30% 的自雇者和灵活就业人员（其中大部分为农民工）不在"第一支柱"覆盖范围之内。

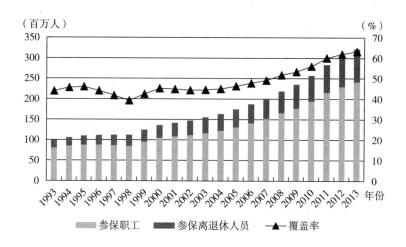

图 4-1　城镇职工基本养老保险覆盖范围

（二）面临的挑战

目前，职工基本养老保险面临的主要问题有：一是在老年抚养负担较轻的当下，制度赡养却不断恶化；二是在职一代的费率已经过高，当人口老龄化加速时已然没有提升的空间；三是在过去的十几年内养老金社会平均工资替代水平快速下降，在没有其他收入保障制度支持的情况下，养老金水平也没有继续下降的空间；四是扩面举措喜

———————

① 中国劳动年龄人口为男 16—59 岁，女 16—54 岁。

忧参半；五是预期的个人账户积累实则空账。总之，在高费率、低保障的情况下，制度面临着严峻的财务可持续性挑战。

表4-2　　　　养老保险制度覆盖人数占劳动年龄人口的百分比　　　单位:%

地　区	缴费型养老保险计划
北美	73
西欧	70.4
独联体	65.3
中欧和东欧	58.9
拉丁美洲和加勒比地区	58.4
中东	38.5
北非	34.4
亚洲及太平洋	27.9
撒哈拉以南非洲	14
世界平均	37.3
中国	41.3

注：中国的强制型、缴费型养老保险的制度覆盖人数为城镇职工基本养老保险制度的参保职工数，劳动年龄人口数据来自中国第六次全国人口普查资料。

资料来源：除中国数据外，均来自 World Social Security Report: Providing Coverage in Times of Crisis and Beyond（2010—2011），p. 230。

1. 喜忧参半的覆盖率

随着自雇者、灵活就业人员等非正规部门就业人员纳入基本养老保险制度的保障范围，参保人数占城镇就业人口比重不断提高。然而值得注意的是，在统计指标计算中，参保人数（分子）中包括参保农民工，而城镇就业人口是以户籍统计的，即分母中没有包括进城务工农民。如此计算的当前制度覆盖率 63.23% 实则被高估了。2006—2013 年，参加城镇职工基本养老保险的农民工人数从 1417 万人增加到 4895 万人，但仍有部分从农村流动到城镇的就业人口因制度门槛过高而没有纳入保障范围。据人力资源和社会保障部门推算，2013 年年末，全国农民工总量达到 2.69 亿人，外出进城的农民工共有 1.66

亿人；其中，全国参加城镇职工基本养老保险的农民工有 4895 万人，占外出农民工人数的 29.5%。

另外，扩面给制度的可持续性也带来了严重的问题。据统计，2011 年非雇员身份参保的人已达 21%，这部分人口既有自雇者也有农民工群体，他们的费率是 20%，而社会统筹部分的计算公式却与雇员是一样的；不仅如此，他们通常会选择最低的缴费基数和最少的缴费年限。如此一来，再分配对这部分群体是有利的，但过大的比例即会影响制度的可持续性。

2. 在职一代缴费负担较重

目前，中国的社会保险体系由养老保险、医疗保险、失业保险、工伤保险和生育保险五个部分组成。根据人力资源和社会保障部的统计，全球 173 个拥有社会保障制度的国家和地区中，中国五种社会保险缴费率（总计达到工资总额的 40%）位列高缴费率国家第 13 名。40% 的缴费率中，雇主、雇员各承担工资的 30%、10%。仅公共养老金的缴费率就已达到 28%，这可能是世界上最高的缴费率之一。这对工作的一代来说是一个很重的负担。2013 年 3 月，中国企业家调查系统进行的一项调查显示，1000 位企业家中的 55.8% 选择"社会保障、税收负担太重"是企业发展的最大障碍，该选项在所有 20 个选项中连续三年排名第二；在中西部地区，中小企业、非国有企业和外资企业选择"社会保障、税收负担太重"的比例甚至更高。可以看到，对公司而言，已经没有进一步提高理论缴费率的空间。

3. 养老金待遇水平并不充足

图 4 - 2 显示了每年发放的养老金总额对上一年社会平均工资总额的替代率水平。作为基本养老保险制度追求的目标，"保基本"已成为一种广泛的共识，尽管对于"保基本"的内涵，政策尚未给出明确的规定，学界对此也存在差异性的认识。基于退休人口基本生活需求保障的权利、恩格尔系数、我国养老金体系的发展现状，以及国际经验的比较，在制度的现阶段，将"保基本"定位于基本养老保险的社会平均工资替代率达到 59%（目标替代率）是大体合理的。然而，中国的现实是目标替代率已经失守，退休一代养老金水平不足以"保

基本"。1997—2013 年，养老金的社会平均工资替代率从 76% 下降至
43.4%，这已大大低于制度设计之初的目标。尽管政府从 2003 年以
后连续十年的待遇调整也没能遏制养老金下降的趋势。姑且不论这一
保障水平与政策设计之初的目标替代率 59% 有多大差距，44% 的社会
平均工资对改革时的"老人"和"中人"也是不够的。2013 年，中
国城镇居民家庭恩格尔系数为 35%，即食品支出就会花去老年人收入
的 1/3。另外，不同于其他国家多支柱养老金体系可以为老年人提供
多渠道的收入保障，我国老年人收入主要来源于社会养老保险，企业
年金、个人储蓄账户等支柱尚未真正发挥老年收入补充的作用。因
此，基本养老保险的替代率水平已然没有继续下降的空间。

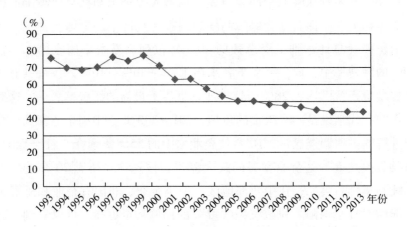

图 4 - 2　城镇职工基本养老保险社会平均工资替代率

资料来源：根据历年《人力资源和社会保障事业发展统计公报》与《中国统计年鉴》
计算。

　　笔者曾在梳理国际上前沿理论研究的基础上提出适合中国国情的
三维度综合指标、6 个子指标养老金体系待遇充足性评估框架[1]，并

---

① 第一个维度是老年收入水平，包括老年人收入中位数比率、中位工资替代率两个子
指标；第二个维度是老年贫困程度，包括老年人贫困风险率、老年人贫困风险变化率两个
子指标；第三个维度是老年性别差异，包括老年人收入中位数比率的性别比值、老年人贫
困风险率的性别差值两个指标。

基于国家统计局公开的数据以及全国综合社会调查（CGSS）提供的微观数据进行测算分析。从全国的情况来看，我国养老金体系待遇的充足性在收入维度、贫困维度以及性别差异维度上的表现均不理想，尤其是后两个维度上的 4 个指标从 2005—2010 年并未得到改善。地区比较发现，天津、内蒙古、上海、河南、浙江、山东等省份的养老金体系总体待遇充足性水平较高，但是，没有一个地区每年的充足性水平都位于前列。

4. 不断老化的制度覆盖率

目前，中国的人口结构尚且年轻，2013 年，中国的老年赡养比（15—64 岁人口与 65 岁以上人口比）为 7.6：1，比 20 世纪 90 年代基本养老保险制度设计时的 11.9 有所下降。全社会老年人口抚养负担并不算高，但城镇职工基本养老保险的制度赡养比却非常老化。1978 年，中国城镇就业人口与退休人口的比例是 30：1，此后快速下降；到 1997 年，基本养老保险参保职工与离退休人员之比仅为 3.4：1，2013 年进一步下降为 3：1（见图 4 - 3）。目前，我国 15—59 岁劳动年龄人口与 60 岁以上老年人口之比为 5.59：1（2010 年），即 5.59 个工作年龄人口可以赡养一个退休者。根据联合国的预测，中国 60 岁以上人口占总人口的比例将于 2025 年超过 20%，届时 60 岁以上人口抚养比将超过 0—14 岁少儿抚养比（见图 4 - 4），中国的人口老龄化趋势愈演愈烈，制度赡养比将会降得更低。然而，中国的人口老龄化发展迅速，尤其在未来的 40 年步入快速老龄化阶段，预计到 2050 年年末，承担缴费负担的在职人员与退休人员之比将下降至 1.3：1。随着老年赡养比的进一步下降，城镇职工基本养老保险制度赡养情况将进一步恶化。

5. 财务可持续性挑战

短期内部分地区收不抵支，长期内制度隐性负债巨大。根据中国社会保险发展年度报告（2014），扣除财政补贴后的养老金赤字在逐年增加。目前，18 个省份面临养老金支出大于缴费收入的问题，其中黑龙江省的"赤字"最大。2013 年开始出现"赤字"，不计财政补贴赤字达 959 亿元。从那时起，养老金"赤字"已经从 2014 年的 1563 亿

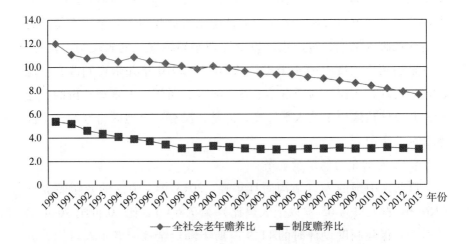

图 4 - 3　1990—2013 年城镇职工基本养老保险制度赡养比与

全社会老年赡养比对比

资料来源：根据历年《中国统计年鉴》计算。

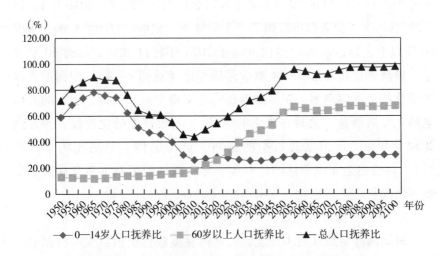

图 4 - 4　1950—2100 年中国人口抚养比的发展及未来趋势

元上升到 2015 年的 3024.9 亿元。城镇企业职工基本养老保险与政府
责任边界不清，政府成为无限责任人。由于养老保险承担了经济体制
转型引起的成本，政府承诺确保退休费金支出，政府成为无限责任
人。2002—2015 年，城镇企业职工基本养老保险制度年度收入中的财
政补贴如图 4－5 所示，2015 年为 4716 亿元，2002—2015 年累计达
到 2.5571 万亿元。

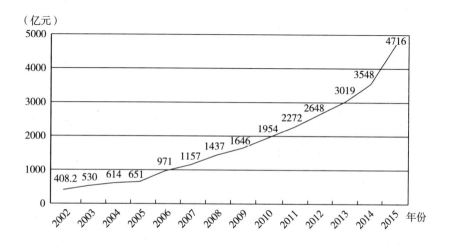

图 4－5　城镇职工基本养老保险制度年度收入中的财政补贴额

　　根据制度设计预期，个人账户制度的积累是用以应对未来人口老
龄化的高峰。然而，因为 20 世纪 90 年代财政资源不足，政府没有像
智利一样承诺支付转型成本。此外，由于来自雇主的缴费不足以支付
退休人员的养老金，所以，在很多地区政府对员工缴费是基于现收现
付的方法而不是制度设计的积累制办法。地方政府已经从 2002 年开
始筹资弥补个人账户缺口，但财政支出远远不够。表 4－3 显示，只
有超过约 10% 的缴费支付给个人账户积累，约 90% 的资金已被使用。
中国人把这个问题描述为"空账问题"。总体上看，社会统筹部分有
盈余资金，但它仍然低于个人账户的负债。如表 4－3 所示，2013 年，
社会统筹总余额（2.8269 万亿元）仍然不能抵消空账总额（3.0955
万亿元）。

表4-3 个人账户的资金状态（2006—2013 年） 单位：亿元

年份	记账规模	实际资产	空账规模	社会统筹结余
2006	9994	—	—	5489
2007	11743	786	10957	7391
2008	13837	1100	12737	9931
2009	16557	1569	14988	12526
2010	19596	2039	17557	15365
2011	24859	2703	22156	19497
2012	29543	3495	26048	23941
2013	35109	4154	30955	28269

资料来源：郑秉文：《中国养老金发展报告》（2011—2014）。

即使个人账户也用于现收现付，即 28% 的保费全部用于当期支出，一些地方尤其是中西部地区的城镇职工基本养老保险基金征缴已收不抵支。2013 年，职工基本养老保险基金总收入达到 22680 亿元，增长率为 13.4%，其中，征缴收入为 18634 亿元，增长率为 13.16%。而同年基金总支出达到 18470 亿元，增长率为 18.69%，超过基金总收入增速 5.29 个百分点。2013 年的基金当期结余比上一年减少了 229.27 亿元，增长率为 - 5.16%，全国超过一半的省份当期结余负增长，黑龙江已严重收不抵支，当期结余为 - 40.43 亿元。[1] 一些省份（如广东、北京、江苏、浙江等）当期收支结余较多，其主要通过将自雇者和灵活就业人口纳入制度范围的扩面措施来增加当期收入，因此，制度未来的隐性负债将令人担忧（毕竟这部分人口缴纳的保费相对较少，而养老金相对他们的贡献则相对较多）。

从长期来看，在既有的转轨成本尚未偿清、老龄化趋势加速发展

———————

① 郑秉文：《中国养老金发展报告（2014）》，经济管理出版社 2014 年版，第 51、63、71 页。

的形势下，我国城镇职工基本养老保险制度面临着较为严峻的支付缺口。马骏对我国城镇职工基本养老保险制度中的统筹部分支付缺口进行的测算表明：如果不改革现存制度，从 2017 年起，养老金要求的财政补贴将持续上升，至 2050 年将达到当年财政支出的 20% 以上；与 GDP 的规模比较，养老金缺口到 2020 年将达到 GDP 的 0.2%，2030 年为 GDP 的 1.4%，2040 年为 GDP 的 3.1%，2050 年为 GDP 的 5.5%。经过 38 年累积，2050 年养老金总缺口的现值（用名义 GDP 增长率作为折现率来计算）将达到目前 GDP 的 75%。[①]

　　总之，中国城镇职工基本养老保险面临着困境与挑战：在将近三个在职者赡养一个退休者的制度赡养比条件下，我们以世界上较高的缴费率水平却换来较低的养老金替代率水平；全国大多数省份面临着"收不抵支"的财务风险，未来养老金负债令人担忧。

第三节　城镇和农村居民基本养老保险制度

一　城镇、农村居民基本养老保险的政策沿革

（一）农村居民的养老保险制度

从 1986 年开始，中国政府在部分地区开展农村居民养老保险试点工作。1992 年，民政部发布了《县级农村社会养老保险基本方案》（以下简称《方案》，也称"老农保"），这对农村居民而言具有里程碑的意义。根据《方案》规定，该养老保险计划的资金主要来源于个人缴费，并辅之以集体补助和政府补贴，这被认为是"老农保"的主要特点。然而，在实践中，由于农村居民经济能力不足、计划提供的福利水平较低，参与该项计划的人越来越少。到 1997 年 7 月，国务院叫停"老农保"政策。

　　随着"三农"问题日益受到社会的广泛关注，2002 年，中国政

---

　　① 马骏：《化解国家资产负债中长期风险》，《财经》杂志，http：//finance.ifeng.com/opinion/mssd/20120612/6596592.shtml，2012 年 6 月 12 日。

府重新考虑在农村地区建立社会保障制度。部分城市如陕西宝鸡、江
苏东海、北京、上海、广东东莞等开展了以政府财政投入带动的新型
农村社会养老保险（以下简称"新农保"）的试点工作。在人口老龄
化、经济危机、城乡一体化背景下，2009 年新型农村社会养老保险在
全国范围内建立起来。"新农保"和"老农保"的核心差别在于：政
府补贴是"新农保"资金来源的主要组成部分（见表 4 - 5）。

表 4 - 5   新农保政策的内容

制度结构	统筹账户	个人账户
制度类型	现收现付制 DB	基金积累制 DC
受益群体	16 岁以上的农村居民	
缴费	个人缴费	5 档：100 元/年、200 元/年、300 元/年、400 元/年、500 元/年（可调整）
	集体补助 补助标准由每个村委会决定	
	政府补贴 中央政府：中西部地区，基础养老金全额补助；东部地区，基础养老保险金补助 50%	当地政府：每人每年不少于 30 元
个人账户收益率	一年期银行存款利率	
月度养老金	基础养老金 = 55 元 + 补助	个人账户积累额除以 139
领取养老金条件	养老金领取年龄：超过 60 岁，缴费 15 年	

（二）城镇居民的养老保险制度

在很长一段时间内，没有工作的城镇居民没有任何公共养老金的
保障。2011 年 7 月，城镇居民养老保险制度正式建立并逐步推广到全
国范围。制度内容如表 4 - 6 所示。

（三）制度整合

2014 年 2 月，国务院发布了《关于建立统一的城乡居民基本养老
保险制度的指导意见》，提出在"十二五"规划末，在全国基本实现新
农保和城市居民养老保险制度合并实施，并逐步建立起覆盖全民的基本
养老保险制度（见图 4 - 6）。该指导意见的具体规定可以总结为表 4 - 7。

表 4 - 6　　　　　　　　　　城市居民养老保险制度内容

制度结构	统筹账户	个人账户
制度类型	现收现付制 DB	基金积累制 DC
受益群体	年满 16 岁的城镇非从业居民	
缴费　个人缴费		十档：100 元/年、200 元/年、300 元/年、400 元/年、500 元/年、600 元/年、700 元/年、800 元/年、900 元/年、1000 元/年（可调整）
政府补贴	中央政府：中西部地区，基础养老金全额补助；东部地区，基础养老保险金补助 50%	当地政府：每人每年不少于 30 元
其他		其他社会组织或团体
个人账户收益率	一年期银行存款利率	
月度养老金	基础养老金 = 55 元 + 补助	个人账户积累额除以 139
领取养老金条件	养老金领取年龄：超过 60 岁，缴费 15 年	

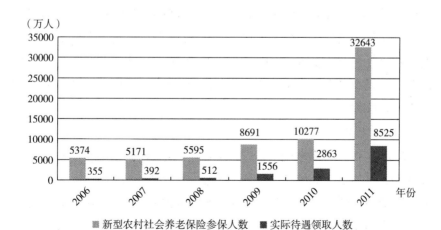

（万人）

图 4 - 6　新农保覆盖情况

表 4 – 7   城乡居民养老保险制度内容

制度结构	统筹账户	个人账户
制度类型	现收现付制 DB	基金积累制 DC
受益群体	年满 16 岁、没有基本养老保险制度覆盖的城乡居民	
缴费 个人缴费		十二档：100—2000 元/年（可调整）
缴费 政府补贴	中央政府：中西部地区，基础养老金全额补助；东部地区，基础养老保险金补助 50% 当地政府：每人每年不少于 30 元（最低缴费标准）；每人每年不少于 60 元（缴费等级在 500 元以上）	
缴费 集体补助		村委会、社会组织或团体
个人账户收益率	一年期银行存款利率	
月度养老金	基础养老金 = 70 元 + 补助	个人账户积累额除以 139
领取养老金条件	养老金领取年龄：超过 60 岁	

二　城乡居民基本养老保险的发展现状

（一）覆盖率提高

2009 年，参加新农保的人口数量迅速增长到 8691 万人，2011 年急剧增长到 32643 万人。在农村地区，领取养老金人数从 2009 年的 1556 万人增长到 2011 年的 8525 万人。如图 4 – 7 所示，城乡居民基本养老保险在最近几年发展十分迅速。2011 年，参保人数是 33182 万人，领取养老金人数是 8760 万人，2013 年发展到参保人数是 49750 万人，领取养老金人数是 13768 万人。从 2012 年开始，参保人数增长速度开始减慢。

（二）财务状况

2013 年的统计数据显示，2013 年城乡居民基本养老保险基金收入 2052.3 亿元，与 2012 年同期相比，增长 12.19%。在总收入中，个人缴费占 31%（636 亿元），政府补贴占 69%。同时，基金支出 1348.3 亿元，比上年增长 17.27%，支出增长速度大于收入增长速度，这会给制度未来财务上的可持续性带来负担。基金累计结存 3005.7 亿元，增长 30.56%（见表 4 – 8）。

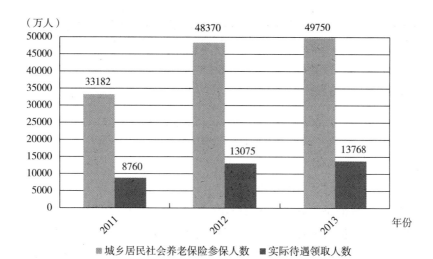

图 4 - 7　城乡居民基本养老保险覆盖情况

表 4 - 8　　　　　　　城乡居民基本养老保险的财务状况

年份	2012	2013
基金收入（10 亿元）	182.92	205.23
增长率（%）	29.6	12.19
基金支出（10 亿元）	114.97	134.83
增长率（%）	79.84	17.27
基金累计结存（10 亿元）	230.213	300.566

资料来源：《中国社会保险发展年度报告（2013）》，http://www.mohrss.gov.cn。

（三）养老金水平

根据《中国统计年鉴》数据，2013 年城乡居民每个人平均每月领取的养老金是 81 元（见表 4 - 9），2014 年是 90 元，随着基础养老金最低标准从 55 元提高到 70 元，预计未来月度养老金会达到 100 元左右。与每个月的食品支出相比，90 元的养老金保障水平不足。

表 4 – 9　　　　　　养老金福利水平与生活成本比较（2013 年）

居民（每人）	平均每月养老金（元）	平均每月消费支出（元）	恩格尔系数	食品消费支出（元）*
城市	81	1501.9	35%	525.6
农村	81	552.1	37.7%	208.1

注：食品消费支出 = 平均每月消费支出 × 恩格尔系数。

　　总之，尽管建立时间不长，城乡居民基本养老保险大大扩大了社会保险的覆盖范围，让那些没有资格参与城镇职工基本养老保险的人群也享有社会保险的保障，提高了社会保障制度的公平性。然而，该制度严重依赖于政府财政补贴，从长远来看，会引起可持续性问题。

第五章　公共养老金制度影响中国城镇
居民消费的宏观经验

基于前文的消费理论与作用机理分析，结合中国公共养老金制度从"传统退休养老制度"向"社会养老保险"的变迁历程，本章将构建全国时间序列和省际面板数据模型，从宏观经验中考察我国城镇公共养老金制度与城镇居民消费支出的真实动态关系。

由于城乡居民社会养老保险制度建立的时间短暂，而且历经制度整合，数据收集连续性差，建制也不如城镇职工基本养老保险制度成熟，故本章重点以城镇职工基本养老保险制度为分析对象，考察在制度变迁背景下职工基本养老保险与居民消费支出的宏观、动态关系。

第一节　城镇公共养老金制度与居民
消费：全国时间序列模型

我们首先从全国宏观层面，在历史序列数据统计描述的基础上，把握我国城镇养老保险制度对城镇居民消费支出的动态影响。

一　数据来源与基本变量说明

根据消费函数理论并结合中国经济社会发展实际，本书认为，中国城镇居民消费函数应包括收入、人口年龄结构、养老保险制度、就业/失业状况、教育、卫生等因素。

（一）公共养老金制度覆盖率

世界银行的社会保障报告对社会保障项目覆盖率的定义，一般包含两个层面：第一个层面涉及在职者缴费并积累养老金权益的阶段，覆盖率即经济活动人口中缴费人口的比例；第二个层面涉及达到法定退休年龄的人群领取养老金待遇的阶段，覆盖率即老年人口中领取养老金人口的比例（World Bank，2005）。然而，第一个层面的指标常常由于忽略参保者连续或持续缴费的情形而产生对指标的高估；第二个层面的指标相比而言容易测量，但也容易忽视延迟退休及延迟领取养老金的情况。根据我国的实际情况，对于城镇公共养老金制度，男性、女性工人、女性干部有着不同的法定退休年龄，由于缺乏分城乡、分性别的不同年龄人口数据，因而计算养老金领取者覆盖率的指标比较困难。因此，本章采用覆盖率指标的第一层含义，用城镇就业人口中的参保职工数所占比例来估算公共养老金制度的覆盖率。

需要特别说明的是，在传统退休金时代，职工参加养老保险等劳动福利为就业关联，故参保人数即为在岗职工数。另外，根据数据的可得性，1978—1991 年的参保职工数采取《中国劳动统计年鉴》中的"城镇社会劳动者人数"，1992—1998 年采取"职工人数"，1998年以后采用《中国统计年鉴》中的"城镇职工基本养老保险年末参保职工数"；"城镇就业（从业）人员数"均来自以上三个年鉴的统计资料。

由图 5-1 可以看出，20 世纪 80 年代以前的传统养老保险时代，所有劳动保险就业关联，制度覆盖率也相当高，在 96%—99% 的水平；在国有企业改革的大背景下，养老保险的覆盖率开始骤降至 50% 以下；直至 1997 年，社会养老保险从试点走向全面统一，并且在2005 年决定将保障对象从正规就业者扩展到灵活就业者，这些举措使基本养老保险制度的覆盖率于近十年来稳步上升，2015 年达到将近65% 的人群。

（二）公共养老金替代率

养老金替代率是反映养老金保障水平的一个重要指标。一般而言，有两个评估路径：一是客观的测算；二是主观的个人感受。第一个路径由于可得性强而最为广泛使用。客观测量的替代率虽然均是比较老年人退休收入与退休前收入的比例，但计算方法根据不同的假设

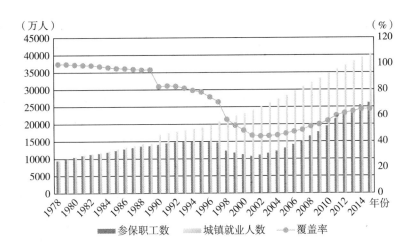

图 5 - 1 1978—2015 年城镇公共养老金制度覆盖率变化

而千差万别。根据欧盟的报告，客观测量的替代率虽均用收入替代率衡量，即退休后得到的养老金收入占在职期间收入的百分比，但计算方法因不同的假设而存在差异。[①] 根据研究目的，养老金收入可以用养老金总收入，也可以用税后净收入；可以用社会平均养老金水平，也可以用不同人群或个人的养老金水平。在职期间的收入可以用个人退休前一年或几年的平均工资、在职期间的平均工资或社会平均工资，也可以用在职期间的税后净值（养老金净收入 = 总收入 - 税收 - 养老金缴费）。根据数据的可得性以及研究目的，可以采取理论假设和模拟分析的方法，也可以依据实际调查的微观数据进行计算。前两种方法便于国际比较，但理论假定与实际情况通常会有距离；后一种方法更能反映客观实际，但在国际比较中缺乏统一标准。

养老金替代率有不同的内涵、口径和计算方法。"个人替代率用于研究养老金维持退休前生活水平的程度或消费平滑的程度，计算时需要详细的个人工资、养老金和税收数据。平均替代率用于研究领取

---

① Borella, M. and Fornero, E., "Adequacy of Pension Systems in Europe: An Analysis Based on Comprehensive Replacement Rates", European Network of Economic Policy Research Institutes (ENEPRI), *Research Report* No. 68, 2009, pp. 6 - 9.

者相对于缴费者待遇的对比关系，计算时只需要缴费者和领取者的总体数据。"[1] 个人替代率对衡量个人的养老金充足性更有意义，国际公约[2]有关替代率的警戒线是针对个人替代率而言的。平均替代率用于衡量一个社会的平均养老金水平并在进行国际比较时较为直观。在实际应用时，应根据评估目的、数据的可得性等选择合适的替代率指标。本章由于做公共养老金的宏观分析，且可得数据多为人均水平，故此处计算社会平均替代率，它由人均养老金水平占在岗职工社会平均工资的比例表示。需要说明的是，1975 年以前，离退休费包含在抚恤支出中，故从 1978 年以后才开始有独立统计的离退休费数据。其中，1978—1998 年平均养老金数据来自《中国劳动统计年鉴》保险福利中的"平均每人离休、退休、退职费"；1999—2015 年数据来自《中国统计年鉴》职工基本养老保险部分，由基金支出/离退休总人数求得。

从图 5 - 2 可以看出，公共养老金替代率在 20 世纪 90 年代以前维持在 80%—90% 的水平，1979 年替代率高达 107%，这体现了传统退休金制度与就业工资关联的高保障。自 1998 年改革开始，替代率逐步下降，从 1998 年的 79.85% 骤降至 2005 年的 50.37%，再至 2015 年的 44.65%。这是因为，在政策设计上，新制度从两个方面降低了养老金的待遇水平：一是目标替代率水平从旧制度下的 80% 以上降到 60% 左右；二是养老金待遇计发依据由过去的"本人最后工资"改为"上年度在岗职工社会平均工资"。一般来说，本人最后工资因带有年功性质而远高于社会平均工资。[3]

---

① 王晓军、米海杰：《澄清对养老金替代率的误解》，《统计研究》2013 年第 11 期。

② 根据 1952 年国际劳工组织 102 号《社会保障（最低标准）公约》，一个有配偶的普通成年男性劳动力，缴费满 30 年，应获得的养老金（定期支付标准）与受益人或其供养人退休前收入的替代率不低于 40%。1967 年 128 号《残疾、老年和遗属津贴公约》规定，一个有配偶的普通成年男性劳动力，缴费满 30 年，应获得的养老金（定期支付标准）与受益人或其供养人退休前收入的替代率不低于 45%。1967 年 131 号《残疾、老年和遗属津贴建议书》要求在《残疾、老年和遗属津贴公约》第 5 部分附表列举的百分比基础上提高 10 个百分点，即一个有配偶的已婚男性，至少缴费 30 年后，应获得的养老金与个人退休前工资的替代率不低于 55%。

③ 李珍、王海东：《养老金替代水平下降的制度因素分析及对策》，《中国软科学》2013 年第 4 期。

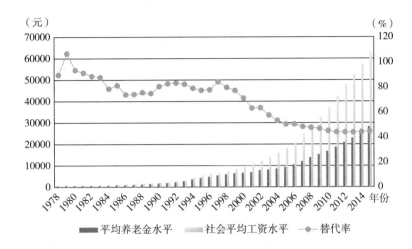

图 5 - 2　1978—2015 年城镇公共养老金制度替代率变化

（三）人均收入与人均消费水平

人均可支配收入的数据来自历年《中国统计年鉴》，1997 年以前为城镇居民家庭平均每人全年的生活费收入。生活费收入是指居民家庭全部收入中，扣除赡养、赠送支出及非家庭人口中的经常用饭人口所交的搭伙费后能用于安排家庭日常生活的实际收入。1998 年及以后年份的数据均称为城镇居民家庭平均每人全年的可支配收入，与"生活费收入"并无本质差异。人均消费水平数据也来自历年《中国统计年鉴》中城镇居民家庭平均每人消费性支出。根据 1978 年定基的城市居民消费价格指数（1978 年＝100）对各年份城镇居民家庭人均收入与人均消费水平进行平减，得到历年的实际收入与实际消费水平，如图 5 - 3 所示。剔除价格影响的城镇人均可支配收入从 1978 年的316 元稳步上升至 1998 年的 1132.6 元，并迅速增长至 2015 年的4707.9 元；剔除价格影响的城镇人均消费水平从 1978 年的 312 元逐步上升至 1998 年的 904.3 元，再迅速增长至 2015 年的 3228.5 元。两者表现出明显的上升趋势。

（四）老年人口抚养比

我国缺乏分城乡的人口抚养比或各人口年龄结构的数据，本章用总人口抚养比数据替代。1978 年以来的老年人口抚养比（64 岁以上人

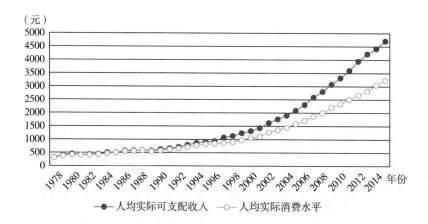

图 5 - 3 1978—2015 年城镇居民家庭人均全年可支配收入及
人均全年消费支出实际值

口与 15—64 岁人口的比例）数据来自历年《中国人口和就业统计年鉴》和《中国统计年鉴》。另外，本书还回顾了 1978 年以来养老保险制度赡养比（制度中的在职人口与退休人口之比）的变化。如图 5 - 4 所示，1978—2015 年，我国老年人口抚养比从 7.44% 逐渐上升到 14.3%。与此同时，公共养老金制度赡养比从 1978 年的将近 30 个在职者供养 1 个退休者的情况骤降至约 6 个人供养 1 个退休者（20 世纪 90 年代初），再到当下 3 个人供养 1 个人的局面。可见，人口老龄化的趋势在公共养老金制度中有着明显的体现。

（五）其他重要解释变量

从理论上看，城镇就业/失业水平是反映宏观经济发展水平的一个重要指标，它应当与居民消费有一定联系。本章选取城镇登记失业率指标作为城镇失业水平的衡量，尽管宏观统计数据的精确性在现实中受到一定质疑。1978 年以来的城镇登记失业率如图 5 - 5 所示。

另外，教育、医疗卫生、住房等改革是伴随我国经济体制转轨、社会转型的重要制度性因素，在分析公共养老金制度对居民消费的影响过程中需要控制这些变量的可能的影响。根据历史数据的可得性，这里重点纳入教育和医疗卫生因素。教育由政府的财政性教育支出反映，通过教育财政支出占 GDP 比例衡量，数据来源于"中国财政税收

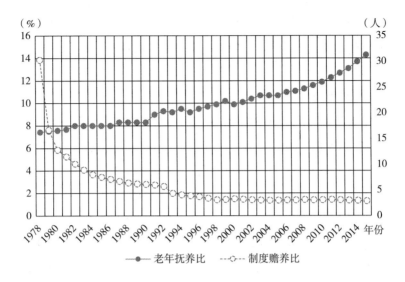

图 5 - 4　1978—2015 年我国老年抚养比情况及制度赡养比变化

注：①老年抚养比 = 64 岁以上人口数/15—64 岁人口数；②制度赡养比 = 在职职工数/离退休人员数。

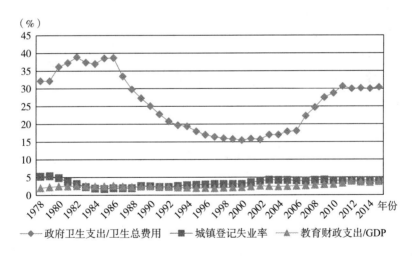

图 5 - 5　1978—2015 年我国城镇失业、医疗卫生、教育情况

统计数据库"。需要特别说明的是，由于我国财政统计口径的调整，2006 年以前称为"教育事业经费"，2007 年及以后统称为"教育支出"。医疗卫生的改革主要由医疗卫生费用反映，通过政府卫生支出占卫生总费用的比例衡量。政府卫生支出数据来源于国家卫生计生委卫生发展研究中心出版的《中国卫生总费用研究报告（2015）》。各指标如图 5 - 5 所示。

（六）各变量的描述性统计

除养老保险覆盖率数据可以获得 1978 年以前的数据外，其他变量均只能获得 1978 年以后的数据，为统一年份，后文分析均采用 1978—2015 年的时间段进行分析。各变量的符号表示及描述性统计如表 5 - 1 所示。城镇居民家庭全年平均每人消费性支出（实际值）均值为 1198.62 元，标准差为 845.49 元，变异范围为 311.6—3228.55 元。城镇居民家庭全年人均可支配收入（实际值）均值为 1574.87 元，标准差是 1302.13 元，变异范围为 316—4707.94 元。38 个年份的公共养老金覆盖率均值为 72.62%，标准差是 20.67%，最小值为 44.23%，最大值为 99.84%；公共养老金替代率平均约为 69.49%，标准差为 17.77%，最小值是 43.85%，最大值是 106.88%。老年人口抚养比平均约为 9.85 人，标准差是 1.83 人，其值在 7.4—14.3 人。城镇登记失业率均值为 3.41%，最小值 1.8%，最大值 5.4%。1978—2015 年，政府卫生支出占卫生总费用为比重平均为 25.83%，标准差是 15.5%；教育财政支出占 GDP 比重平均为 2.58%，标准差是 0.505%。

表 5 - 1　　　　　　　全国时序数据相关变量的描述性统计

变量	符号	观测值	均值	标准差	最小值	最大值
城镇居民人均实际消费支出（元）	cons	38	1198.62	845.49	311.6	3228.55
城镇居民人均实际可支配收入（元）	inc	38	1574.87	1302.13	316	4707.94
养老保险覆盖率（%）	coverage	38	72.62	20.67	44.23	99.84
养老保险替代率（%）	replrate	38	69.49	17.77	43.85	106.88
老年人口抚养比（人）	oldepend	38	9.85	1.83	7.4	14.3

续表

变量	符号	观测值	均值	标准差	最小值	最大值
城镇登记失业率（%）	unemplyrate	38	3.41	0.977	1.8	5.4
政府卫生支出占卫生总费用比重（%）	health	38	25.83	8.06	15.5	38.9
教育财政支出占 GDP 比重（%）	education	38	2.58	0.505	1.96	3.93

二　全国宏观回归模型构建

从绝对收入假说到生命周期假说和持久收入假说，再到预防性储蓄理论的各种假说，消费函数与收入、人口因素、社会保障等变量有着密切的联系。基于以上经济理论的分析，本书对绝对数变量取自然对数变换，以减小异方差影响，构建我国城镇居民消费的基本模型如下：

$$lncons_t = \beta_0 + \beta_1 lninc_t + \beta_2 coverage_t + \beta_3 replrate_t + \beta_4 oldepend_t +$$
$$\beta_5 unemplyrate_t + \beta_6 education_t + \beta_7 health_t + \varepsilon_t \qquad (5.1)$$

下面将通过不同方法对模型进行估计，结果如表 5－2 所示。在残差序列 $\{\varepsilon_t\}$ 无异方差、无自相关假设下，得到最小二乘回归（OLS）结果见模型（1）。由于时间序列数据因带有强烈的趋势而较容易产生自相关问题，因此，首先对残差进行自相关检验。通过对方程（5.1）进行 OLS 回归，我们可以画出残差与残差滞后项的散点图。由图 5－6 可知，随机干扰项可能存在负的自相关。下面进行自相关的统计检验。D. W. 检验结果显示，D. W. =2.2136，d_l=1.088，d_u=1.939，故无法判定序列是否相关。BG 检验结果表明，p > χ^2 = 0.3585，即不能拒绝"无自相关"的原假设。Q 检验的 p 值为 0.4942，同样不能拒绝"无自相关"的原假设。最小二乘估计结果具有一定的合理性。在考虑自相关的情形下，我们使用异方差自相关稳健标准误（"OLS + HAC 标准误"）来处理，结果如模型（2）所示。另外，由于自相关的存在，OLS 估计不再是最优线性无偏估计量（BLUE），因此，还可使用可行广义最小二乘法（FGLS）对模型进行

转换和重新估计。模型（3）为使用 CO 估计法后的估计，经过模型
转换后的 D. W. 值改进为 2.0216，落入序列不相关区域。模型（4）
为使用 PW 估计法的估计，结果显示，经过模型转换后的 D. W. 值改
进为 1.9368，也落入序列不相关区域，但系数估计的标准差均比 OLS
方法估计下要小。

表 5 – 2 　　　　全国 1978—2015 年城镇公共养老金制度与
居民消费关系回归结果

lncons	模型（1） OLS	模型（2） OLS + HAC 异方差自相关稳健标准误	模型（3） FGLS （CO 估计法）	模型（4） FGLS （PW 估计法）
lninc	0.826 ***	0.826 ***	0.760 ***	0.816 ***
	(0.039)	(0.038)	(0.039)	(0.036)
oldepend	0.629	0.629	2.441 *	0.809
	(1.282)	(1.156)	(1.263)	(1.205)
coverage	0.239 ***	0.239 ***	0.258 ***	0.252 ***
	(0.059)	(0.048)	(0.044)	(0.050)
replrate	− 0.240 ***	− 0.240 **	− 0.388 ***	− 0.280 ***
	(0.069)	(0.090)	(0.070)	(0.065)
unemplyrate	− 1.089 **	− 1.089 **	− 0.302	− 0.933 **
	(0.417)	(0.427)	(0.399)	(0.362)
health	− 0.278 **	− 0.278 **	− 0.287 ***	− 0.298 **
	(0.129)	(0.116)	(0.099)	(0.112)
education	− 0.926	− 0.926	− 2.717	− 1.204
	(2.285)	(2.228)	(1.906)	(2.041)
常数项	1.105 ***	1.105 ***	1.504 ***	1.183 ***
	(0.222)	(0.235)	(0.221)	(0.206)
样本数	38	38	37	38
$\overline{R^2}$	0.999		0.999	0.999
F	6096.360	22849.136	11070.304	10904.399
p	0.000	0.000	0.000	0.000
D. W.（原值）			2.2136	2.2136
D. W.（转换值）			2.0216	1.9368

注：括号中数值为系数的标准差。* 表示 $p < 0.10$，** 表示 $p < 0.05$，*** 表示
$p < 0.01$。

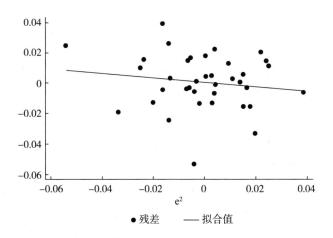

图 5 - 6　全国数据回归残差与残差滞后的散点图

　　如表 5 - 2 所示，在其他条件一定时，城镇公共养老金制度覆盖率对城镇居民家庭人均消费支出的影响均表现出显著的正向效应，且四种估计方法下的结果较为稳健：覆盖率每提升 1%，居民消费支出平均上升 0.239%—0.258%。可见，覆盖面的扩展，在一定程度上有利于提高居民消费水平。与此相反的是，公共养老金替代率对城镇居民家庭人均消费支出产生较为显著的负向影响：在模型（1）至模型（4）中，城镇公共养老金替代率每提升 1%，居民消费支出平均下降 0.240%—0.388%。综合来看，城镇公共养老金制度对居民消费支出的净影响并不明确，这就需要下文更为细致的分析，如对公共养老金制度改革前后分别进行考察。

　　另外，在 4 个模型中，城镇居民人均实际可支配收入对人均实际消费水平均产生显著的正向影响，且估计结果具有稳健性：在其他条件一定时，居民的实际收入每增加 1%，消费支出平均增长 0.76%—0.826% 的水平。可见，绝对收入对消费有着重要的解释力。在其他变量一定时，城镇失业率对城镇居民消费产生显著的负向影响：城镇登记失业率每提高 1%，居民实际消费水平平均下降 0.933%［见模型（4）］。可见，宏观就业形势的恶劣会对居民消费产生不利影响，这符合凯恩斯宏观经济理论的逻辑。政府卫生费用开支占总费用的比

重每提升 1%，将减少城镇居民消费 2%—3%。政府的教育开支占
GDP 比例对居民消费的影响并没有通过显著性检验。老年抚养比的提
升对人均实际消费支出的增加具有一定的促进作用，尽管仅在模型
（3）中通过显著性检验。这说明生命周期理论（人们倾向于年轻时
多储蓄而年老时多消费）对于我国城镇居民的消费行为仍有一定适用
性，随着老龄化的深化，整个社会倾向于当期多消费。

三 结构性变动

由前面 1978—2015 年的数据分析可知，我国城镇公共养老金制
度覆盖率和替代率对城镇居民消费水平具有显著影响，尽管影响的方
向不同。为进一步了解城镇公共养老金制度对居民消费的影响是否具
有"结构性变动"，我们需要检验模型系数的稳定性。下面我们通过
引入虚拟变量，并检验虚拟变量及其与解释变量交互项系数的联合显
著性来考察模型估计是否存在结构性变动。在方程（5.1）基础上进
行如下回归：

$$
\begin{aligned}
\text{lncons}_t = {} & \beta_0 + \beta_1 \text{lninc}_t + \beta_2 coverage_t + \beta_3 replrate_t + \beta_4 \text{lnoldepend}_t + \\
& \beta_5 unemplyrate_t + \beta_6 education_t + \beta_7 health_t + \gamma D_t + \\
& \delta D_t coverage_t + \varepsilon_t
\end{aligned} \tag{5.2}
$$

考虑到 1997 年 7 月颁布的《关于建立统一的企业职工基本养老
保险制度的决定》的正式施行存在时滞，故考虑用 1999 年作为结构
分割点，设 $D_t = 1(t \geq 1999)$，表示改革以后；$D_t = 0(t < 1999)$，表示
改革以前。然后检验"$H_0: \gamma = \delta = 0$"。F 统计量的检验结果显示，F
$(2, 28) = 6.73$，Prob > F = 0.0041 < 0.05，即可以在 1% 的显著性水
平下拒绝"模型无显著的结构变化"的原假设，认为模型在 1999 年以
后发生了结构性变化。

接下来，对改革前后的城镇公共养老金制度（包括覆盖率水平和
替代率水平）与居民消费的关系分别进行 OLS 稳健性标准误估计和考
虑自相关的可行广义最小二乘估计（FGLS）。根据表 5 - 3，改革以
前，养老金替代率水平对城镇居民实际消费水平产生了一定的负向影
响，仅在模型（3）和模型（4）中通过显著性检验；改革以后，养
老金替代率对居民消费的影响并不明显，见模型（5）至模型（8）。

由于改革以前系数的显著性及时序较长的权重影响，总体的替代率系数呈现出负向关系。就公共养老金制度覆盖率而言，养老保险制度改革以前，覆盖率的提升对居民消费具有显著的正向效应：在其他变量一定时，制度覆盖率每提高1%，城镇居民全年家庭人均实际消费支出将平均显著地提高0.351%—0.483%，并且这一正向影响具有稳健性［见模型（1）至模型（4）］。养老保险改革以后，制度覆盖率与城镇居民人均消费水平表现出负向关系，尽管在统计上并不显著。由覆盖率带来的居民人均消费支出的结构性变动，可以由制度变迁予以解释：养老保险改革以前，传统福利保障制度因给人们提供安全而稳定的预期，有助于增加人们的当前消费；随着社会养老保险改革的推进，新制度的不成熟及未来的不确定性相对抑制了居民的当期消费支出，而增加了居民的预防性储蓄动机。得出类似结论的还有Okumura和Usui（2014）基于日本老年退休调查的估计：日本的系列养老金改革（如提升养老金的领取年龄等），也使人们对未来养老金给付预期下降，对未来养老金的担忧增加，从而提高了非退休人员的私人储蓄水平。

另外，老年抚养比对居民消费支出的促进作用在公共养老金制度改革以后表现得尤为显著，这与20世纪90年代以来我国老龄化的加速发展不无关系。政府医疗卫生支出在改革以前[1]对居民消费的影响呈现出较为显著的负向效应，改革以后则呈现出一定的正向影响，尽管在统计上并不显著。政府教育支出对居民消费在1999年以后则表现出较强的抑制作用，这与我国的教育改革有一定关系，居民选择更多储蓄以解决孩子未来的教育支出。相比较而言，城镇居民的人均实际可支配收入对实际消费的正向影响作用则较为稳定，如表5－3所示。

四 时间序列模型

以上是从经济理论出发建立的养老保险与城镇居民消费支出的全

---

[1] 与城镇养老保险制度改革较为同步的是医疗保险改革。国务院于1998年12月14日颁布了《国务院关于建立城镇职工基本医疗保险制度的决定》（国发〔1998〕44号），标志着与就业关联的医疗保险制度建立。这就意味着在我国实行了将近半个世纪的公费医疗和劳保医疗制度被新的职工医疗保险制度所取代。

表 5-3　养老保险制度改革前后城镇居民家庭人均实际消费支出模型对比

lncons

	改革以前（1978—1998年）				改革以后（1999—2015年）			
	模型（1）OLS	模型（2）OLS+HAC	模型（3）FGLS（CO）	模型（4）FGLS（PW）	模型（5）OLS	模型（6）OLS+HAC	模型（7）FGLS（CO）	模型（8）FGLS（PW）
lninc	0.862***	0.862***	0.770***	0.853***	0.896***	0.896***	0.784***	0.775***
	(0.054)	(0.043)	(0.103)	(0.067)	(0.094)	(0.138)	(0.064)	(0.064)
oldepend	-0.052	-0.052	5.767	4.009	2.231	2.231	3.377***	3.716***
	(2.017)	(1.281)	(3.769)	(3.418)	(1.352)	(1.574)	(1.033)	(1.006)
coverage	0.351***	0.351***	0.391**	0.483***	-0.250	-0.250	-0.074	-0.161
	(0.089)	(0.056)	(0.166)	(0.142)	(0.267)	(0.204)	(0.190)	(0.175)
replrate	-0.150	-0.150	-0.558**	-0.397**	0.111	0.111	-0.064	-0.098
	(0.112)	(0.109)	(0.224)	(0.167)	(0.206)	(0.250)	(0.136)	(0.134)
unemplyrate	-1.577	-1.577	1.614	0.951	0.467	0.467	1.493	0.705
	(1.465)	(1.114)	(1.543)	(1.425)	(2.424)	(1.708)	(1.699)	(1.565)
health	-0.375*	-0.375***	-0.250	-0.302*	0.023	0.023	0.195	0.236
	(0.178)	(0.116)	(0.160)	(0.153)	(0.243)	(0.259)	(0.162)	(0.159)
education	-0.210	-0.210	3.032	4.755	-2.465	-2.465**	-3.603***	-3.212**
	(6.321)	(4.222)	(4.968)	(4.714)	(1.507)	(1.072)	(1.074)	(1.009)
常数项	0.786*	0.786**	0.979	0.377	0.363	0.363	1.062*	1.168**
	(0.413)	(0.315)	(0.773)	(0.526)	(0.694)	(0.922)	(0.464)	(0.458)
样本数	21	21	20	21	17	17	16	17
R^2	0.995		0.998	0.999	0.999	0.999	0.999	0.999
F	932.078	3402.573	972.629	8013.953	2968.559	11292.437	11914.942	1.39e+05
p	0.000	0.000	0.000	0.000	0.000	0.000	0.000	0.000

注：括号中为系数标准差。* 表示 $p<0.10$，** 表示 $p<0.05$，*** 表示 $p<0.01$。

国宏观模型，这是模型构建的一般性思路。对于时间序列数据，我们还可以从数据本身出发，描述变量之间的动态变化规律。尤其是对于非平稳趋势的时间序列，为避免传统回归中因共同趋势引起的"伪回归"，我们可以考虑变量序列之间的协整关系，建立误差修正模型，来反映变量之间的短期波动与长期均衡。协整过程是一种特殊的向量单位根过程。① 对于若干个同阶单整的变量序列，即序列均为单位根过程，通过相同阶数的逐期差分可以平稳，若存在一个线性组合是平稳的，则称这些序列存在"协整"关系。"协整"概念与宏观经济学的"均衡"概念有着本质上的联系。我们首先需要对变量的平稳性及是否同阶单整做出判定，进而进行协整检验；最后可以在协整关系的基础上构建误差修正模型。

（一）变量的平稳性检验

对城镇居民家庭人均消费支出（取自然对数）、人均可支配收入（取自然对数）、公共养老金覆盖率、公共养老金替代率、城镇登记失业率、政府卫生支出占卫生总费用比重②的序列进行 ADF（Augmented Dickey - Fuller test，ADF）单位根检验。检验结果表明（见表5-4），原对数序列为带常数项和（或）带有确定性时间趋势项的非平稳序列。对各序列进行一阶差分后的检验结果显示，差分序列均不包含单位根，且为不带常数项、无时间趋势项、滞后阶数为0阶（仅考虑存在一阶自相关）的时间序列类型，因此可以认为，各变量的差分序列均为一阶单整 I(1) 过程，满足进行协整检验的条件。

（二）协整检验

为进一步考察变量序列间是否存在长期均衡关系，下面对各变量序列的协整关系进行 EG 两步法检验。由 ADF 检验可知，$lncons_t$ ~ I(1)、$lninc_t$ ~ I(1)、$coverage_t$ ~ I(1)、$replrate_t$ ~ I(1)、$unemplyrate_t$ ~ I(1)、$health_t$ ~ I(1) 建立协整回归模型并做最小二乘估计，回归结果

---

① 易丹辉：《时间序列分析：方法与应用》，中国人民大学出版社2011年版，第163页。

② 经试验，教育财政支出占 GDP 的比例和老年人口抚养比两个变量对城镇居民家庭人均实际消费支出的影响并没有通过显著性检验，故剔除这两个变量进行时间序列的分析。

如下：

$$t = \text{lncons}_t = 1.0498 + 0.8392\text{lninc}_t + 0.2481coverage_t - 0.2291replrate_t -$$
$$(7.5741)\quad(60.203)\quad(4.8392)\quad\quad(-3.6402)$$
$$1.0951unemplyrate_t - 0.3203health_t$$
$$(-2.7059)\quad\quad\quad(-3.7224)$$
$$\overline{R^2} = 0.9992 \quad D.W. = 2.1954 \tag{5.3}$$

表 5 – 4　　　　　　　　原序列及差分序列单位根检验结果

变量	趋势类型	ADF 检验 t 值	1% 临界值	5% 临界值	概率值	结论
lncons	c，t，0	– 1. 1733	– 4. 2268	– 3. 5366	0. 9015	非平稳
D(lncons)	无 c，无 t，0	– 2. 8995	– 2. 6308	– 1. 9504	0. 0049	平稳
lninc	c，t，0	– 1. 4342	– 4. 2268	– 3. 5366	0. 8338	非平稳
D(lninc)	无 c，无 t，0	– 3. 4463	– 2. 6308	– 1. 9504	0. 0011	平稳
coverage	c，无 t，0	– 1. 3064	– 3. 6210	– 2. 9434	0. 6164	非平稳
D(coverage)	无 c，无 t，0	– 3. 7676	– 2. 6308	– 1. 9504	0. 0004	平稳
replrate	c，t，0	– 2. 4121	– 4. 2268	– 3. 5366	0. 3677	非平稳
D(replrate)	无 c，无 t，0	– 8. 2227	– 2. 6308	– 1. 9504	0. 0000	平稳
unemplyrate	c，无 t，0	– 1. 8901	– 3. 6210	– 2. 9434	0. 3331	非平稳
D(unemplyrate)	无 c，无 t，0	– 2. 9684	– 2. 6308	– 1. 9504	0. 0041	平稳
health	c，无 t，0	– 0. 8077	– 3. 6210	– 2. 9434	0. 8052	非平稳
D(health)	无 c，无 t，0	– 3. 1129	– 2. 6308	– 1. 9504	0. 0028	平稳

注：趋势类型 c、t、0 分别表示包含常数、时间趋势项和滞后 0 阶（允许最高为一阶自相关的情形）。

对该模型的残差序列 ε_t 做单位根检验，ADF 检验结果发现了残差序列为不带截距项、不带时间趋势项、滞后阶数为 0 的平稳序列（单位根检验结果在 1% 的显著性水平下显著），即 $\varepsilon_t \sim I(0)$。这表明城镇居民家庭人均消费支出与人均可支配收入、公共养老金覆盖率、公共养老金替代率、城镇登记失业率以及政府卫生费用支出占总费用的比例的序列存在协整关系。常数项的存在与否，不影响因变量序列和自变量序列线性组合的平稳性，向量（1，－0.8392，－0.2481，0.2291，1.0951，0.3203）为协整向量。各变量均通过 5% 的显著性水平检验。D. W. 检验通过①，残差序列不存在自相关。

（三）误差修正模型

对于城镇居民人均实际消费支出、人均实际可支配收入、公共养老金覆盖率和替代率等变量均衡关系的考察，由于存在协整关系，可以建立误差修正模型（Error Correction Model，ECM），如式（5.4）所示：

$$\nabla \ln cons_t = \beta_0 + \beta_1 \nabla \ln inc_t + \beta_2 \nabla coverage_t + \beta_3 \nabla replrate_t +$$
$$\beta_4 \nabla unemplyrate_t + \beta_5 \nabla health_t + \lambda ecm_{t-1} + \varepsilon_t \qquad (5.4)$$

其中，ecm_{t-1} 为误差修正项；λ 为调整系数，一般为负值，其绝对值的大小反映朝均衡调整的力度。根据协整向量（1，－0.8392，－0.2481，0.2291，1.0951，0.3203）定义误差修正项为：

$$ecm_{t-1} = \ln comns_{t-1} - 0.8392 \ln inc_{t-1} - 0.2481 coverage_{t-1} +$$
$$0.2291 replrate_{t-1} + 1.0951 unemplyrate_{t-1} + 0.3203 health_{t-1}$$
$$(5.5)$$

估计误差修正模型结果如下：

$$\nabla \ln cons_t = 1.0933 + 0.6796 \nabla \ln inc_t + 0.3304 \nabla coverage_t -$$
$$t = (5.9163)(11.0894) \qquad\qquad (3.7222)$$
$$0.0922 \nabla replrate_t - 0.5315 \nabla unemplyrate_t -$$
$$(-1.3585) \qquad\qquad (-0.5782)$$
$$0.1179 \nabla health_t - 1.0269 ecm_{t-1}$$
$$(-0.6284) \qquad\qquad (-5.8032)$$
$$\overline{R^2} = 0.8346 \quad D.W. = 1.7411 \qquad\qquad (5.6)$$

式（5.6）回归结果表明，从短期来看，城镇居民家庭人均可支配收入的变动对于城镇居民家庭人均实际消费支出的变动有着显著的正向影响。城镇公共养老金制度覆盖率的变动对城镇居民消费支出的

---

① 在样本容量 n = 38、自变量个数 k = 5 的条件下，查 D. W. 检验表可知临界值 d_l = 1.21，d_u = 1.79。因此，$d_u <$ D. W. $< 4 - d_u$，即认为残差序列不相关。

变动产生显著的正向影响，而公共养老金制度替代率的变动则与居民实际消费水平变动的方向相反。城镇登记失业率和政府医疗卫生支出占卫生总费用比例的变动，在短期内对居民消费水平无显著影响。误差修正项用来度量系统偏离长期均衡位置的程度，其系数为 − 1.0269 表明，城镇居民人均消费支出由短期偏离向长期均衡的自我修正力度较大。R^2 和 $\overline{R}^2$ 都大于 0.8，说明模型对样本数据的拟合程度较高。

五 小结

在 1978—2015 年全国宏观时间序列数据的基础上，本节从经典回归方法和现代时间序列分析方法两个角度全面考察我国城镇公共养老金制度与城镇居民消费支出的长期均衡及短期波动关系。

从理论出发，经典回归模型的各种估计方法运行结果显示，整体上看，在其他条件一定时，城镇公共养老金制度覆盖率对城镇居民家庭人均实际消费支出的正向影响显著且稳健；而公共养老金替代率对城镇居民家庭人均实际消费支出产生较为显著的负向效应。综合来看，城镇公共养老金制度对居民消费支出的净影响不甚明确。从结构性变动来看，社会养老保险改革以前，制度覆盖率的提高对居民消费产生显著的正向影响；改革开放以后，制度覆盖率对居民消费呈现出一定的负向效应（在统计上并不显著）。这一现象可以由养老金制度"做减法"的改革本质来解释，从传统退休金向社会养老保险的改革增加了城镇居民对未来老年收入的不确定性，因而增强了预防性储蓄动机。

从数据出发，本节进一步引入现代时间序列分析方法，通过协整向量及误差修正模型的构造，进一步探寻变量间的短期波动与长期均衡之间的关系。结果发现，公共养老金制度覆盖率的变动对城镇居民实际消费水平的短期波动产生显著的正向影响，养老金替代率对居民实际消费水平的短期波动产生较为微弱的负向效应。从长期均衡来看，城镇居民人均可支配收入仍是影响居民消费水平的重要变量，而公共养老金制度覆盖率、替代率对城镇居民人均实际消费呈现出的反向作用同经典回归模型的估计结果基本一致。

第二节　城镇职工基本养老保险与居民消费：省际面板数据模型

由于企业职工基本养老保险制度发展历史悠久、覆盖人数广、制度框架较为成熟，构成我国现阶段城镇养老保险制度的主体，并且相关数据容易获得，故本书接下来考察在地区层面该制度与城镇居民家庭消费行为的互动关系。

一　数据来源与基本变量说明

（一）养老保险覆盖率

与全国选用的指标口径相一致，在计算各地区基本养老保险制度覆盖率时，我们仍采用城镇就业人口中的参保职工数所占比例来估算。根据历年《中国统计年鉴》计算的城镇职工基本养老保险覆盖率为"在职职工参加基本养老保险（年末）人数"占"年末城镇就业人口数"的比例，如图 5-7 所示。从全国范围来看，各地区的历年养老保险覆盖率均值存在很大差异。1999—2014 年，广东的制度覆盖率均值超过 100%，这与广东为劳动力净流入地有关；西藏的覆盖率平均不到 20%（15.48%），云南也仅为 40% 左右，这与两地区经济发展水平较低、就业结构单一有一定关系。总体而言，截至 2014 年底，各省份养老保险覆盖率平均在 40%—80% 的水平。

（二）养老保险替代率

与全国模型构建中所用的指标一致，我们仍采用社会平均替代率来估算基本养老保险制度的待遇水平。各地基本养老保险离退休人口数、基本养老保险基金支出数额均来自历年《中国统计年鉴》"社会保障"部分。城镇就业人员平均工资来源于历年《中国劳动统计年鉴》中"各地区城镇单位平均劳动报酬、平均货币工资"。养老保险替代率＝社会平均养老金水平/上一年城镇单位平均工资。其中，平均养老金水平＝（年末）基本养老保险基金支出/（年末）基本养老保险离退休人员数。由图 5-8 所示，1999—2014 年，除个别省份

（如西藏）外，大部分省份的基本养老保险替代率水平均呈现出一定
的下降趋势。至 2014 年年末，大多数省份的养老金替代率为 40%—
60% 的水平。

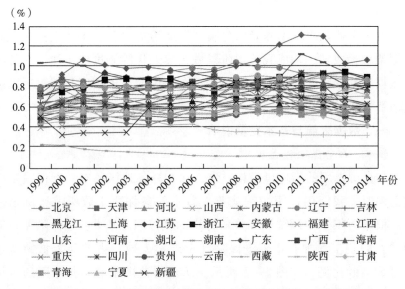

图 5-7　各省份城镇职工基本养老保险制度覆盖率变化趋势

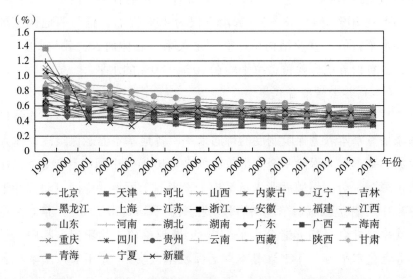

图 5-8　各省份城镇职工基本养老保险制度替代率变化趋势

（三）人均实际收入与人均实际消费水平

以 1999 年为基期，通过剔除各地区城市居民消费价格指数的影响，计算出各地区实际人均收入水平。1999—2014 年，分地区城镇居民家庭全年人均实际可支配收入呈现出稳步增长的态势，如图 5 - 9 所示。至 2014 年，各省份城镇居民全年人均可支配收入均值为 19842. 18 元，在 13000—36000 元之间波动，反映了各地区的经济社会发展差异。

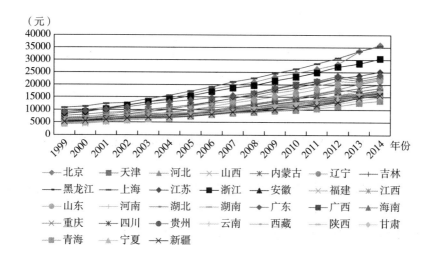

图 5 - 9　1999—2014 年各地区城镇居民家庭全年人均实际可支配收入变化

同样，根据各地区城市居民消费价格指数对城镇居民人均现金消费支出进行平减，得到实际值。如图 5 - 10 所示，各地区城镇居民实际人均消费支出也呈现出逐年上升的趋势，尽管在个别年份存在波动。到 2014 年年底，各地区的城镇居民全年人均消费支出均值为 13891. 96 元，在 10260—25682 元之间波动，也反映出各地区城镇居民消费水平的差异。

（四）少儿抚养比与老年抚养比

各地区城镇人口年龄结构用各地区城市人口少儿抚养比和老年抚养比衡量。少年儿童抚养比与老年人口抚养比来自历年《中国人口和就业统计年鉴》"各地区城市人口年龄构成和抚养比"数据。

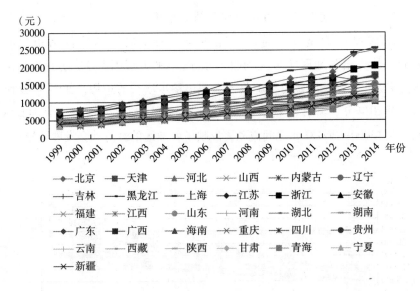

图 5 – 10　1999—2014 年各地区城镇居民人均实际现金消费支出变化

根据图 5 – 11 可知，1999—2014 年，我国各地区城市少儿抚养比整体上呈现出下降的趋势，尽管部分年份存在波动。1999 年，各省份的平均少儿抚养比约为 25.61%，到 2014 年降至 17.16%。

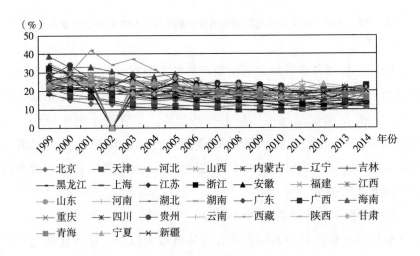

图 5 – 11　1999—2014 年各地区少儿抚养比变化

注：少年儿童抚养比 = 0—14 岁人口数/15—64 岁人口数。

　　2014 年，天津、辽宁和重庆的少儿抚养比较低，仅为 11.44%、
11.38% 和 11.19%；广 西（23.06%）、江 西（22.41%）、山 西
（22.14%）等地区的少儿抚养比则相对较高。可见，在少儿抚养比整
体性下降的背景下，各地人口年龄结构之间仍然存在差异。

　　然而，自 1999 年以来，各省份的平均老年人口抚养比在 11% 的
水平上波动。如图 5 - 12 所示，2014 年，江西、天津、陕西、辽宁的
老年抚养比高达 15% 以上，海南、福建、广东、浙江等地区的年龄结
构较为年轻，其老年抚养比分别仅为 5.34%、6.65%、6.8% 和
6.95%。上海的年龄结构波动较大，2003 年高达 22.95%，之后迅速
下降至 9.92%（2011 年），近几年来，逐渐回升至 12% 左右的水平。
可见，人口老龄化结构特点在各地区呈现出不同的发展态势。

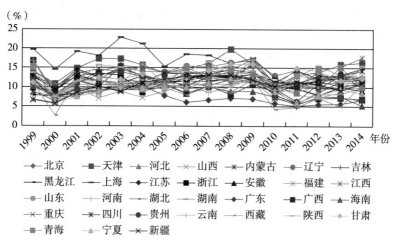

图 5 - 12　1999—2014 年各地区老年抚养比变化

注：老年人口抚养比 = 65 岁及以上人口数/15—64 岁人口数。

（五）住宅商品房价格

　　由于 20 世纪 90 年代以来的住房市场化改革①是我国经济转轨、

_____

　　① 1998 年 7 月，国务院颁布《关于进一步深化城镇住房制度改革加快住房建设的通
知》（国发〔1998〕23 号），明确了深化城镇住房制度改革的目标，停止住房实物分配，逐
步实行住房分配货币化，实现从传统福利分房制度向市场化方向的改革。

社会转型过程中的重要宏观制度因素，因此有必要将反映住房改革的变量（如住宅商品房价格）纳入影响城镇居民消费行为的消费函数之中。各地区 1999 年以来的住宅房屋平均销售价格数据来自历年《中国统计年鉴》"固定资产投资"部分，根据以 1999 年定基的各地区城市居民消费价格指数进行平减（各地消费价格指数按 1999 年 = 100 计算），得到各地区住宅商品房价格实际值。如图 5 - 13 所示，各地区住宅房屋平均实际销售价格自 1999 年起不断上升，从各省份平均的 1492.8 元上升至 2014 年的 4493.8 元。

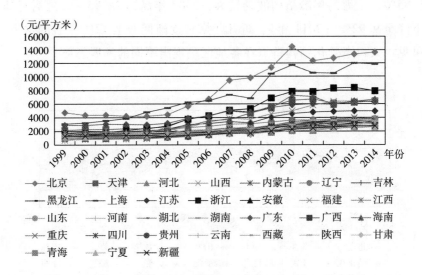

图 5 - 13 1999—2014 年各地区住宅房屋平均销售价格

（六）城镇登记失业率

就业与失业状态是宏观经济环境的一个重要反映。各地区城镇登记失业率数据来自历年《中国统计年鉴》。如图 5 - 14 所示，从 1999 年到 2014 年，除个别地区外，如辽宁在 2002—2005 年上升到 6.5% 和 5.6% 的水平，大部分地区的城镇登记失业率在大部分年份都保持在 3%—4% 的水平。

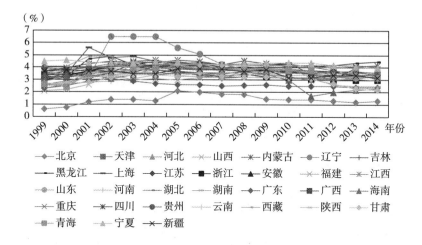

图 5 – 14　1999—2014 年各地区年末城镇登记失业率

（七）政府教育支出与医疗卫生支出占总财政支出比率

20 世纪 90 年代以来，教育、医疗卫生改革是我国社会领域重要的制度变革，与居民的消费行为理应有着密切联系。这里选用财政支出中政府教育支出与医疗卫生支出的比重衡量我国的教育及医疗卫生制度。各地区政府教育支出、医疗卫生支出与财政支出决算数均来自 EPS 中国财政税收数据库"省级财政统计部分"。

政府教育支出占财政总支出（决算数）的比重从 1999 年各地区平均的 15.41% 缓慢增长到 2014 年的 16.26%。除内蒙古的教育财政支出在 2007 年和 2010 年仅有 5.6% 和 1.4% 的水平外，其他地区基本上维持在 10%—20% 的水平，见图 5 – 15。政府医疗卫生支出占财政总支出（决算数）的比重从总体上看稳步上升，从 1999 年各地区平均的 4.87% 上升到 2000 年的 7.59%。内蒙古和安徽在个别年份的医疗卫生支出比重超过 10%，如图 5 – 16 所示。

（八）各变量的描述性统计

由于城镇职工基本养老保险制度于 1997 年颁布实施，考虑到统计数据的滞后，本章的核心变量即分地区的城镇基本养老保险参保人员、基金支出等数据及所有相关变量将统一采用 1999 年以来的数据进行分析。

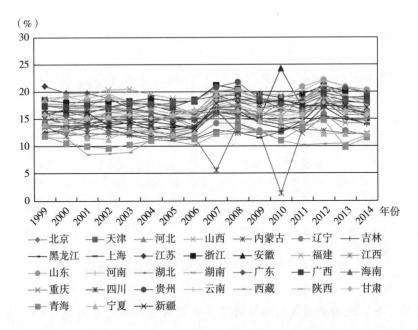

图 5–15　1999—2014 年各地区政府教育支出占总财政支出比重

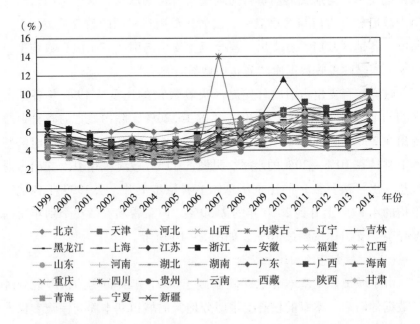

图 5–16　1999—2014 年各地区政府医疗卫生支出占总财政支出比重

　　表5-5为模型所需相关变量的描述性统计及符号说明。由表5-5可知，31个省份横跨16年的城镇居民家庭全年人均实际消费支出均值为8561.31元，标准差为3755.49元，最小值为3468.99元，最大值为25682.57元。从城镇居民家庭人均实际消费支出的构成来看，食品消费支出均值为3124.41元，衣着（服装、衣着材料、鞋类、衣着加工服务费）支出平均为886.35元，家庭设备用品及服务（包括耐用消费品、室内装饰品、床上用品、家庭日用杂品、家具材料、家务服务）支出均值为553.57元，医疗保健支出平均为581.04元，交通和通信支出为1061.29元，教育文化娱乐服务（文化娱乐用品、教育、文化娱乐服务等）消费支出均值为1055.49元，居住消费支出平均为943.74元。城镇居民家庭全年人均实际可支配收入均值为11773.20元，标准差是5630.57元。

表5-5　　　　　省际面板数据相关变量的描述性统计

变量	符号	观测值	均值	标准差	最小值	最大值
城镇居民家庭全年人均实际消费支出（元）	cons	496	8561.31	3755.49	3468.99	25682.57
◆食品	cons_food	496	3124.41	1196.81	1303.97	7405.09
◆衣着	cons_cloth	496	886.35	366.12	184.48	2107.24
◆家庭设备用品及服务	cons_facility	496	553.57	246.17	197.48	1637.51
◆医疗保健	cons_medical	496	581.04	262.24	107.90	1699.11
◆交通和通信	cons_commu	496	1061.29	693.43	201.50	3550.82
◆教育文化娱乐服务	cons_educ	496	1055.49	509.53	336.16	3090.29
◆居住	cons_reside	496	943.74	738.03	228.73	8483.65
城镇居民家庭全年人均实际可支配收入（元）	inc	496	11773.20	5630.57	4342.61	36015.19
养老保险覆盖率（%）	coverage	496	68.11	18.69	12.09	131.76
养老保险替代率（%）	replrate	496	55.43	14.54	29.89	137.59
城市少儿抚养比（%）	childepend	496	19.66	5.22	8.96	42.09
城市老年抚养比（%）	oldepend	496	11.29	2.85	2.70	22.95
城镇登记失业率（%）	unemplyrate	496	3.59	0.73	0.62	6.50

续表

变量	符号	观测值	均值	标准差	最小值	最大值
城镇居民住宅商品房价格（元/平方米）	house	496	2856.66	2138.55	729	14570.01
教育财政支出比重（%）	educ_gov	496	15.87	2.79	1.41	24.33
政府医疗卫生财政支出比率（%）	health_gov	496	5.38	1.60	2.74	14.05

城镇职工基本养老保险覆盖率的平均水平为68.11%，标准差是18.69%，最小值为12.09%，最大值是131.76%（广东的情况①）。就基本养老保险替代率而言，平均水平是55.43%，标准差是14.54%，变异范围是29.89%—137.59%。从人口年龄结构来看，各地区历年城市少儿抚养比的均值为19.66%，标准差是5.22%；各地区城市老年抚养比的均值为11.29%，标准差是2.85%。各地区历年的城镇登记失业率均值为3.59%，标准差是0.73%；城镇居民住宅商品房价格平均为2856.66元/平方米，标准差为2138.55元/平方米；教育财政支出比重即占总财政支出（决算数）比重平均为15.87%，标准差是2.79%；政府医疗卫生支出比重即占总财政支出（决算数）比重均值为5.38%，标准差是1.60%。

（九）构造散点图

为了直观地了解核心变量与城镇居民人均消费支出的关系，我们首先构造散点图并拟合曲线来考察变量间的相互关系。为减小数据的波动及可能的异方差影响，首先对绝对数变量（城镇居民人均实际消费支出和实际可支配收入）取自然对数。图5-17（a）为城镇基本养老保险覆盖率与城镇居民人均消费支出（对数值）散点图，两者并没有表现出明显的线性关系。图5-17（b）为城镇基本养老保险替代率与城镇居民人均消费支出（对数值）散点图及拟合曲线图，两者

---

① 由于广东省为全国最大的劳动力净流入省份，其制度覆盖率超过100%很可能是由于包括大量外来务工人口的参保职工数大于城镇户籍就业人口数所致。

呈现出一定的负向线性关系。接下来将通过回归模型更为精确地把握变量间的具体关系。

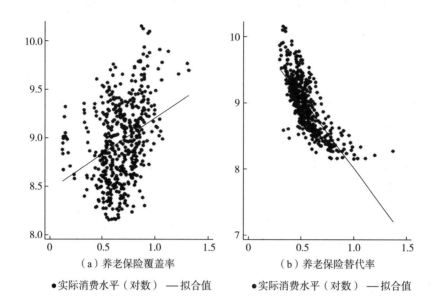

（a）养老保险覆盖率

●实际消费水平（对数）——拟合值

（b）养老保险替代率

●实际消费水平（对数）——拟合值

**图 5－17　城镇基本养老保险覆盖率、替代率与城镇居民人均
消费支出（对数值）散点图及拟合曲线**

二　省际面板数据模型的静态分析

下面通过构建省际面板数据模型来考察城镇基本养老保险制度与居民消费行为的关系。建立面板数据模型，一方面，可以解决遗漏变量的问题，尤其是在工具变量难以寻找的情况下，面板数据模型可以排除"不随时间改变"的不可观测异质性的影响；另一方面，由于面板数据同时具有横截面与时间两个维度而提供更多个体动态行为的信息，样本容量更大，进而可以提高估计的精度。[①]

根据持久收入假说、生命周期理论、预防性储蓄假说及流动性约束的相关理论，我们建立包含个体效应和时间效应的面板数据模型

---

① 陈强：《高级计量经济学及 Stata 应用》（第二版），高等教育出版社 2014 年版，第250—251 页。

如下：

$$
\begin{aligned}
\mathrm{lncons}_{it} = {} & \beta_0 + \beta_1 \mathrm{lninc}_{it} + \beta_2 coverage_{it} + \beta_3 replrate_{it} + \beta_4 childepend_{it} + \\
& \beta_5 oldepend_{it} + \beta_6 (\Delta \mathrm{lncons}_{it})^2 + \beta_7 (\Delta \mathrm{lninc}_{it}) + \beta_8 unemplrate_{it} + \\
& \beta_9 house_{it} + \beta_{10} educ\_gov_{it} + \beta_{11} health\_gov_{it} + \beta_{12} pX_{it} + \\
& \gamma t + u_i + \varepsilon_{it}
\end{aligned}
\tag{5.7}
$$

其中，i 表示省份，t 表示年份，γ 表示时间效应，u_i 表示个体效应，ε_{it} 表示随机误差项；pX 表示养老保险变量与其他变量的交互项[1]；根据朱波（2015），本书采用（$\Delta \mathrm{lncons}_{it}$）^{2} 代表预防性储蓄动机，用 $\Delta \mathrm{lninc}_{it}$ 代表流动性约束，即表明借贷约束更多取决于消费者的收入增长趋势。

在考虑流动性约束和预防性储蓄的情形下，分析城镇职工基本养老保险对居民实际消费支出的影响，回归结果如表 5-6 所示。作为参照，我们首先进行混合 OLS 回归，并使用以省份为聚类变量的聚类稳健标准误，允许同一地区不同时期之间的随机干扰项存在自相关，结果如表 5-6 模型（1）所示。由于每个省份的情况不同，也可能存在不随时间变化的不可观测异质性，故考虑使用固定效应模型组内估计，见模型（2）。同时，我们也可以使用 LSDV（最小二乘虚拟变量）法实现与固定效应模型相同的系数估计效果，另外发现，与参照地区（北京市）相比，各省份城镇居民家庭全年人均消费支出存在显著差异，如模型（3）所示。固定效应模型的 F 检验结果表明，可以强烈拒绝没有个体效应的原假设，应该允许每个地区拥有自己的截距项，即认为固定效应模型优于混合回归。在固定效应模型中纳入时间效应，即建立双向固定效应模型（4）：1999 年被视为基期，年度虚拟变量仅在第二年显著，其他年份均不显著；检验各年份的联合显著性发现，$\mathrm{Prob} > F(14, 30) = 0.0157$，即可以在 5% 的显著性水平下拒绝"无时间效应"的原假设，认为模型中可以包含时间效应。以上结果基本确认了个体效应的存在，但个体效应仍可能以随机效应的形式存在，进而进行随机效应的可行性广义最小二乘估计（FGLS）和

---

① 经试验，交互项作用的系数均并不显著，故不纳入回归结果中。

最大似然估计（MLE），结果分别如模型（5）和模型（6）所示，两种方法的系数估计值比较相近。LM 的检验结果表明，可以强烈拒绝"不存在个体随机效应"的原假设，即随机效应比混合回归更优。最后，豪斯曼检验发现，$\chi^2(12) = 29.42$，p 值为 0.0034，故可以在 1% 的显著性水平下拒绝"u_i 与 X_{it} 不相关"的原假设，即认为固定效应模型可能会优于随机效应模型。

表 5 - 6 城镇职工基本养老保险与居民实际消费支出
省际面板数据回归结果

lncons	模型（1）混合回归（聚类稳健标准误）	模型（2）固定效应（聚类稳健标准误）	模型（3）LSDV（聚类稳健标准误）	模型（4）双向固定效应	模型（5）随机效应（FGLS）	模型（6）随机效应（MLE）
lninc	0.863 ***	0.921 ***	0.921 ***	1.001 ***	0.904 ***	0.909 ***
	(0.033)	(0.024)	(0.024)	(0.071)	(0.023)	(0.018)
coverage	0.040	0.026	0.026	0.050	0.038	0.035
	(0.043)	(0.037)	(0.038)	(0.039)	(0.032)	(0.022)
replrate	− 0.045	0.074 *	0.074 *	0.066	0.058	0.064 *
	(0.073)	(0.040)	(0.041)	(0.047)	(0.036)	(0.035)
lnhouse	0.039	0.004	0.004	0.025	0.019	0.015
	(0.028)	(0.024)	(0.025)	(0.026)	(0.020)	(0.014)
olddep_city	0.200	0.198 *	0.198 *	0.248	0.244 *	0.232 **
	(0.241)	(0.112)	(0.116)	(0.161)	(0.127)	(0.092)
childep_city	0.061	0.364	0.364	0.227	0.303	0.322 ***
	(0.233)	(0.237)	(0.246)	(0.218)	(0.237)	(0.074)
unemplyrate	− 0.250	− 0.207	− 0.207	− 0.513	− 0.263	− 0.252
	(0.823)	(0.667)	(0.690)	(0.831)	(0.654)	(0.484)
educ_gov	− 0.766 ***	− 0.453 ***	− 0.453 ***	− 0.210	− 0.571 ***	− 0.535 ***
	(0.136)	(0.152)	(0.157)	(0.181)	(0.133)	(0.123)
health_gov	− 0.710 **	− 0.340	− 0.340	− 0.212	− 0.446 *	− 0.415 **
	(0.333)	(0.265)	(0.274)	(0.345)	(0.249)	(0.182)

续表

lncons	模型（1）混合回归（聚类稳健标准误）	模型（2）固定效应（聚类稳健标准误）	模型（3）LSDV（聚类稳健标准误）	模型（4）双向固定效应	模型（5）随机效应（FGLS）	模型（6）随机效应（MLE）
d_lninc	−0.237*	−0.140	−0.140	−0.144	−0.162	−0.155**
	(0.124)	(0.102)	(0.105)	(0.096)	(0.106)	(0.066)
d_lncons_sq	0.479	0.687	0.687	0.717	0.684	0.686***
	(0.801)	(0.737)	(0.763)	(0.693)	(0.761)	(0.220)
Tianjin			−0.017			
			(0.014)			
Hebei			−0.121***			
			(0.021)			
Shanxi			−0.149***			
			(0.019)			
Neimenggu			−0.046*			
			(0.024)			
Liaoning			−0.015			
			(0.019)			
Jilin			−0.018			
			(0.019)			
Heilongjiang			−0.051**			
			(0.020)			
Shanghai			−0.015			
			(0.021)			
Jiangsu			−0.095***			
			(0.016)			
Zhejiang			−0.041**			
			(0.019)			
Anhui			−0.065***			
			(0.020)			

续表

lncons	模型（1）混合回归（聚类稳健标准误）	模型（2）固定效应（聚类稳健标准误）	模型（3）LSDV（聚类稳健标准误）	模型（4）双向固定效应	模型（5）随机效应（FGLS）	模型（6）随机效应（MLE）
Fujian			−0.054** (0.021)			
Jiangxi			−0.146*** (0.022)			
Shandong			−0.129*** (0.021)			
Henan			−0.121*** (0.021)			
Hubei			−0.042** (0.019)			
Hunan			−0.040* (0.022)			
Guangdong			0.025 (0.022)			
Guangxi			−0.095*** (0.022)			
Hainan			−0.089*** (0.022)			
Chongqing			0.035* (0.020)			
Sichuan			−0.004 (0.020)			
Guizhou			−0.079*** (0.024)			
Yunnan			−0.075*** (0.025)			

续表

lncons	模型（1）混合回归（聚类稳健标准误）	模型（2）固定效应（聚类稳健标准误）	模型（3）LSDV（聚类稳健标准误）	模型（4）双向固定效应	模型（5）随机效应（FGLS）	模型（6）随机效应（MLE）
Tibet			-0.101^{***}			
			(0.031)			
Shaanxi			0.001			
			(0.017)			
Gansu			-0.029			
			(0.020)			
Qinghai			-0.083^{***}			
			(0.021)			
Ningxia			-0.050^{**}			
			(0.023)			
Xinjiang			-0.030			
			(0.020)			
2000 年				0.125^{*}		
				(0.091)		
2001 年				0.105		
				(0.083)		
2002 年				0.113		
				(0.081)		
2003 年				0.105		
				(0.074)		
2004 年				0.097		
				(0.070)		
2005 年				0.086		
				(0.064)		
2006 年				0.054		
				(0.052)		

续表

lncons	模型（1）混合回归（聚类稳健标准误）	模型（2）固定效应（聚类稳健标准误）	模型（3）LSDV（聚类稳健标准误）	模型（4）双向固定效应	模型（5）随机效应（FGLS）	模型（6）随机效应（MLE）
2007 年				0.044 (0.044)		
2008 年				0.025 (0.039)		
2009 年				0.021 (0.033)		
2010 年				0.018 (0.029)		
2011 年				0.007 (0.023)		
2012 年				-0.014 (0.017)		
2013 年				0.001 (0.011)		
常数项	0.811*** (0.246)	0.353 (0.222)	0.409* (0.227)	-0.641 (0.793)	0.426* (0.237)	0.402*** (0.123)
sigma_u_cons						0.043*** (0.006)
sigma_e_cons						0.038*** (0.001)
样本数	465	465	465	465	465	465
$\overline{R^2}$	0.982	0.987	0.991	0.988		
F	1366.886	746.550		4393.445		
P	0.000	0.000		0.000	0.000	0.000

注：括号中为标准差。* 表示 $p < 0.10$，** 表示 $p < 0.05$，*** p 表示 < 0.01。

根据估计结果，我们发现，在其他变量一定的条件下，城镇基本养老保险覆盖率对于城镇居民家庭人均实际消费支出在 6 个模型中均没有产生显著的影响。基本养老保险替代率对居民实际消费水平的估计结果也不稳健：在固定效应和随机效应模型中，替代率水平每增加1%，城镇居民人均现金消费支出平均约增长0.074%；在双向固定效应和随机效应模型中，替代率对居民实际消费的微弱正向效应却没有通过显著性检验；在聚类稳健标准误的混合回归估计中，替代率水平则对居民现金消费支出产生微弱的负向效应，尽管在统计上并不显著。这与公共养老金的运行机理相关，由于它涉及保费征缴与待遇给付两个相反机制的作用：一方面通过征缴保费削减参保居民当前的可支配收入而降低居民的消费支出；另一方面又通过对养老金领取者的待遇发放来增加当前收入，从而提升消费支出。因此，公共养老金对居民消费的影响机理变得复杂。

然而，城镇居民的当期收入仍对当期消费产生稳健的正向作用：在固定效应模型中，其他变量一定，收入每提高1%，人均消费平均显著地提高约0.921%。城市老年抚养比每提升1%，居民实际消费支出则平均显著地增长约0.2%，并且在固定效应和随机效应模型中均显著，这可以由老年化背景下老年人倾向于多消费年轻时储蓄的生命周期理论来解释。少儿抚养比的增长率对居民实际消费支出的影响并不显著。城镇住宅房屋平均实际销售价格对居民实际消费水平的影响也不明显。城镇登记失业率对居民实际消费水平在各模型中均呈现出一定的负向效应，但并没有通过显著性检验。教育财政支出占总财政支出比重则对居民当前消费支出产生较为显著的负向影响。政府医疗卫生支出占财政决算数比重在混合回归估计和随机效用模型中表现出较为显著的负向影响。这与郭志仪、毛晓慧（2009）所观察的我国医疗支出、教育支出的不确定性对城镇居民消费行为的负向显著影响相一致。由此看来，近十几年来，我国在民生领域的改革，尤其是医疗卫生制度，经过了20世纪90年代末开始的"医改"和2009年以来的"新医改"，这些制度变革及调整在一定程度上给居民的未来消费预期造成了不确定性影响，从而抑制了当前消费。

与此同时，我们发现，流动性约束与预防性储蓄动机对城镇居民家庭人均实际消费支出的影响是存在的。城镇居民家庭人均可支配收入增长率的差分序列与家庭人均消费支出增长率呈现出一定的负相关关系，并在混合回归和随机效应模型的最大似然估计中通过显著性检验，可以认为，流动性约束限制了家庭的消费行为。另外，城镇居民人均消费支出增长率的差分序列之平方项与家庭人均消费支出呈正相关关系，且在模型（6）的随机效应最大似然估计中通过显著性检验。可见，城镇居民家庭人均实际消费支出具有一定的预防性储蓄动机。这与凌晨、张安全（2012）基于我国 26 个省份 2004—2010 年所发现的"城镇居民具有非常强的预防性储蓄动机"[①] 相一致。

　　从消费支出的结构出发，我们可以探索城镇基本养老保险制度对不同类型消费支出的影响。经试验，固定效应模型的估计效果较优，因而本章接下来对城镇居民家庭的各类消费支出模型均通过固定效应估计的方法实现。城镇职工基本养老保险与城镇家庭人均各类消费支出关系的回归结果如表 5 - 7 所示。可以看出，在其他条件一定时，基本养老保险覆盖率仅对城镇居民实际食品和衣着支出产生显著的正向效应，见模型（2）和模型（3），而对其他类型的消费支出并无明显的影响。养老保险替代率水平除对居民家庭的人均家用设备支出产生显著的正向影响外，对其他类型的消费支出均产生一定的负向作用，其对食品支出的负向作用在 10% 的显著性水平下显著。综合看来，基本养老保险的覆盖率和替代率对居民实际消费总支出的影响也不明显，见模型（1）。然而，在其他变量保持不变的情况下，人均实际可支配收入的增加对各类实际消费水平的提高均有显著的促进作用，绝对收入假说得以验证。老年抚养比的提高，对于居民医疗保健的消费支出［模型（5）］、交通及居住的消费支出［模型（6）和模型（8）］具有显著的正向效应，而对其他消费支出的影响并不明显，进而对消费总支出产生一定的促进作用。另外，通过细分消费支出发现，流动性约束对于抑制居住消费有着显著性影响：在其他条件一定时，流动性约束每增加 1%，居住消费则平均减少 0.34%。由模型（5）、

---

① 凌晨、张安全：《中国城乡居民预防性储蓄：理论与实证》，《管理世界》2012 年第 11 期。

表 5-7　城镇职工基本养老保险与城镇家庭人均各类消费支出静态面板回归结果

lncons	模型(1) total	模型(2) food	模型(3) cloth	模型(4) facility	模型(5) medical	模型(6) commu	模型(7) educ	模型(8) reside
lninc	0.921***	0.633***	0.726***	0.776***	0.941***	1.221***	0.884***	0.928***
	(0.024)	(0.044)	(0.084)	(0.107)	(0.094)	(0.071)	(0.091)	(0.082)
coverage	0.026	0.127*	0.203**	0.006	0.005	-0.097	-0.103	-0.024
	(0.037)	(0.069)	(0.088)	(0.102)	(0.143)	(0.137)	(0.108)	(0.101)
replrate	0.074*	-0.138*	-0.131	0.338**	-0.161	-0.132	-0.078	-0.093
	(0.040)	(0.079)	(0.130)	(0.154)	(0.204)	(0.118)	(0.143)	(0.172)
lnhouse	0.004	0.060**	0.189***	-0.002	-0.085	0.182**	-0.078	-0.103
	(0.024)	(0.023)	(0.040)	(0.104)	(0.065)	(0.085)	(0.069)	(0.062)
olddep_city	0.198*	0.070	-0.356	-0.339	1.106***	0.926*	-0.331	1.780***
	(0.112)	(0.180)	(0.260)	(0.443)	(0.383)	(0.471)	(0.293)	(0.353)
childep_city	0.364	-0.173	0.390	1.213**	-0.289	0.313	0.513	-0.411*
	(0.237)	(0.191)	(0.745)	(0.452)	(0.336)	(0.780)	(0.660)	(0.236)
unemplyrate	-0.207	0.165	1.366	-12.503**	5.307**	8.239**	3.838**	-0.688
	(0.667)	(0.896)	(2.757)	(2.296)	(1.663)	(2.368)	(1.854)	(2.159)
educ_gov	-0.453***	0.749***	0.642	0.026	-0.990***	-1.146***	-1.269***	-1.611***
	(0.152)	(0.251)	(0.566)	(0.484)	(0.290)	(0.383)	(0.460)	(0.391)
health_gov	-0.340	0.112	-1.076*	3.957***	-0.448	-3.047***	-2.025*	0.396
	(0.265)	(0.454)	(0.582)	(1.428)	(0.834)	(1.009)	(1.130)	(0.893)
d_lninc	-0.140	-0.191**	0.298	-0.094	0.041	-0.208	0.050	-0.340*
	(0.102)	(0.086)	(0.199)	(0.257)	(0.181)	(0.267)	(0.229)	(0.168)

续表

lncons	模型 (1) total	模型 (2) food	模型 (3) cloth	模型 (4) facility	模型 (5) medical	模型 (6) commu	模型 (7) educ	模型 (8) reside
d_lncons_total_sq	0.687 (0.737)							
d_lncons_food_sq		0.370 (0.617)						
d_lncons_cloth_sq			−0.697* (0.385)					
d_lncons_facility_sq				0.259 (0.415)				
d_lncons_medical_sq					0.732*** (0.189)			
d_lncons_commu_sq						−0.273 (0.199)		
d_lncons_educ_sq							0.537*** (0.111)	
d_lncons_reside_sq								0.864*** (0.073)
常数项	0.353 (0.222)	1.535*** (0.424)	−1.712* (0.861)	−1.104 (0.739)	−1.802** (0.765)	−5.896*** (0.659)	−0.520 (0.785)	−0.930* (0.531)
样本数	465	465	465	465	465	465	465	465
$\overline{R^2}$	0.987	0.963	0.929	0.834	0.900	0.933	0.836	0.932
F	746.550	438.570	284.147	180.166	150.299	547.525	113.296	196.235
p	0.000	0.000	0.000	0.000	0.000	0.000	0.000	0.000

注：括号中为标准差。* 表示 p<0.10，** 表示 p<0.05，*** 表示 p<0.01。

模型（7）与模型（8）中消费支出差分的平方项可知，我国的医疗保健消费支出、教育消费支出和居住消费支出存在显著的预防性储蓄动机，这与我国民生领域社会制度的改革、变迁有着密切的关系。

三　省际面板数据模型的动态分析：兼论内生性问题的处理

考虑到过去消费习惯对当前消费支出的影响，以及模型可能存在的内生性问题，下面建立动态面板数据模型来考察城镇职工基本养老保险制度与居民消费支出的关系。在静态面板模型中，若使解释变量包含被解释变量的滞后项，则称为"动态面板数据"。下面在式（5.7）基础上构造动态省际面板模型如下：

$$\ln cons_{it} = \beta_0 + \rho \ln cons_{i,t-1} + \beta_1 \ln inc_{it} + \beta_2 coverage_{it} + \beta_3 replrate_{it} +$$
$$\beta_4 childepend_{it} + \beta_5 oldepend_{it} + \beta_6 (\Delta \ln cons_{it})^2 +$$
$$\beta_7 (\Delta \ln inc_{it}) + \beta_8 unemplrate_{it} + \beta_9 house_{it} + \beta_{10} educ\_gov_{it} +$$
$$\beta_{11} health\_gov_{it} + \gamma t + u_i + \varepsilon_{it} \tag{5.8}$$

做一阶差分后，消除个体效应：

$$\Delta \ln cons_{i,t-1} = \rho \Delta \ln cons_{i,t-1} + \Delta x_{it}'\beta + \Delta \varepsilon_{it} \quad (t=2, \cdots, 16) \tag{5.9}$$

式（5.9）中，由于 $\Delta \ln cons_{i,t-1} = \ln cons_{i,t-1} - \ln cons_{i,t-2}$，仍然与 $\Delta \varepsilon_{it} = \varepsilon_{it} - \varepsilon_{it-1}$ 相关，因而 $\Delta \ln cons_{i,t-1}$ 为内生变量，需要找到适当的工具变量才能得到一致估计。

为此，Andersen 和 Hsiao（1981）提出用二阶滞后因变量作为一阶差分因变量的工具变量，然后进行两阶段最小二乘估计，当且仅当在 $\{\varepsilon_{it}\}$ 不存在自相关的条件下成立。Arellano 和 Bond（1995）使用所有可能的滞后变量（更高阶的滞后变量），进行广义矩（Generalized Method of Moments，GMM）估计，即 Arellano—Bond 估计量，也被称为差分 GMM。[①] 差分 GMM 估计成立的前提仍然依赖于"随机干扰项 $\{\varepsilon_{it}\}$ 无自相关"。然而，当时间 t 较大时，则会出现很多个工具变量的情形，即出现"弱工具变量"的问题，产生估计偏误，此时

---

① 因为是对差分后的方程进行 GMM 估计，故称为"差分 GMM"。

就需要限制使用变量最大滞后阶数作为工具变量。[①]

我们先将被解释变量的一阶滞后值纳入解释变量[②]，假定所有其他解释变量严格外生，并且最多使用二阶被解释变量的滞后值作为工具变量，进行两步 GMM 稳健标准误估计，结果如表 5 - 8 模型（1）所示。此时，随机干扰项的自相关检验结果显示，扰动项的差分不存在一阶自相关，也不存在二阶自相关，故可以在 5% 的显著性水平下拒绝"随机干扰项无自相关"的原假设。由于模型（1）使用了 38 个工具变量，故需要进行过度识别检验。萨根（Sargan）检验结果表明，$\chi^2(26) = 24.217$，$p > \chi^2 = 0.56$，故无法拒绝"所有工具变量都有效"的原假设，即认为，以被解释变量滞后值最高二阶的工具变量有效。

下面考虑模型可能的内生性问题。由于宏观经济中收入与消费可能存在的相互影响关系，考虑将城镇居民家庭人均可支配收入增长率设定为内生解释变量，且内生变量仅为当期值，不包括滞后值，但最多使用它们一个更高阶滞后值（二阶）为工具变量。差分 GMM 的 WC 稳健标准误估计结果如表 5 - 8 模型（2）所示。根据 Arellano—Bond 检验，随机干扰项的差分不存在一阶或更高阶的自相关，即认为"随机干扰项无自相关"。过度识别检验结果表明，$\chi^2(39) = 21.18$，$p > \chi^2 = 0.99$，因此可以认为，所有工具变量均有效。

由于城镇居民个人实际可支配收入增长率的差分序列（d_lninc）与收入增长率（lninc）相关，城镇居民家庭人均消费支出增长率差分序列的平方项（d_lncons_ sq）与人均消费支出增长率（lncons）互相影响而可能产生内生性问题，从而影响估计结果的一致性，因此，将变量 d_lninc 和 d_lncons_sq 都设为内生解释变量，并且假定内生解释变量不包含任何滞后项，而最多使用其一个更高阶滞后值（二阶）为工具变量。两步 GMM 稳健标准误估计结果如模型（3）所示。Arellano—Bond

---

① 陈强：《高级计量经济学及 Stata 应用》（第二版），高等教育出版社 2014 年版，第 272 页。

② 经试验，被解释变量的二阶滞后值（即 $lncons_{i,t-2}$）系数在模型中并不显著。

表 5 - 8　　　　　城镇职工基本养老保险与居民实际消费支出
省际动态面板数据差分 GMM 估计

lncons	模型（1） 无内生变量	模型（2） 1 个内生变量	模型（3） 3 个内生变量	模型（4） 2 个内生变量	模型（5） 3 个内生变量
L. lncons	0.130 (0.196)	0.504 *** (0.096)	0.490 *** (0.107)	0.339 *** (0.105)	0.419 *** (0.086)
lninc	0.797 *** (0.186)	0.455 *** (0.100)	0.462 *** (0.104)	0.596 *** (0.106)	0.521 *** (0.095)
coverage	-0.039 (0.043)	-0.001 (0.031)	-0.028 (0.035)	-0.206 * (0.116)	-0.173 * (0.090)
replrate	0.058 (0.041)	0.059 (0.042)	0.073 (0.048)	0.041 (0.052)	0.053 (0.059)
olddep_ city	-0.010 (0.073)	0.054 (0.065)	0.017 (0.072)	-0.082 (0.153)	-0.053 (0.153)
childep_ city	0.092 (0.111)	0.067 (0.117)	0.123 (0.102)	0.065 (0.118)	0.143 (0.163)
unemplyrate	0.178 (0.966)	-0.481 (0.871)	0.568 (1.212)	0.485 (1.199)	1.011 (1.165)
lnhouse	-0.013 (0.024)	-0.009 (0.021)	0.007 (0.023)	-0.003 (0.022)	0.010 (0.024)
educ_ gov	-0.406 *** (0.155)	-0.378 *** (0.136)	-0.343 *** (0.118)	-0.387 *** (0.147)	-0.386 ** (0.158)
health_ gov	0.006 (0.226)	0.159 (0.223)	0.225 (0.244)	0.326 (0.296)	0.318 (0.258)
d_ lninc	0.029 (0.122)	0.252 (0.168)	0.152 (0.135)	0.188 (0.151)	0.220 (0.147)
d_ lncons _ sq	0.658 (1.068)	1.631 (1.161)	1.563 (1.031)	1.229 (0.748)	1.288 (0.797)
样本数	434	434	434	434	434

注：括号里为估计系数的标准差。* 表示 $p < 0.10$，** 表示 $p < 0.05$，*** 表示 $p < 0.01$。

检验结果显示，随机干扰项的差分存在一阶自相关，但不存在二阶自相关，故接受原假设"随机干扰项 $\{\varepsilon_{it}\}$ 无自相关"，即认为差分 GMM 估计方法合理。模型（3）的差分 GMM 估计由于使用了 75 个工具变量，需要进行过度识别检验。萨根检验结果表明，$\chi^2（63）=17.87$，$p > \chi^2 = 1$，即认为所有工具变量都有效。

考虑到基本养老保险制度可能的内生性问题，模型（4）将养老保险覆盖率和替代率水平设定为内生变量，进行差分 GMM 估计。Arellano—Bond 检验结果表明，随机干扰项的差分存在一阶自相关，但不存在二阶自相关，故认为"随机干扰项 $\{\varepsilon_{it}\}$ 无自相关"。由于该模型使用了 64 个工具变量，也需要进行过度识别检验。萨根检验结果表明，$\chi^2（52）=20.22$，$p > \chi^2 = 1$，即认为所有工具变量都有效。模型（5）将基本养老保险变量与人均可支配收入增长率变量同时设定为内生变量，既通过了对随机干扰项的 Arellano—Bond 检验，模型（5）所使用的 77 个工具变量也通过了萨根过度识别检验。

根据动态面板数据模型的差分 GMM 估计（见表 5－8），通过不同的内生变量设定，城镇职工养老保险制度的覆盖率和替代率并没有对居民实际消费支出产生显著而稳健的影响。养老保险覆盖率指标仅在将其视为内生变量的模型（4）和模型（5）中产生微弱的负向影响，在模型（1）至模型（3）中并没有通过显著性检验。养老保险替代率在 5 个模型中对城镇居民家庭人均实际消费支出可能的微弱的正向作用，在统计上并不显著。这可以由养老保险制度运行机理来解释：由于它涉及社会保险税（费）征缴与待遇发放两个环节，它对居民消费行为的影响也更为复杂，总体净影响尚不明显。

相对而言，无论对内生解释变量的设定形式如何，城镇居民人均消费支出的滞后一期值对当期的消费支出产生较为稳健而显著的影响：在其他条件一定时，过去一期消费支出每增长 1%，当期消费支出平均增长 0.4%—0.5%。消费习惯假说得到验证。城镇居民的人均可支配收入的增长仍是居民消费支出增长的重要影响因素，且收入弹性在 0.4%—0.7%，尽管不同模型设定下的估计结果略有差异。另外，财政教育支出占总财政决算数的比重对居民实际现金消费支出产生显著的负向影响，且在5个模型中均获得较为稳健的估计结果：教育支出比重每提高1%，居民消费支出下降0.3%—0.4%。

总之，省际动态面板模型中无论使用差分GMM稳健性估计还是偏差校正的LSDV法估计，被解释变量人均消费支出的滞后一期值对城镇居民当期的消费支出均产生正向的显著性影响，这说明了将被解释变量滞后一期项纳入解释变量的动态面板模型设定的合理性，同时也验证了消费的习惯性影响的理论假设。然而，无论是养老保险制度的覆盖率变量还是替代率变量，对居民当期消费行为的影响并不能获得稳健而显著的估计结果。

从消费支出的结构来看，我们可以通过设定人均可支配收入、养老保险覆盖率与替代率为内生变量，以及高阶被解释变量滞后值作为工具变量的方法来探索城镇基本养老保险制度对不同类型消费支出的动态影响。城镇职工基本养老保险与城镇家庭人均各类实际消费支出关系的差分GMM估计结果如表5-9所示。可以看出，在其他条件一定时，养老保险覆盖率的提高仅对城镇居民的食物消费和衣着消费支出产生显著的正向影响，而对家用设备、医疗保健、交通通信消费支出无显著影响，对教育文娱及居住消费支出产生微弱的负向效应。养老保险替代率水平除对食品消费支出的负向作用在5%的显著性水平下显著，对其他类型的消费支出产生的影响在统计上均不显著。因此，综合来看，城镇职工基本养老保险制度的覆盖率和替代率对居民实际消费总支出的影响也不明显，见模型（1）。

然而，在其他变量保持不变的情况下，各类型消费支出的滞后一期值均对当前消费支出产生较为显著的正向影响，消费的"习惯形成"假说再次得到验证。人均实际可支配收入的增加对各类实际消费水平的提高均有一定的促进作用，绝对收入假说得以验证。由模型（5）、模型（7）与模型（8）中消费支出差分的平方项系数估计结果可知，我国的医疗保健消费支出、教育消费支出和居住消费支出存在显著的预防性储蓄动机，这与静态面板模型的估计相类似（见表5-7），体现了城镇居民对我国社会制度变迁中不确定性的担忧。

表 5 - 9 城镇职工基本养老保险与城镇家庭人均各类消费支出省际动态面板数据差分 GMM 估计

lncons	模型 (1) total	模型 (2) food	模型 (3) cloth	模型 (4) facilities	模型 (5) medical	模型 (6) commu	模型 (7) educ	模型 (8) reside
L. lncons_total	0.419 *** (0.086)							
L. lncons_food		0.685 *** (0.234)						
L. lncons_cloth			0.906 *** (0.172)					
L. lncons_facility				0.543 *** (0.077)				
L. lncons_medical					0.637 *** (0.175)			
L. lncons_commu						0.465 *** (0.152)		
L. lncons_educ							0.305 * (0.157)	
L. lncons_reside								0.594 *** (0.090)
lninc	0.521 *** (0.095)	0.065 (0.213)	0.313 * (0.177)	0.174 (0.157)	0.324 ** (0.163)	0.403 (0.258)	0.471 ** (0.190)	0.548 *** (0.098)

续表

lncons	模型（1） total	模型（2） food	模型（3） cloth	模型（4） facilities	模型（5） medical	模型（6） commu	模型（7） educ	模型（8） reside
coverage	-0.173* (0.090)	0.459*** (0.130)	0.478*** (0.185)	0.200 (0.304)	-0.151 (0.337)	-0.374 (0.319)	-0.614* (0.357)	-0.365* (0.202)
replrate	0.053 (0.059)	-0.189** (0.083)	-0.388 (0.241)	0.249 (0.301)	-0.071 (0.167)	0.046 (0.358)	-0.215 (0.259)	0.340 (0.330)
olddep_city	-0.053 (0.153)	-0.063 (0.148)	-0.344 (0.485)	-0.320 (0.555)	0.206 (0.401)	0.401 (0.731)	-0.506** (0.254)	1.044* (0.616)
childdep_city	0.143 (0.163)	-0.189 (0.212)	-0.534 (0.475)	-0.237 (0.932)	-0.500 (0.793)	-0.559 (1.045)	-0.402 (0.626)	-0.150 (0.501)
unemplyrate	1.011 (1.165)	0.922 (2.007)	1.403 (2.892)	-13.483** (6.632)	1.358 (3.327)	7.915 (6.275)	3.127 (3.560)	2.014 (4.966)
educ_gov	-0.386** (0.158)	0.892** (0.355)	0.544 (0.589)	-0.487 (0.706)	-0.133 (0.492)	-0.115 (0.710)	-0.578 (0.507)	-1.651*** (0.444)
health_gov	0.318 (0.258)	-0.736 (0.710)	-0.631 (1.221)	2.014* (1.044)	0.319 (1.092)	-1.016 (1.261)	-1.845 (1.671)	-0.041 (1.402)
lnhouse	0.010 (0.024)	0.095* (0.053)	0.221*** (0.068)	0.161 (0.099)	-0.076 (0.070)	0.268*** (0.075)	0.017 (0.063)	-0.088 (0.078)
d_lninc	0.220 (0.147)	0.222 (0.145)	1.152*** (0.295)	0.399* (0.209)	0.583 (0.380)	0.480* (0.265)	0.551 (0.374)	-0.056 (0.234)

续表

lncons	模型 (1) total	模型 (2) food	模型 (3) cloth	模型 (4) facilities	模型 (5) medical	模型 (6) commu	模型 (7) educ	模型 (8) reside
d_lncons_ sq	1.288 (0.797)							
d_lncons_food_sq		2.294* (1.296)						
d_lncons_cloth_sq			0.845 (0.692)					
d_lncons_facility_sq				−0.154 (0.362)				
d_lncons_medical_sq					1.863*** (0.401)			
d_lncons_commu						0.363 (0.515)		
d_lncons_educ_sq							0.956*** (0.367)	
d_lncons_reside_sq								0.896*** (0.080)
样本数	434	434	434	434	434	434	434	434

注：括号里为估计系数的标准差。* 表示 $p < 0.10$，** 表示 $p < 0.05$，*** 表示 $p < 0.01$。

本章小结

本章回顾了我国城镇公共养老金制度从传统退休金制度到现代社会保险制度的嬗变历程，并对传统退休金"就业关联、高福利"的国家—单位保障模式，以及现代社会养老保险制度的基本特点进行总结，发现公共养老金制度的转型，一方面是我国社会经济转型的必然产物，体现时代发展的要求；另一方面在短期内由于覆盖面下降、待遇水平降低给居民未来的消费带来不确定性预期。

根据全国的历史数据，本章首先基于宏观经济理论的各种假说建立经典回归模型，估计结果表明，公共养老金制度覆盖率的提高对城镇居民家庭人均实际消费支出的增长产生较为显著的正向作用，而替代率水平对城镇居民实际消费支出产生显著的负向影响，公共养老金制度对居民实际消费水平的净影响不甚明确。进一步检验发现，1978年以来的全国宏观数据模型存在结构性变动：养老保险制度改革以前（1978—1998 年），制度覆盖率的提高有利于增加居民消费水平，这与传统退休金制度因其保障稳定而能给人们带来安全预期相关；改革以后（1999—2015 年），覆盖率的提高与城镇居民消费支出呈现出一定的负向影响，尽管在统计上并不显著。这可以由养老金制度"做减法"的改革特征来解释，城镇居民对未来的不确定性增加，因而预防性储蓄动机加强，当期消费倾向减小。养老保险替代率与居民消费水平的关系却并不明显。我们还可以从数据本身特点出发，进行现代时间序列模型构建。为避免传统回归中因共同趋势引起的"伪回归"，我们考虑变量序列之间的协整关系，通过误差修正模型的构造，进一步探寻变量间的短期波动与长期均衡关系：城镇公共养老金制度覆盖率的变动对城镇居民实际消费支出的变动产生显著的正向影响，而公共养老金制度替代率的变动则与居民实际消费水平变动的方向相反，这与经典回归方法的结论相一致；从长期均衡来看，城镇居民人均可支配收入仍是影响居民消费水平的重要变量。

　　为进一步考察养老保险制度改革以来的情况，并纳入更加丰富的信息，尽可能地解决模型的内生性问题，我们建立省际面板数据模型。静态面板分析结果表明，城镇基本养老保险覆盖率对于城镇居民家庭人均实际消费支出并没有产生显著的正向影响；基本养老保险替代率对居民实际消费水平的影响在不同估计方法下未能得到稳健的估计结果；流动性约束与预防性储蓄动机对城镇居民家庭人均实际消费支出的影响是确实存在的。从消费支出的类型来看，在其他条件一定时，基本养老保险覆盖率仅对城镇居民实际食品和衣着支出产生显著的正向效应，对其他类型的消费支出并无明显的影响。养老保险替代率水平除对居民家庭的人均家用设备支出产生显著的正向影响外，对其他类型的消费支出均产生一定的负向作用。

　　纳入消费习惯影响的动态面板差分 GMM 估计结果表明，通过不同的内生变量设定，城镇职工养老保险制度的覆盖率和替代率并没有对居民实际消费支出产生显著而稳健的影响；人均消费支出的滞后一期值对城镇居民当期的消费支出均产生稳健而显著的正向影响，消费的习惯形成假说得以验证。

　　从消费支出的结构来看，养老保险覆盖率的提高仅对城镇居民的食物消费和衣着消费支出产生显著的正向影响，而对家用设备、医疗保健、交通通信消费支出无显著影响，对教育文娱及居住消费支出产生微弱的负向效应；养老保险替代率水平除对食品消费支出产生一定的负向作用，对其他类型的消费支出产生的影响在统计上均不显著。各种消费类型均存在"习惯形成"消费。另外，无论是静态面板还是动态面板估计，我国的医疗保健消费支出、教育消费支出和居住消费支出都存在显著的预防性储蓄动机，这体现了城镇居民对我国社会制度变迁中不确定性的担忧。

　　总体而言，从 1978 年至今的可得数据建模分析来看，公共养老金制度对城镇居民家庭人均消费支出的净影响是不确定的。在养老保险制度改革以前，制度覆盖率对城镇居民家庭人均实际消费支出的正向影响较为显著；养老保险制度改革以后，无论是制度覆盖率还是替代率对城镇居民家庭人均消费支出的作用均不明显。在省际面板模型中，基本养老保险覆盖率和替代率对城镇居民家庭人均消费水平的影响都未能获得稳健而显著的估计结果，但对不同类型的消费支出影响上存在着差异。人均可支配收入与过去消费习惯是影响城镇居民当期消费支出的重要因素。流动性约束与消费的预防性储蓄动机对居民当前消费行为的影响也是现实存在的。

第六章 基本养老保险制度影响中国城乡居民消费的微观经验

为进一步探索我国基本养老保险制度对中国城乡居民消费行为的微观影响，本章将采用中国健康与养老追踪调查（China Health and Retirement Longitudinal Study，CHARLS）2011 年与 2013 年的全国微观数据，以及 2008 年和 2012 年浙江、甘肃两省的调查数据，在横截面模型、面板模型、多层次模型及准实验设计等方法综合运用的基础上，具体分析我国基本养老保险参保类型、基本养老保险待遇水平与中国城乡居民消费支出的关系。

第一节 中国健康与养老追踪调查 2011 年和 2013 年全国数据说明

CHARLS 是由北京大学中国社会科学调查中心主持，对中国 45 岁及以上人群进行的一项调查，旨在收集一套代表中国中老年人家庭和个人的高质量微观数据，用以分析我国老龄化的社会经济、健康医疗等方面的问题。CHARLS 是在美国健康与养老调查（Health and Retirement Study，HRS）的基础上进行的调查，与之相关的类似调查有英国老年人追踪调查（English Longitudinal Study of Aging，ELSA）和欧洲 19 个国家的欧洲健康、养老和退休调查（Survey of Health, Aging and Retirement in Europe，SHARE），因此，具有国际可比较性。2008 年，CHARLS 对内陆的甘肃省和沿海富裕的浙江省进行预调查，覆盖

32 个县（区）的 95 个社区（村庄），1570 户家庭中的 2685 人。[①]
2012 年进行两省的追踪调查。2011—2012 年，CHARLS 展开全国基
线调查，覆盖全国 28 个省份、150 个县（区）、450 个社区（村庄）、
10257 户家庭的 17708 个受访者。2013 年进行全国追踪调查，回访受
访者 15770 个，追加新受访者 2834 个。所有样本通过县级、村
（居）、家户和个人四个阶段抽样获得。

CHARLS 问卷由八个模块组成：家户登记表，基本信息，家庭，
健康状况与功能，医疗保健与保险，工作、退休与养老金，收入、支
出与资产，住房特征和访员观察。下面将对相关的人口统计变量，家
户收入、生活支出与总资产变量，养老保险变量等进行描述性统计。

一　人口统计变量

CHARLS 调查问卷中，基本信息模块提供了主要受访者及其配偶
的个人信息，包括出生日期与出生地、户口情况、受教育程度、相关
迁移史、居住情况和婚姻状态等；家户登记表收集了除主要受访者及
其配偶以外的其他家户成员的个人信息；家庭模块则收集包括父母、
兄弟、姐妹和子女在内的所有家庭成员的个人信息。这些人口特征变
量是分析基本养老保险制度与居民消费行为关系的基础特征变量。

（一）性别与年龄

从样本的性别分布来看，2011 年，男性占 47.87%，2013 年为
47.66%；女性在基线和追踪调查中的比例分别为 52.13% 与 52.34%
（见表 6 - 1）。

表 6 - 1　　　　　　CHARLS 两次全国调查的性别分布情况

性别	2011 年		2013 年	
	频数	频率（%）	频数	频率（%）
男	8473	47.87	8854	47.66
女	9228	52.13	9724	52.34
合计	17701	100	18578	100

---

① 赵耀辉等：《中国健康与养老追踪调查——2011—2012 年全国基线调查用户手册》
（2013 年 4 月），http://charls.ccer.edu.cn。

从样本的年龄分布来看，2011 年，受访者的平均年龄为 59.10 岁，最小值为 22 岁，最大值约为 101 岁，标准差为 10.16 岁；2013 年，受访者的平均年龄为 60.06 岁，最小值为 16 岁，最大值为 102 岁，标准差为 10.71 岁（见表 6-2）。

表 6-2　　　　CHARLS 两次全国调查的年龄分布情况

年份	均值	标准差	最小值	最大值	观测值
2011	59.10	10.16	22	101	17651
2013	60.06	10.71	16	102	12274

（二）婚姻状况

两次调查的结果显示，已婚人士占总样本量的 85% 以上。2011 年，已婚且与配偶一起居住者为 14170 人，占样本量的 80.17%，已婚但因工作原因暂时没有与配偶一起居住者有 1247 人，占 7.06%；2013 年，已婚且一起居住者占总样本量的 81.08%，已婚但因工作等原因暂时没有与配偶一起居住者则占 5.73%。分居（不再作为配偶共同生活）的 2011 年仅为 0.47%，2013 年为 0.36%；离异者分别为 0.83%（2011 年）和 0.84%（2013 年）；丧偶者分别占 10.57%（2011 年）和 11.06%（2013 年）；从未结婚者的比例分别为 0.9%（2011 年）和 0.84%（2013 年）。

表 6-3　　　　CHARLS 两次全国调查的婚姻状况

婚姻状况	2011 年		2013 年	
	频数	频率（%）	频数	频率（%）
已婚与配偶一起居住	14170	80.17	15050	81.08
已婚但因为工作等原因暂时没有与配偶一起居住	1247	7.06	1064	5.73
分居（不再作为配偶共同生活）	83	0.47	67	0.36
离异	147	0.83	155	0.84
丧偶	1869	10.57	2053	11.06
从未结婚	159	0.9	156	0.84
同居未婚	0	0	16	0.09
合计	17675	100	18561	100

注：因为计算过程中采用四舍五入的方法，表中各分项百分比之和有时不等于 100%。下同。

（三）户籍

从户籍类型的分布来看，农业户籍人口在 2011 年和 2013 年的调查中都占总人数的 70% 以上。2011 年，农业户籍人口数为 13694 人，占总样本量的 77.49%；非农业户籍人口数为 3862 人，占 21.85%；而统一居民户口①的受访者有 107 人，占总人口的 0.61%。2013 年，农业户籍人口数为 14169 人，占总样本量的 76.48%；非农业户籍人口数为 4141 人，占 22.35%；统一居民户口的受访者有 208 人，占 1.12%。

表 6 - 4　　　　　CHARLS 两次全国调查的户籍类型分布

户籍类型	2011 年		2013 年	
	频数	频率（%）	频数	频率（%）
农业	13694	77.49	14169	76.48
非农业	3862	21.85	4141	22.35
统一居民	107	0.61	208	1.12
没有户口	10	0.06	9	0.05
合计	17673	100	18527	100

（四）地区类型

从调查员记录地区类型来看，农村地区居住人数 2011 年为 7718 人，占样本量的 75.47%；2013 年为 11012 人，人数比重则下降至 60.11%。2011 年，城镇社区的居住人数为 2509 人，占总样本量的 24.53%；2013 年则有所上升，城镇社区的居住人数为 7309 人，占总样本量的 39.89%（见表 6 - 5）。

（五）受教育状况

从受访者的受教育状况来看，2011 年和 2013 年的调查显示，从未受过教育者占总样本量的 27.21% 和 26.54%。未读完小学教育

① 统一居民户口指的是某些地方实行户籍制度改革后，不再区分农业与非农业户口，而是统一为"居民户口"。

但能够读写者分别占 17.31% 和 17.81%。最高学历为小学毕业、初中毕业、高中毕业的分别约占总样本量的 21.6%、20.5%、8%，两次调查结果基本相当。大专及以上学历者不超过总样本量的 3%（见表 6－6）。

表 6－5　　　　　CHARLS 两次全国调查的地区记录类型

地区类型	2011 年		2013 年	
	频数	频率（%）	频数	频率（%）
农村	7718	75.47	11012	60.11
城镇社区	2509	24.53	7309	39.89
合计	10227	100	18321	100

表 6－6　　　　　CHARLS 两次全国调查的最高学历分布

最高学历	2011 年		2013 年	
	频数	频率（%）	频数	频率（%）
从未受过教育	4803	27.21	3448	26.54
未读完小学但能够读写	3056	17.31	2314	17.81
私塾	84	0.48	58	0.45
小学毕业	3812	21.59	2810	21.63
初中毕业	3652	20.69	2664	20.51
高中毕业	1388	7.86	1044	8.04
中专（包括中等师范、职高）毕业	429	2.43	322	2.48
大专毕业	280	1.59	211	1.62
本科毕业	143	0.81	110	0.85
硕士毕业	6	0.03	8	0.06
博士毕业	0	0	1	0.01
合计	17653	100	12990	100

根据最高学历的分类，可以构建教育年限的分布情况，如表 6－7 所

示。2011 年调查的受访者的教育年限平均为 5.28 年，2013 年为 5.35 年，最小值为 0（从未受过教育），最大值为 19 年（见表 6 - 7）。

表 6 - 7   CHARLS 两次全国调查的教育年限分布

年份	均值	标准差	最小值	最大值	观测值
2011	5.28	4.29	0	19	17623
2013	5.35	4.29	0	19	12965

（六）家户成员数

由于消费支出、收入与资产等的计算一般以家户为单位，因此，家户成员数也是至关重要的人口学变量。根据 CHARLS 的定义，家户成员的类型包括住在这个家（与被访者拥有同样的常住地址）、满足共担生活费用的条件的受访者及其配偶、同住父母、同住子女及同住的其他人员。从两次调查的家户成员数分布来看，2011 年，10226 户家庭的平均家户成员数为 3.49 人，标准差为 1.83 人，最小值为 1人，最大值为 16 人。2013 年，10717 户家庭的平均家户成员数为3.39 人，标准差为 1.81 人，最小值为 1 人，最大值为 15 人。可见，家户成员结构基本稳定，具体情况见表 6 - 8。

表 6 - 8   CHARLS 两次全国调查的家户成员数分布

年份	均值	标准差	最小值	最大值	观测值（户）
2011	3.49	1.83	1	16	10226
2013	3.39	1.81	1	15	10717

二　养老保险变量

CHARLS 问卷中与养老相关的变量包括受访者的退休或退职情况、受雇或退休前工作单位类型、各类养老保险参保情况、各类养老金待遇水平，以及人们对未来养老收入来源方式的选择。

（一）退休或退职情况

从办理退休手续的情况来看，2011 年，办理退休①（包括提前退休或内退）手续的人数达 2089 人，占样本量的 12.2%；办理退职②手续的为 124 人，占样本量的 0.82%。2013 年，办理退休手续的人数为 904 人，占总人数的 5.44%；办理退职手续的有 101 人，占总人数的 0.64%，具体情况如表 6 - 9 所示。办理退休手续即意味着开始领退休金。

表 6 - 9　　　　　CHARLS 两次全国调查的退休/退职情况

退休情况	2011 年		2013 年	
	频数	频率（%）	频数	频率（%）
办理退休手续	2089	12.2	904	5.44
没有办理退休手续	15036	87.8	15699	94.56
合计	17125	100	16603	100
办理退职手续	124	0.82	101	0.64
没有办理退职手续	14952	99.18	15620	99.36
合计	15076	100	15721	100

（二）受雇或退休前工作单位类型

从 2011 年 3042 个样本和 2013 年 3130 个样本来看，受访者受雇或退休前的工作单位类型分布中，个体户就业者占总人数的 39.81%

---

① 退休是指从机关、事业单位、企业的退休，不包括获得农保的退休。它包括正式退休、提前退休和内退三种情况。正式退休指的是男职工年满 60 周岁、女干部年满 55 周岁、女工人年满 50 周岁、连续工龄或工作年限满 10 年，需要离开工作岗位（除非返聘）。提前退休是指满足如下条件的退休：从事井下、高温、特别繁重体力劳动或者其他有害身体健康的工作，男年满 55 周岁、女年满 45 周岁、连续工龄满 10 年的；男年满 50 周岁、妇女年满 45 周岁、连续工龄满两年，由医院证明并经劳动鉴定委员会确定，完全丧失劳动能力的；因工致残，由医生证明，并经劳动鉴定委员会确定，完全丧失劳动能力。内退是指不满足提前退休条件的，企业让职工停止工作的情况。内退，由企业发给基本生活费，并继续为其缴纳社会保险费，达到退休年龄时正式办理退休手续。

② 退职是指职工因病残完全丧失劳动能力，但在年龄、工龄或个人缴费年限方面又不具备退休条件的，经医院证明并经劳动鉴定委员会确认、组织批准后退出生产或工作岗位，并按国家有关规定给予一定的物质帮助和补偿，进行休养。

（2011 年）和 39.20%（2013 年），企业就业者在两次调查中分别占28.80% 和 28.08%；其次为事业单位就业，分别占 12.59% 和11.21%；最后为政府部门就业，分别为 5.88% 和 8.5%，具体情况如表 6 – 10 所示。

表 6 – 10   **CHARLS 两次全国调查的受雇或退休前工作单位类型分布**

工作单位类型	2011 年		2013 年	
	频数	占比（%）	频数	占比（%）
政府部门	179	5.88	266	8.50
事业单位	383	12.59	351	11.21
非营利机构（如社团、协会、学会等）	25	0.82	26	0.83
企业	876	28.80	879	28.08
个体户	1211	39.81	1227	39.20
农户	126	4.14	143	4.57
居民户	100	3.29	99	3.16
其他	142	4.67	139	4.44
合计	3042	100	3130	100

（三）各类养老保险参保情况

2011 年和 2013 年 CHARLS 调查中涉及的养老保险除前文提到的基本养老保险种类（政府和事业单位、企业职工、城乡居民、城镇居民、新农保）以外，还包括企业年金、商业养老保险、农村养老保险、高龄老人养老补助补贴等。表 6 – 11 为 2011 年和 2013 年各类养老保险的参保人数统计情况。图 6 – 1 为五类基本养老保险参保情况比较。政府和事业单位的养老保险参保人数从 2011 年的 465 人上升到 2013 年的 1025 人；企业基本养老保险统计的参保人数 2013 年达到 2018 人；城乡居民基本养老保险和城镇居民基本养老保险在 2011年统计的参保人数为 66 人和 85 人，2013 年分别为 356 人和 389 人；新农保 2011 年调查的参保人数为 3763 人，2013 年高达 9226 人。

表6-11　　　　CHARLS两次全国调查的各类养老保险参保人数　　　单位：人

养老保险种类	2011 年	2013 年
政府和事业单位的养老保险	465	1025
企业基本养老保险	340	2018
企业补充养老保险	36	36
商业养老保险	107	531
农村养老保险	877	582
城乡居民基本养老保险	66	356
城镇居民基本养老保险	85	389
新型农村社会养老保险	3763	9226
征地/失地养老保险	—	201
高龄老人养老补贴	—	876
其他保险	36	327
没有参加任何养老保险	—	3654

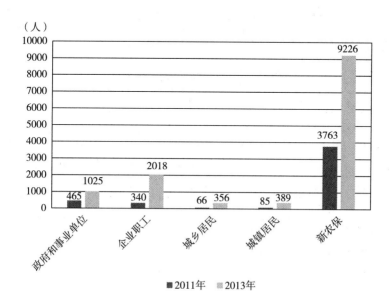

图6-1　2011年和2013年基本养老保险参保情况比较

（四）养老保险待遇水平

各类养老保险待遇给付水平如表 6 - 12 和表 6 - 13 所示。2011 年，从政府机关、事业单位和企业领取的年度退休金水平平均为 19941. 34 元，城乡居民养老保险养老金水平平均为 4906. 36 元，新农保年度平均水平为 1018. 79 元。2013 年，政府机关、事业单位的退休金水平分别为 30825. 78 元、31777. 07 元，企业职工领取的年度基本养老金水平为 21299. 04 元，城乡居民社会养老保险、城镇居民社会养老保险的待遇水平分别为 3767. 76 元和 11118. 27 元，新农保待遇水平平均为 1015. 39 元。

表 6 - 12　　　　　　2011 年各项养老金年度待遇水平

养老金类型	均值	标准差	最小值	最大值	观测值
退休金	19941. 34	11308. 97	0	96000	1919
企业年金	13580. 63	7703. 47	0	38400	112
商业保险	11200. 59	8772. 71	0	36000	34
老农保/城乡居民/城镇居民	4906. 36	7925. 68	0	60000	1141
高龄津贴	1047	1246. 01	0	10800	236
新农保	1018. 79	1180. 25	0	13200	1118

表 6 - 13　　　　　　2013 年各项养老金年度待遇水平

养老金类型	均值	标准差	最小值	最大值	观测值
政府机关退休金	30825. 78	18175. 24	0	85896	217
事业单位退休金	31777. 07	29917. 31	0	600000	472
企业职工基本养老金	21299. 04	8788. 08	0	72000	1477
企业年金	9020. 71	9797. 42	0	32400	31
商业养老保险	8417. 71	7456. 29	480	37200	42
老农保	1606. 83	3097. 26	0	27600	400
城乡居民	3767. 76	5429. 40	480	30000	152
城镇居民	11118. 27	8832. 13	0	39240	199
新农保	1015. 39	1553. 62	0	37200	4151
失地农民养老金	7245. 27	9391. 95	0	108000	195
老龄津贴	1051. 70	2140. 76	0	39600	1056

（五）人们对未来养老收入来源方式的选择

2011 年和 2013 年两次调查在对未来养老收入来源方式的选择方面，60% 以上的受访者选择子女养老为主要依靠方式，其次为养老金或退休金（2011 年为 21.57%，2013 年为 29.17%），储蓄（约占4%）与商业养老保险（0.4%—0.5%）为可能考虑的其他养老收入来源方式，具体情况如图 6-2 和图 6-3 所示。

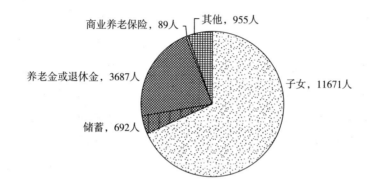

图 6-2　2011 年受访者的未来养老收入来源调查

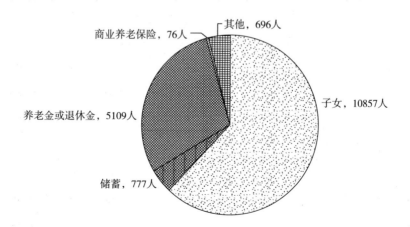

图 6-3　2013 年受访者的未来养老收入来源调查

三　家户收入

CHARLS 调查的家户收入主要包括：①家户工资收入和个人获得

的转移收入；②其他家户成员的工资收入和个人获得的转移收入；③家户农业收入；④个体经营或开办私营企业收入；⑤家户政府转移支付收入。

家户收入主要由五部分组成：第一，主要受访者及其配偶的工资收入和个人获得的转移收入，包括养老金、失业补助、无保障老人生活补贴、工伤保险金等；第二，其他家户成员的工资收入和个人获得的转移支付；第三，家户农业收入，包括农林产品净收入、牲畜和水产品净收入；第四，个体经营或开办私营企业净收入；第五，家户政府转移支付收入，即具有福利支出性质的家户从政府获得的各种转移支付收入，包括低保、"五保"、农业补助、征地补偿等。2011 年，以家户为单位的总收入均值达到 28481.81 元，剔除养老金收入的总收入均值为 26130.29 元（见表 6 – 14）。2013 年调查的家户总收入均值为 30763.93 元，不包括养老金的总收入均值为 27835.8 元（见表 6 – 15）。

表 6 – 14　　　　　　2011 年度家户收入描述性统计　　　　　　单位：元

收入类型	均值	标准差	最小值	最大值
1. 主要受访者及其配偶的工资收入和个人获得的转移收入				
主要受访者及其配偶的工资收入	18220.71	18772.22	0	360000
退休金或养老金	11384.67	12649.43	0	172800
失业补助	5019.35	3845.54	0	11280
无保障老人生活补贴	1263.10	1262.46	40	9420
工伤保险金	2948	3692.20	0	12000
独生子女老年补助	919.93	1106.55	0	8640
医疗救助	2595.13	3341.75	50	15000
政府给个人的其他补助	1496.54	2138.96	0	24000
社会捐助	5884.62	19269.05	0	70000
其他收入（离婚后的赡养费、子女抚养费等）	4246.34	6479.71	55	48000

续表

收入类型	均值	标准差	最小值	最大值
2. 其他家户成员的工资收入和个人获得的转移支付	27907.51	27153.28	24	441600
3. 家户农业收入	8427.69	39187.91	-1395680	908000
4. 个体经营或开办私营企业收入	25245.25	41286.26	-30000	600000
5. 家户政府转移支付收入	1657.41	11844.33	1	600000
家户总收入	28481.81	45908.92	-1364380	1300000
家户总收入（不包括养老金）	26130.29	46066.62	-1364380	1300000

表 6-15 　　　　2013 年度家户收入描述性统计　　　　单位：元

收入类型	均值	标准差	最小值	最大值
1. 主要受访者及其配偶的工资收入和个人获得的转移收入				
主要受访者及其配偶的工资收入	19990.83	19081.8	0	300000
退休金或养老金	8672.96	12998.51	0	276000
失业补助	3332.4	4543.51	300	12000
无保障老人生活补贴	1325.55	1829.29	0	12000
工伤保险金	2292.86	2644.12	0	10000
独生子女老年补助	955.23	1041.38	0	10600
医疗救助	1625.11	2591.73	0	12000
政府给个人的其他补助	1788.46	3043.21	0	40000
社会捐助	2653.08	5017.08	2	16800
其他收入（离婚后的赡养费、子女抚养费等）	7069.63	19740.07	0	200000
2. 其他家户成员的工资收入和个人获得的转移支付	30654.28	35879.12	2	1000000
3. 家户农业收入	10962.41	47231.05	-670000	1100000
4. 个体经营或开办私营企业收入	28898.37	125402.3	-3000000	500000
5. 家户政府转移支付收入	2474.86	24878.68	1	1600000
家户总收入	30763.93	61365.1	-2985090	1706800
家户总收入（不包括养老金）	27835.8	62708.41	-2985090	1600000

四 家户生活支出

CHARLS 问卷涉及的家户生活支出主要包括三个方面：最近一周的食品支出、最近一个月的生活消费支出和最近一年的消费支出。经加总统计，形成年度总的家户生活消费支出。如表 6-16 所示，2011年调查的家户生活支出平均为 23712.74 元，标准差为 82179.49，最大值高达 752 万元。如表 6-17 所示，2013 年调查的家户生活支出平均为 25313.44 元，标准差为 44106.7，最大值为 11 万元。

表6-16　　　　　2011 年度家户生活支出描述性统计　　　　单位：元

消费类型	均值	标准差	最小值	最大值
1. 最近一周的食品支出				
食品购买，消费自家生产的农产品	180.10	1444.03	0	140000
外出就餐	12.18	105.01	0	7000
购买香烟、酒水等	34.01	133.57	0	9000
2. 最近一个月的生活消费支出				
邮电、通信支出（包括电话、手机、上网、邮寄等）	81.59	121.75	0	3030
水费、电费	75.29	129.36	0	7000
燃料费（包括煤炭、煤制品、柴草、木炭、液化气等）	47.17	111.05	0	4582
保姆、小时工、佣人等支出	5.93	106.08	0	5000
当地交通费	41.77	151.78	0	4500
日用品	33.52	59.16	0	2000
文化娱乐支出	4.35	32.12	0	2000
3. 最近一年的消费支出				
衣着消费	1116.84	2373.17	0	100000
家庭旅游支出	308.50	3136.56	0	150000
家庭的取暖费支出（指集中供暖）	254.55	792.60	0	25000
家具和耐用品消费支出（包括电冰箱、洗衣机、电视和钢琴等高档乐器）	543.43	3359.66	0	230000
教育和培训支出（包括学杂费和培训费等）	86.60	870.20	0	50000

续表

消费类型	均值	标准差	最小值	最大值
3. 最近一年的消费支出				
医疗支出（包括直接或间接）	64.14	411.96	0	20000
保健费用	361.32	1312.38	0	50000
美容支出	113.63	2773.83	0	200000
各种交通通信工具的购买、维修及配件费用	1646.1	5493.12	0	200000
上交给政府相关部门的税费和杂费（不包括所得税）	3218.47	9108.33	0	200000
购买汽车	1231.58	16225.33	0	800000
电器（包括电脑和配件等）	168.22	1224.67	0	60000
物业费（包括车位费）	37.53	268.24	0	15000
社会捐助支出（包括现金、食品、衣服等）	24.37	235.29	0	15000
家户总消费支出	23712.74	82179.49	10	7520148

表 6 - 17　　　　**2013 年度家户生活支出描述性统计**　　　单位：元

消费类型	均值	标准差	最小值	最大值
1. 最近一周的食品支出				
食品购买	200.10	280.09	0	10000
消费自家生产的农产品	116.51	497.44	0	20000
外出就餐	23.38	161.44	0	10000
购买香烟、酒水等	41.96	145.07	0	10000
2. 最近一个月的生活消费支出				
邮电、通信支出（包括电话、手机、上网、邮寄等）	99.59	151.88	0	4000
水费、电费	104.44	173.68	0	9300
燃料费（包括煤炭、煤制品、柴草、木炭、液化气等）	55.54	170.67	0	6800
保姆、小时工、佣人等支出	17.32	472.63	0	40000
当地交通费	58.96	230.39	0	12000
日用品	73.39	636.11	0	50000
文化娱乐支出	6.02	43.71	0	2000

续表

消费类型	均值	标准差	最小值	最大值
3. 最近一年的消费支出				
衣着消费	1214.6	2446.97	0	99000
家庭旅游支出	388.67	2955.1	0	150000
家庭的取暖费支出（指集中供暖）	277.86	855.2	0	30000
家具和耐用品消费支出（包括电冰箱、洗衣机、电视和钢琴等高档乐器）	963.4	5266.73	0	300000
教育和培训支出（包括学杂费和培训费等）	1905.12	7706.43	0	350000
医疗支出（包括直接或间接）	4412.97	13090.89	0	400000
保健费用	156.85	2368.22	0	200000
美容支出	75.65	465.69	0	15000
购买汽车	2168.31	20785.28	0	900000
各种交通通信工具的购买、维修及配件费用	695.5	3731.79	0	300000
物业费（包括车位费）	65.97	701.57	0	60000
上交给政府相关部门的税费和杂费（不包括所得税）	155.81	4803.02	0	400000
社会捐助支出（包括现金、食品、衣服等）	32.83	334.98	0	25000
家户总消费支出	25313.44	44106.7	18	1100480

五 家户总资产

CHARLS 问卷调查的家户总资产包括：①现有住宅；②其他房产；③土地；④家用设备、耐用消费品和其他贵重物品；⑤个人资产，包括各种金融资产及债务。如表 6-18 所示。

表 6-18 家户资产内容说明

资产种类	内容说明
房产	房屋当前市场价格减去尚未还清贷款
土地	出租房屋或土地
固定资产	拖拉机、脱粒机、机引农具、抽水机、加工机械
金融资产	现金、银行存款、政府债券、股票、基金、住房公积金、集资款、标会
债务	尚未还清的贷款或借款、信用卡所欠金额

2011 年，家户总资产均值为 138549 元，标准差为 382676.30，最小值为 - 1198600 元，最大值为 1500 万元（见表 6 - 19）。2013 年，家户总资产均值达 150676.10 元，标准差为 647307 元，最小值为 - 7096900元，最大值为 4600 万元（见表 6 - 20）。

表 6 - 19　　　　　2011 年度家户总资产描述性统计　　　　　单位：元

资产类型	均值	标准差	最小值	最大值
现有住房	135490.40	318546.70	- 345000	15000000
其他房产	132164.40	296025.60	- 300000	3200000
土地	441.29	10263.32	- 70000	300050
家用设备、耐用消费品和其他贵重物品	8564.62	128206.70	- 584300	9901300
其他家户成员财产	6330.16	59014.88	- 500000	850000
受访者及其配偶个人总资产（包括金融资产和债务）	6180.76	72391.60	- 1000000	4081000
家户总资产	138549	382676.30	- 1198600	15000000

表 6 - 20　　　　　2013 年度家户总资产描述性统计　　　　　单位：元

资产类型	均值	标准差	最小值	最大值
现有住房	177467.10	335425.80	- 7000000	6000000
其他房产	215346	343361.60	- 400000	2820000
土地	- 347.72	11070.73	- 185500	150000
家用设备、耐用消费品和其他贵重物品	23925.57	529283.10	- 1119280	46000000
其他家户成员财产	7433.09	106374.80	- 2000000	1000000
受访者及其配偶个人总资产（包括金融资产和债务）	2423.74	147947.80	- 4999250	4030000
家户总资产	150676.10	647307	- 7096900	46000000

　　注：由于家户收入、支出、资产每个层面涉及复杂的调查内容，缺失值较多，在无法对每个缺失值进行有效插补的情况下，忽略缺失值又会使样本量大大减少，故而将缺失值按 0 处理。

六　相关变量指标及其说明

　　根据前文介绍的相关描述性统计，现将模型相关的核心变量、符号及数据说明归纳如表 6 - 21 所示。为减少异常值对模型有效性的影

表6-21　　　模型相关变量、符号及说明

	变量	单位	符号	说明
消费	家户人均消费支出	元（年度）	personalhhcons	从"收入、支出与资产"模块计算得出
收入	家户人均收入	元（年度）	personalhhinc	从"收入、支出与资产"模块计算得出
	家户人均收入（剔除养老金收入）	元（年度）	personalhhincnp	从"收入、支出与资产"模块计算得出
资产	家户人均资产	元（年度）	personalhhasset	从"收入、支出与资产"模块计算得出
基本养老保险	城镇就业关联的基本保险参保情况	虚拟变量	enrollemploy	参加政府、事业单位养老保险及企业基本养老保险：1 没有参保：0
	城乡居民社会养老保险参保情况	虚拟变量	enrollresidents	参加城乡居民社会养老保险、城镇居民社会养老保险及新型农村居民社会养老保险：1 没有参保：0
	基本养老保险待遇水平	元（年度）	pensionbenefit	领取养老金的人所领取的各养老金待遇水平
人口学变量	年龄	岁	age	
	性别	虚拟变量	female	女性：1 男性：0
	婚姻状况	虚拟变量	married	已婚：1 未婚（包括离异等）：0

续表

	变量	单位	符号	说明
人口学变量	教育状况	教育年限	schooling	
	家庭规模	家户总人数	hhscale	根据"人口背景"及"家庭"模块计算
其他控制变量	户籍	虚拟变量	Hukou	1. 农业户口 2. 非农户口 3. 统一居民户口 4. 没有户口
	记录地区类型	虚拟变量	Urban	0. 农村 1. 城镇社区
	省份	虚拟变量	province	28 个省

响，实证分析中将删除家户人均生活支出、家户人均收入、家户人均资产变量位于1%和99%以外的极端值。反映基本养老保险的变量主要有：①基本养老保险参保类型变量，基于制度特点、样本量的分布特征和制度的未来发展趋势，本书将其分为三类：一是政府机关、事业单位退休金制度以及企业基本养老保险制度；二是包括城乡居民社会养老保险、城镇居民社会养老保险和新型农村社会养老保险在内的城乡居民社会养老保险；三是没有参与基本养老保险。②基本养老保险待遇水平和按待遇水平高低进行分组的变量。消费、收入、资产及基本养老保险待遇水平均按当年名义价格核算。

第二节　横截面数据回归分析

根据核心自变量"基本养老保险"，本章分别建立基本养老保险参保类型对城乡居民消费支出的影响，以及基本养老保险待遇水平对城乡居民消费支出的影响两个主要模型，以考察2011年CHARLS与2013年CHARLS调查的异同。

一　基本养老保险参保类型对居民消费的影响

依据前文的绝对收入假说、持久收入假说、预防性储蓄等理论分析与已有的经验分析，现建立参保类型与居民消费支出关系的模型（包括各主要变量及交互项）如下：

$$personal\_hhcons = \beta_0 + \beta_1 personal\_hhinc + \beta_2 personal\_hhadsset +$$
$$\beta_3 enroll\_pensions + \beta_4 demography + \beta_5 other +$$
$$\beta_6 enroll\_pensions \times \varphi + \beta_7 demography \times \omega + \varepsilon \ (6.1)$$

其中，$personal\_hhcons$ 表示家户人均生活支出，$personal\_hhinc$ 表示家户人均收入，$personal\_hhasset$ 表示家户人均资产，$enroll\_pensions$ 表示养老保险参保种类，$demography$ 表示人口学变量，$other$ 代表其他控制变量，$enroll\_pensions \times \varphi$ 表示参保种类与其他变量之交互项，$demography \times \omega$ 表示人口学变量与其他变量之交互项。

由于横截面数据较容易出现异方差问题，尤其对于收入、支出、资产类型的数据，进而违背最小二乘（OLS）回归关于随机干扰项同方差的经典假设。为减小异方差对模型估计的影响，本书采用修正性措施，使用异方差稳健性标准误（heteroscedasticity – robust standard errors）进行稳健性估计，在 Stata 中通过 vce（robust）命令，对横截面数据进行回归。2011 年和 2013 年 OLS 稳健性估计的回归结果如表 6 – 22 所示。根据稳健性标准误对回归系数的 t 检验，可以发现：

表 6 – 22　　　2011 年和 2013 年基本养老保险参保类型与
家户消费水平回归结果

personal_ hhcons	2011 年		2013 年	
	模型（1） personal_ hhcons	模型（2） log_ personal_ hhcons	模型（3） personal_ hhcons	模型（4） log_ personal_ hhcons
personal_ hhinc	0. 139 ***	0. 000 ***	0. 100 ***	0. 000 ***
	(18. 665)	(22. 723)	(10. 454)	(10. 625)
personal_ hhasset	0. 016 ***	0. 000 ***	0. 016 ***	0. 000 ***
	(16. 184)	(20. 956)	(12. 173)	(15. 342)
enroll_ employ	663. 990 *	0. 041	178. 870	0. 101 **
	(2. 550)	(1. 435)	(0. 747)	(2. 782)
enroll_ residents	46. 536	0. 018	481. 552 **	0. 125 ***
	(0. 497)	(1. 157)	(3. 260)	(5. 046)
female	171. 376 *	0. 019	– 207. 402	– 0. 027
	(2. 088)	(1. 554)	(– 1. 514)	(– 1. 282)
married	24. 022	0. 060 **	818. 281 ***	0. 173 ***
	(0. 187)	(2. 985)	(4. 645)	(5. 379)
age	– 33. 964 ***	– 0. 009 ***	– 81. 068 ***	– 0. 015 ***
	(– 8. 092)	(– 12. 931)	(– 11. 882)	(– 12. 931)
schooling	99. 961 ***	0. 015 ***	71. 616 ***	0. 017 ***
	(8. 479)	(8. 561)	(3. 741)	(5. 977)
hhscale	– 476. 862 ***	– 0. 087 ***	– 506. 795 ***	– 0. 089 ***
	(– 22. 700)	(– 24. 908)	(– 14. 228)	(– 14. 618)

续表

personal_hhcons	2011 年		2013 年	
	模型（1） personal_hhcons	模型（2） log_personal_hhcons	模型（3） personal_hhcons	模型（4） log_personal_hhcons
urban	1722. 024 ***	0. 241 ***	− 1105. 071 ***	− 0. 121 ***
	(11. 152)	(11. 768)	(− 7. 001)	(− 4. 705)
2. Hukou	666. 332 ***	0. 112 ***	− 423. 586	− 0. 041
	(4. 156)	(5. 117)	(− 1. 942)	(− 1. 150)
3. Hukou	487. 250	0. 114	− 639. 167	− 0. 124
	(0. 746)	(1. 456)	(− 1. 151)	(− 1. 295)
4. Hukou	2817. 660	0. 113	2403. 324	0. 062
	(0. 857)	(0. 431)	(0. 395)	(0. 091)
Tianjin	220. 282	0. 122	− 1504. 824	− 0. 328
	(0. 242)	(1. 302)	(− 0. 975)	(− 1. 811)
Hebei	− 2004. 241 *	− 0. 329 ***	− 1757. 956	− 0. 328 *
	(− 2. 546)	(− 4. 135)	(− 1. 269)	(− 2. 355)
Shanxi	− 2545. 041 **	− 0. 365 ***	− 2400. 171	− 0. 548 ***
	(− 3. 234)	(− 4. 527)	(− 1. 724)	(− 3. 721)
Neimenggu	− 1011. 679	− 0. 094	1135. 495	0. 001
	(− 1. 282)	(− 1. 223)	(0. 812)	(0. 005)
Liaoning	− 1588. 145 *	− 0. 214 **	− 1248. 710	− 0. 276
	(− 1. 993)	(− 2. 672)	(− 0. 895)	(− 1. 957)
Jilin	− 2431. 877 **	− 0. 317 ***	− 515. 027	− 0. 279
	(− 3. 044)	(− 3. 892)	(− 0. 358)	(− 1. 877)
Heilongjiang	− 1719. 476 *	− 0. 206 *	− 1495. 165	− 0. 295 *
	(− 2. 051)	(− 2. 474)	(− 1. 075)	(− 2. 027)
Shanghai	1219. 422	0. 046	− 924. 506	− 0. 136
	(0. 680)	(0. 294)	(− 0. 542)	(− 0. 690)
Jiangsu	− 2057. 388 **	− 0. 222 **	− 1195. 408	− 0. 340 *
	(− 2. 632)	(− 2. 853)	(− 0. 860)	(− 2. 403)
Zhejiang	− 1452. 310	− 0. 190 *	− 1364. 479	− 0. 307 *
	(− 1. 823)	(− 2. 377)	(− 0. 981)	(− 2. 161)

续表

personal_ hhcons	2011 年		2013 年	
	模型（1） personal_ hhcons	模型（2） log_ personal_ hhcons	模型（3） personal_ hhcons	模型（4） log_ personal_ hhcons
Anhui	- 1841. 440 * （ - 2. 361）	- 0. 229 ** （ - 2. 917）	- 820. 517 （ - 0. 591）	- 0. 374 ** （ - 2. 593）
Fujian	- 37. 778 （ - 0. 047）	0. 106 （1. 314）	- 1392. 503 （ - 0. 984）	- 0. 412 ** （ - 2. 757）
Jiangxi	- 1968. 513 * （ - 2. 514）	- 0. 218 ** （ - 2. 799）	- 1245. 271 （ - 0. 908）	- 0. 311 * （ - 2. 240）
Shandong	- 2849. 087 *** （ - 3. 680）	- 0. 479 *** （ - 6. 261）	- 2209. 401 （ - 1. 608）	- 0. 591 *** （ - 4. 273）
Henan	- 2738. 531 *** （ - 3. 540）	- 0. 410 *** （ - 5. 360）	- 1308. 758 （ - 0. 956）	- 0. 262 （ - 1. 913）
Hubei	- 2137. 012 ** （ - 2. 694）	- 0. 270 *** （ - 3. 374）	- 1308. 640 （ - 0. 941）	- 0. 251 （ - 1. 757）
Hunan	- 1923. 455 * （ - 2. 474）	- 0. 197 * （ - 2. 547）	- 511. 052 （ - 0. 369）	- 0. 154 （ - 1. 108）
Guangdong	- 1408. 155 （ - 1. 805）	- 0. 105 （ - 1. 361）	- 1427. 775 （ - 1. 037）	- 0. 433 ** （ - 3. 057）
Guangxi	- 2758. 165 *** （ - 3. 529）	- 0. 364 *** （ - 4. 574）	- 1370. 568 （ - 0. 993）	- 0. 348 * （ - 2. 447）
Chongqing	- 1075. 797 （ - 1. 252）	- 0. 152 （ - 1. 643）	- 915. 277 （ - 0. 633）	- 0. 255 （ - 1. 622）
Sichuan	- 1453. 140 （ - 1. 876）	- 0. 132 （ - 1. 724）	321. 219 （0. 233）	- 0. 074 （ - 0. 536）
Guizhou	- 1842. 415 * （ - 2. 215）	- 0. 361 *** （ - 3. 724）	- 1743. 475 （ - 1. 225）	- 0. 394 * （ - 2. 407）
Yunnan	- 1776. 059 * （ - 2. 282）	- 0. 255 ** （ - 3. 273）	- 374. 605 （ - 0. 271）	- 0. 204 （ - 1. 455）
Shaanxi	- 1483. 794 （ - 1. 846）	- 0. 231 ** （ - 2. 881）	- 1226. 899 （ - 0. 874）	- 0. 367 * （ - 2. 523）

续表

personal_ hhcons	2011 年		2013 年	
	模型（1） personal_ hhcons	模型（2） log_ personal_ hhcons	模型（3） personal_ hhcons	模型（4） log_ personal_ hhcons
Gansu	- 1950. 643 * (- 2. 489)	- 0. 230 ** (- 2. 829)	- 883. 942 (- 0. 629)	- 0. 349 * (- 2. 313)
Qinghai	- 1241. 069 (- 1. 465)	- 0. 122 (- 1. 298)	- 87. 577 (- 0. 057)	- 0. 109 (- 0. 668)
Xinjiang	- 1901. 850 * (- 2. 111)	- 0. 159 (- 1. 716)	802. 332 (0. 487)	- 0. 018 (- 0. 103)
常数项	9263. 063 *** (10. 725)	9. 069 *** (96. 064)	12114. 085 *** (8. 038)	9. 464 *** (56. 392)
样本数	16289	16289	11191	10500
$\overline{R^2}$	0. 263	0. 265	0. 116	0. 128
F	92. 342	156. 402	31. 246	36. 749
p	0. 000	0. 000	0. 000	0. 000

注：括号里为 t 统计量。* 表示 $p < 0.10$，** 表示 $p < 0.05$，*** 表示 $p < 0.01$。

第一，家户人均收入、家户人均资产变量是影响家户人均消费支出的主要因素。2011 年，在其他因素一定的条件下，家户人均收入每提高 1 元，人均消费支出则平均提高 0. 139 元，人均消费支出的增长率在 1% 的显著性水平下显著；家户人均资产每提高 1 元，人均消费支出则平均显著提高 0. 016 元，同时人均消费支出的增长率水平显著上升。2013 年，在其他因素一定的条件下，家户人均收入及资产每增长 1 元，也会带来家户消费支出绝对水平（分别为 0. 100 元和 0. 016 元）与相对水平的显著增长。这也验证了绝对收入假说和持久收入理论。

第二，就基本养老保险参保变量来看，2011 年，在其他变量保持不变的情况下，与参加其他类型基本养老保险的人相比，参加政府机关、事业单位及企业基本养老保险的人平均倾向于多消费 663. 99 元（在 10% 的显著性水平下显著）。2013 年，参加城乡居民基本养老保险、城镇居民基本养老保险及新农保的人比没有参加任何基本养老保险的人群在家户人均生活支出方面要平均明显多消费 481.552 元，或多支出 12.5% 的相对水平；参加政府机关、事业单位、企业基本养老保险的人要比没有参加任何基本养老保险的人平均多消费约 10.1%。究其原因，2009 年新型农村基本养老保险制度建立，2011 年城镇居民基本养老保险制度建立，覆盖城乡居民的基本养老保险制度从建立到发展到定型，覆盖面逐渐扩大，对居民消费行为的影响逐渐显现。不同类型基本养老保险参保情况下的居民家户人均消费支出平均水平如图 6-4 所示。

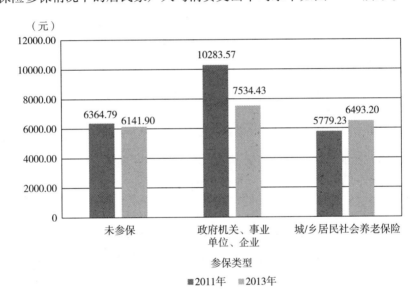

图 6-4　不同参保类型下家户消费支出平均水平比较

　　第三，人口学变量也对家户消费支出产生显著影响。性别因素在 2011 年的模型中产生显著影响，其他因素恒定，女性比男性多消费 171.376 元。在其他变量一定时，2013 年，已婚者要比未婚者多消费 17.3%。在 2011 年和 2013 年的模型中，随着年龄的增长，家户人均消费有所减少：年龄每增长 1 岁，家户消费相应减少 0.9% 和 1.5%。这与家户预防性储蓄动机不无关系，随着老龄化社会的到来，未来的不可确定风险也随之增大，减少当前消费或增加储蓄成为应对未来老龄各项支出风险的一种手段。随着教育年限的增加，家户倾向于多消费 1.5%（2011 年）和 1.7%（2013 年）的相对水平。这可以由人们生活水平的丰富程度随教育水平的提高而扩展，进而消费支出的外延（如文娱活动、旅游等）也不断扩大来解释。随着家户规模的扩大，家户消费支出相对减少：在其他变量一定时，每增加一名家户成员，家户人均消费支出将平均减少约 476 元（2011 年）与 507 元（2013 年）。这与家庭生活的规模效应息息相关。

第四，其他控制变量。调查记录地区对家户消费支出在两次调查中产生截然不同的影响。2011 年，在其他条件相同时，城镇社区的家户平均比农村地区的家户多消费 24.1%（1722 元）；2013 年，城镇社区的家户平均比农村地区的家户少消费 12.1%（1105 元）。户籍因素仅在 2011 年的模型中通过显著性检验：与农业户口持有者相比，非农户口持有者平均多消费 11.2%（约 666 元）。2011 年家户人均消费支出的省际差异较为明显：与北京相比，山西、辽宁、安徽、江西、山东、河南、湖北、广西、云南等省份的家户生活支出将显著减少 1000—2000 元的水平。2013 年的各省份家户消费省际差异也存在，但不如 2011 年明显。另外，变量的交互作用在模型中均不明显，故未纳入模型之中。

二 基本养老保险待遇水平对居民消费的影响

根据绝对收入假说、持久收入假说、预防性储蓄、生命周期等理论，现建立基本养老保险待遇水平与居民消费支出关系模型（包括主要变量及其平方项、交互项）如下：

$$
\begin{aligned}
personal\_hhcons = {} & \beta_0 + \beta_1 personal\_hhinc\_np + \beta_2 personal\_hhasset + \\
& \beta_3 pension\_benefit + \beta_4 pension\_benefit^2 + \\
& \beta_5 demography + \beta_6 other + \beta_7 pension\_benefit \times \varphi + \varepsilon
\end{aligned}
$$

$$\text{(6.2)}$$

其中，$personal\_hhcons$ 表示家户人均消费支出，$personal\_hhinc\_np$ 表示剔除了公共养老金收入的家户人均收入[①]，$personal\_hhasset$ 表示

---

① 为避免模型中家户收入与基本养老保险待遇水平的多重共线性影响，这里采用剔除了公共养老金收入的家户收入变量。

家户人均资产，*pension_benefit* 表示基本养老保险年度待遇水平，*demography* 表示人口学变量，*other* 代表其他控制变量，*enroll_pensions* × φ 表示参保种类与其他变量之交互项。

（一）2011 年回归结果

以 2011 年领取城乡基本养老保险养老金的群体为样本，纳入养老金待遇一次项、平方项及其他交互项，采取异方差稳健性标准误，依次构造模型对样本进行 OLS 估计。考虑到我国城乡基本养老保险制度的差异，城乡居民在收入、生活消费等方面的不同，本书将分别考察城乡基本养老保险制度对城乡居民生活支出的影响，并在此基础上总体考察公共养老金待遇水平对城乡居民生活支出的一般性影响，回归结果如表 6 – 23 和表 6 – 24 所示。

表 6 – 23 2011 年城乡基本养老保险待遇水平与家户消费水平回归结果

personal_hhcons	政府机关、事业单位、企业职工基本养老保险			新型农村社会养老保险	
	模型（5）养老金待遇平方项	模型（6）性别交互项	模型（7）婚姻状态交互项	模型（8）养老金待遇一次项	模型（9）养老金待遇平方项
personal_hhinc_np	0.047	0.047	0.047	0.034	0.033
	(1.526)	(1.507)	(1.514)	(1.363)	(1.338)
personal_hhasset	0.011 ***	0.010 ***	0.011 ***	0.027 ***	0.026 ***
	(5.352)	(5.308)	(5.360)	(5.261)	(5.212)
urban_pb	0.185 ***	0.157 ***	0.216 ***		
	(4.546)	(3.650)	(3.133)		
urban_pb^2	− 0.000 **	− 0.000 *	− 0.000 **		
	(− 2.315)	(− 1.876)	(− 2.216)		
newrural_pb				0.229 *	− 0.106
				(1.785)	(− 0.419)
newrural_pb^2					0.000
					(1.512)

续表

personal_ hhcons	政府机关、事业单位、企业职工基本养老保险			新型农村社会养老保险	
	模型（5）养老金待遇平方项	模型（6）性别交互项	模型（7）婚姻状态交互项	模型（8）养老金待遇一次项	模型（9）养老金待遇平方项
1. female	272. 697	− 672. 463	262. 315	125. 223	131. 316
	(0. 714)	(− 0. 877)	(0. 685)	(0. 488)	(0. 512)
1. married	− 293. 120	− 291. 077	256. 901	− 580. 926 *	− 573. 333 *
	(− 0. 511)	(− 0. 508)	(0. 261)	(− 1. 706)	(− 1. 685)
age	− 77. 456 ***	− 79. 432 ***	− 77. 691 ***	− 70. 872 ***	− 72. 381 ***
	(− 3. 629)	(− 3. 691)	(− 3. 637)	(− 3. 689)	(− 3. 753)
schooling	48. 041	42. 939	47. 562	32. 253	34. 900
	(1. 109)	(0. 984)	(1. 098)	(0. 764)	(0. 825)
hhscale	− 1149. 649 ***	− 1150. 447 ***	− 1150. 563 ***	− 164. 711 ***	− 168. 072 ***
	(− 11. 634)	(− 11. 647)	(− 11. 612)	(− 2. 932)	(− 3. 003)
1. urban	2575. 587 ***	2599. 095 ***	2586. 738 ***	2433. 498 ***	2522. 105 ***
	(7. 070)	(7. 132)	(7. 088)	(3. 253)	(3. 381)
2. hukou	− 122. 444	− 63. 315	− 132. 271	2100. 122	2138. 060
	(− 0. 250)	(− 0. 130)	(− 0. 269)	(1. 392)	(1. 413)
3. hukou	− 1965. 322	− 1853. 034	− 1967. 233		
	(− 1. 462)	(− 1. 379)	(− 1. 465)		
4. hukou	− 6169. 576 ***	− 6181. 299 ***	− 6200. 106 ***		
	(− 9. 861)	(− 9. 889)	(− 9. 823)		
female × urban_ pb		0. 053			
		(1. 347)			
married × urban_ pb			− 0. 032		
			(− 0. 636)		
常数项	13035. 271 ***	13591. 341 ***	12558. 421 ***	9378. 723 ***	9731. 953 ***
	(6. 952)	(7. 014)	(6. 262)	(6. 090)	(6. 213)
样本数	1688	1688	1688	1066	1066
$\overline{R}^2$	0. 206	0. 207	0. 206	0. 147	0. 149
F				9. 493	8. 899
P				0. 000	0. 000

注：括号里为 t 统计量。* 表示 $p < 0.10$，** 表示 $p < 0.05$，*** 表示 $p < 0.01$。

表 6 - 24　　　2011 年城乡基本养老保险待遇水平与家户
消费水平回归结果（续）

personal_hhcons	新型农村社会养老保险			基本养老保险（汇总）	
	模型（10）性别交互项	模型（11）婚姻状态交互项	模型（12）公共养老金待遇二次项	模型（13）性别交互项	模型（14）婚姻状态交互项
personal_hhinc_np	0.035	0.034	0.045 **	0.044 **	0.045 **
	(1.370)	(1.347)	(2.171)	(2.124)	(2.172)
personal_hhasset	0.027 ***	0.026 ***	0.015 ***	0.014 ***	0.015 ***
	(5.266)	(5.185)	(8.465)	(8.445)	(8.471)
newrural_pb	0.273 *	-0.422 *			
	(1.652)	(-1.716)			
total_pb			0.136 ***	0.124 ***	0.158 ***
			(4.955)	(4.347)	(3.758)
total_pb^2			-0.000 *	-0.000	-0.000 *
			(-1.738)	(-1.432)	(-1.704)
1. female	202.124	122.032	208.613	-12.594	201.327
	(0.576)	(0.476)	(0.970)	(-0.054)	(0.934)
1. married	-580.074 *	-1182.436 ***	-355.688	-343.968	-184.739
	(-1.705)	(-2.605)	(-1.174)	(-1.134)	(-0.577)
age	-71.251 ***	-72.788 ***	-64.400 ***	-63.651 ***	-64.490 ***
	(-3.701)	(-3.810)	(-4.620)	(-4.564)	(-4.620)
schooling	32.231	30.395	63.221 **	57.624 *	63.390 **
	(0.763)	(0.721)	(2.039)	(1.860)	(2.045)
hhscale	-164.649 ***	-161.175 ***	-601.429 ***	-599.984 ***	-601.116 ***
	(-2.929)	(-2.876)	(-11.670)	(-11.655)	(-11.657)
1. urban	2425.387 ***	2503.104 ***	2620.998 ***	2586.650 ***	2618.202 ***
	(3.243)	(3.340)	(8.698)	(8.450)	(8.683)
2. hukou	2148.515	2351.862	28.970	44.648	7.296
	(1.411)	(1.552)	(0.075)	(0.116)	(0.019)
3. hukou			-2363.464 **	-2303.536 *	-2349.462 **
			(-1.996)	(-1.944)	(-1.985)

续表

personal_ hhcons	新型农村社会养老保险			基本养老保险（汇总）	
	模型（10） 性别 交互项	模型（11） 婚姻状态 交互项	模型（12） 公共养老金 待遇二次项	模型（13） 性别 交互项	模型（14） 婚姻状态 交互项
4. hukou			-5522.830 *** (-11.581)	-5465.540 *** (-11.293)	-5523.584 *** (-11.531)
female × newrural_ pb	-0.076 (-0.304)				
married × newrural_ pb		0.695 ** (2.546)			
female × total_ pb				0.025 (1.150)	
married × total_ pb					-0.024 (-0.766)
常数项	9357.232 *** (6.075)	10059.043 *** (6.420)	10699.732 *** (9.123)	10778.371 *** (9.179)	10569.023 *** (9.017)
样本数	1066	1066	3330	3330	3330
$\overline{R^2}$	0.148	0.150	0.295	0.295	0.295
F	8.789	8.757			
P	0.000	0.000			

注：括号里为 t 统计量。* 表示 $p < 0.10$，** 表示 $p < 0.05$，*** 表示 $p < 0.01$。

第一，城镇公共养老金制度与城镇居民家户人均消费的关系。以政府机关、事业单位及城镇企业职工基本养老保险养老金领取者的子样本来看，模型（5）、模型（6）、模型（7）呈现出城镇公共养老金待遇水平与城镇居民人均生活支出的倒"U"形关系。根据模型（5），在其他变量一定的条件下，随着城镇公共养老金待遇水平的提高，家户人均消费支出随之上升，但当养老金待遇给付达到62364.9元①时，家户人均消费支出随着养老金待遇给付水平的进一步提高而

———————

① 家户人均生活支出最大值 $x^* = -coef(urban\_pb)/2coef(urban\_pb^2) = 0.185/2 * (1.48e-06) = 62364.9$（元）。

逐渐减少。这验证了边际消费倾向递减的规律。纳入公共养老金待遇水平与性别、婚姻状态的交互项，发现养老金待遇水平对家户消费水平的影响在男性和女性、未婚者和已婚者之间并没有显著差异。尽管剔除了养老金收入的家户人均收入变量对家户消费支出的正向影响没有通过显著性检验，但家户人均资产每增加1元，家户人均生活支出平均增长约 0.011 元。年龄每增长 1 岁，家户人均消费水平减少 77.456 元。家庭规模的增加，家户消费在规模效应递减的影响下不断减少，见模型（5）至模型（7）。

　　第二，新型农村社会养老保险与农村居民家户人均消费的关系。从新农保养老金领取者的子样本来看，养老金待遇水平对农村居民消费水平的影响在不同模型中呈现不完全相同的关系。根据模型（8），在其他变量恒定的情况下，新农保年度待遇给付水平每增加 1 元，家户人均生活支出平均增加 0.229 元。而养老金待遇水平与家户消费水平并不呈现二次项的非线性关系［模型（9）养老金的二次项系数并不显著］。新农保待遇水平还未能达到使居民边际消费递减的转折点。如模型（10）所示，新农保待遇水平对家户消费支出的影响并不存在性别差异。当纳入婚姻状态交互项时，情况有所不同：对于未婚者（约占总样本量的 14.4%），在其他情况一定时，养老金水平每提高 1元，个人消费水平平均减少 0.422 元；对于已婚者（占总样本量的 85.6%），在其他情况一定时，养老金水平每提高 1 元，个人消费水平平均增加 0.273 元①，如模型（11）所示。农村居民的家户人均资产仍对家户人均消费产生正向影响，年龄与家户规模对家户人均消费产生负向影响，且均在 1% 的显著性水平下显著。

　　第三，公共养老金待遇给付与城乡居民家户人均消费的关系。将城镇公共养老金领取者、新农保养老金领取者和城乡居民基本养老保

---

　　① 对于未婚者而言，新农保养老金待遇水平前的系数为 -0.422；对于已婚者，新农保待遇水平的系数则为单一项系数（-0.422）与交互项的系数（0.695）之和，故为 0.695 - 0.422 = 0.273。

险、城镇居民基本养老保险①养老金领取者的子样本合并，考察基本
养老保险对城乡居民家户消费行为的一般性影响。模型（12）回归结
果表明，基本养老保险待遇给付与居民家户人均消费支出总体上呈倒
"U"形关系。在其他变量一定的条件下，随着公共养老金待遇水平
的提高，家户人均生活支出随之增长，但在达到临界值 78200② 元以
后，消费支出会随着养老金待遇水平的提高而递减。这说明边际消费
倾向递减规律适用于整个退休金领取者群体。性别、婚姻状态与养老
金待遇水平的交互项未能通过显著性检验。剔除了养老金收入的家户人
均收入水平对消费支出具有显著的正向效应。家户人均收入每提升 1
元，家户人均生活支出平均提升 0.045 元。同样，家户人均资产每增加
1 元，家户人均生活支出平均提高 0.015 元。这能够由绝对收入假说及
持久收入假说解释。在其他变量恒定时，年龄每增长 1 岁，家户人均消
费支出平均约减少 64 元；家庭规模每增加 1 人，消费支出平均约减少
601 元；教育水平每提高一年，消费支出约平均提高 63 元。

（二）2013 年回归结果

以 2013 年领取城乡基本养老保险养老金的群体为样本，纳入养
老金待遇一次项、平方项及其与其他变量的交互项，采取异方差稳健
性标准误，依次构造模型对样本进行 OLS 估计。与 2011 年分析的思
路相同，我们将分别考察城乡基本养老保险制度对城乡居民生活支出
的影响，并在此基础上总体考察公共养老金待遇水平对城乡居民生活
支出的一般性影响，回归结果如表 6-25 和表 6-26 所示。

第一，城镇公共养老金制度与城镇居民家户人均消费的关系。综合
机关事业单位退休金及企业职工基本养老保险待遇水平，分析其对城镇
家户人均消费支出的影响，发现公共养老金与家户人均消费呈倒 "U"
形关系：在其他变量保持不变时，家户人均消费支出随着养老金待遇

---

① 这里没有单独分析城乡居民基本养老保险、城镇居民基本养老保险养老金领取者的
情况，是因为：其一，制度建立初期，样本量十分有限；其二，城乡数据混合，无法剥离
出城乡居民。2013 年的横截面数据模型建构将不再说明。

② 根据模型（12），家户人均消费支出最大值 $x^* = -coef\,(total\_pb)\,/2coef\,(total\_pb^2) = 0.136/2^* \,(8.67e-07) = 78200$（元）。

表 6 – 25　　　　2013 年城乡基本养老保险待遇水平与家户

消费水平回归结果

personal_hhcons	政府机关、事业单位、企业职工基本养老保险			新型农村社会养老保险	
	模型（15） 养老金待遇 二次项	模型（16） 性别 交互项	模型（17） 婚姻状态 交互项	模型（18） 养老金待遇 一次项	模型（19） 养老金待遇 二次项
personal_hhinc_np	0.076 ** (2.085)	0.074 ** (2.021)	0.077 ** (2.109)	0.120 *** (4.461)	0.120 *** (4.455)
personal_hhasset	0.010 *** (4.340)	0.010 *** (4.325)	0.010 *** (4.286)	0.022 *** (4.547)	0.022 *** (4.544)
urban_pb	0.063 ** (2.542)	0.045 * (1.673)	0.012 (0.263)		
urban_pb2	– 0.000 ** (– 2.362)	– 0.000 (– 1.497)	– 0.000 *** (– 2.677)		
newrural_pb				0.111 (1.286)	0.125 (0.586)
newrural_pb2					– 0.000 (– 0.079)
1. female	– 404.183 (– 0.878)	– 1557.544 (– 1.472)	– 409.577 (– 0.890)	– 116.479 (– 0.411)	– 116.742 (– 0.412)
1. married	– 718.094 (– 1.207)	– 743.259 (– 1.252)	– 2148.721 * (– 1.664)	1019.756 *** (3.588)	1020.010 *** (3.588)
age	– 99.324 *** (– 3.533)	– 101.601 *** (– 3.576)	– 100.086 *** (– 3.570)	– 123.395 *** (– 6.759)	– 123.346 *** (– 6.757)
schooling	120.012 ** (2.080)	114.716 ** (1.976)	120.921 ** (2.096)	27.444 (0.647)	27.506 (0.647)
hhscale	– 724.818 *** (– 6.181)	– 731.098 *** (– 6.226)	– 724.378 *** (– 6.175)	– 511.113 *** (– 9.086)	– 511.109 *** (– 9.085)
1. urban	– 1791.171 *** (– 2.965)	– 1729.541 *** (– 2.853)	– 1821.568 *** (– 3.015)	– 1191.955 *** (– 4.085)	– 1193.959 *** (– 4.047)
2. hukou	101.366 (0.176)	143.384 (0.252)	109.667 (0.190)	183.615 (0.247)	185.165 (0.249)

续表

personal_hhcons	政府机关、事业单位、企业职工基本养老保险			新型农村社会养老保险	
	模型（15）养老金待遇二次项	模型（16）性别交互项	模型（17）婚姻状态交互项	模型（18）养老金待遇一次项	模型（19）养老金待遇二次项
3. hukou	−1263.544	−1089.796	−1293.180	−1844.534	−1857.247
	（−1.539）	（−1.335）	（−1.569）	（−0.881）	（−0.877）
female × urban_pb		0.049			
		（1.160）			
married × urban_pb			0.062		
			（1.348）		
常数项	14623.580***	15256.651***	15856.626***	14332.999***	14319.442***
	（6.186）	（6.200）	（6.292）	（9.789）	（9.729）
样本数	1330	1330	1330	2555	2555
$\overline{R^2}$	0.094	0.095	0.095	0.101	0.101
F	38.349	32.493	36.581	22.093	20.294
p	0.000	0.000	0.000	0.000	0.000

注：括号里为 t 统计量。* 表示 $p < 0.10$，** 表示 $p < 0.05$，*** 表示 $p < 0.01$。

表 6 – 26　　　　2013 年城乡基本养老保险待遇水平与家户
消费水平回归结果（续）

personal_hhcons	新型农村社会养老保险		基本养老保险（汇总）		
	模型（20）性别交互项	模型（21）婚姻状态交互项	模型（22）养老金待遇二次项	模型（23）性别交互项	模型（24）婚姻状态交互项
personal_hhinc_np	0.120***	0.120***	0.099***	0.099***	0.098***
	（4.466）	（4.461）	（4.510）	（4.513）	（4.490）
personal_hhasset	0.022***	0.022***	0.012***	0.012***	0.013***
	（4.560）	（4.549）	（6.122）	（6.121）	（6.163）
newrural_pb	0.034	0.107			
	（0.275）	（0.595）			

续表

personal_hhcons	新型农村社会养老保险		基本养老保险（汇总）		
	模型（20） 性别 交互项	模型（21） 婚姻状态 交互项	模型（22） 养老金待遇 二次项	模型（23） 性别 交互项	模型（24） 婚姻状态 交互项
total_pb			0.048 ***	0.049 ***	0.089 ***
			(3.160)	(3.071)	(3.895)
total_pb2			−0.000 ***	−0.000 ***	−0.000 **
			(−2.737)	(−2.651)	(−2.120)
1. female	−264.880	−116.514	−276.475	−271.640	−270.095
	(−0.778)	(−0.411)	(−1.229)	(−1.033)	(−1.201)
1. married	1022.298 ***	1014.374 ***	694.957 ***	694.934 ***	988.816 ***
	(3.599)	(2.978)	(2.723)	(2.723)	(3.635)
age	−122.138 ***	−123.418 ***	−106.873 ***	−106.919 ***	−106.856 ***
	(−6.637)	(−6.764)	(−7.175)	(−7.147)	(−7.172)
schooling	25.970	27.460	40.979	41.149	38.310
	(0.610)	(0.647)	(1.249)	(1.241)	(1.172)
hhscale	−510.275 ***	−511.109 ***	−555.128 ***	−555.168 ***	−555.767 ***
	(−9.070)	(−9.084)	(−11.191)	(−11.193)	(−11.197)
1. urban	−1197.602 ***	−1191.820 ***	−1209.966 ***	−1209.449 ***	−1226.437 ***
	(−4.110)	(−4.085)	(−4.852)	(−4.846)	(−4.915)
2. hukou	165.864	184.585	−164.772	−163.919	−203.034
	(0.223)	(0.248)	(−0.451)	(−0.445)	(−0.557)
3. hukou	−1949.891	−1845.830	−1825.193 ***	−1826.429 ***	−1796.128 ***
	(−0.930)	(−0.881)	(−2.604)	(−2.605)	(−2.585)
female × newrural_pb	0.146				
	(0.858)				
married × newrural_pb		0.006			
		(0.028)			
female × total_pb				−0.001	
				(−0.030)	
married × total_pb					−0.048 **
					(−2.136)

续表

personal_hhcons	新型农村社会养老保险		基本养老保险（汇总）		
	模型（20） 性别 交互项	模型（21） 婚姻状态 交互项	模型（22） 养老金待遇 二次项	模型（23） 性别 交互项	模型（24） 婚姻状态 交互项
常数项	14321.550*** (9.784)	14338.966*** (9.745)	13867.149*** (11.452)	13867.393*** (11.451)	13675.342*** (11.268)
样本数	2555	2555	4052	4052	4052
$\overline{R^2}$	0.102	0.101	0.102	0.102	0.103
F	21.157	20.254	50.152	46.374	45.217
p	0.000	0.000	0.000	0.000	0.000

注：括号里为 t 统计量。* 表示 $p < 0.10$，** 表示 $p < 0.05$，*** 表示 $p < 0.01$。

的增加而增加，并且增长速度逐渐减缓，当养老金待遇超过一定水平，家户人均消费支出则随着养老金待遇水平的进一步增加而减少，见模型（15）。养老金待遇水平与性别的交互项和婚姻状态的交互项并不显著。剔除了养老金的家户人均收入水平、家户人均资产水平对家户人均消费均有正向的显著影响。在其他条件一定时，家户人均收入每增加 1 元，消费支出平均增加 0.076 元；家户人均资产每增加 1 元，消费支出平均增加 0.01 元。年龄与家庭规模仍对家户人均消费支出产生显著的负向影响，教育年限对消费支出则产生显著的正向影响。

第二，新型农村社会养老保险与农村居民家户人均消费的关系。根据模型（18）和模型（19），新农保年度待遇给付水平，无论是一次项或是二次项，均未能对农村居民家户人均消费支出产生显著影响。性别交互项和婚姻状态交互项也未能通过方程的显著性检验，见模型（20）、模型（21）。家户人均收入与人均资产仍是影响家户人均消费支出的主要因素：其他变量一定，人均收入每提高 1 元，消费支出平均约提高 0.12 元；人均资产每提高 1 元，消费支出平均约提高 0.022 元。与未婚人士相比，已婚人士倾向于多消费约 1020 元。随着年龄的增加与家庭规模的扩大，家户人均消费支出则显著减少。

第三，公共养老金待遇给付与城乡居民家户人均消费的关系。将机关事业单位、企业职工基本养老保险领取者，新农保养老金领取者和城乡居民基本养老保险、城镇居民基本养老保险养老金领取者的子样本合并，考察基本养老保险对城乡居民家户消费行为的一般性影响。模型（22）的回归结果表明，养老金待遇给付与家户人均生活支出呈二次非线性关系：在其他变量一定时，随着养老金待遇水平的增加，居民消费支出逐渐增加，但增长速率有所减慢，直到某一临界值①；超过这一水平，居民消费支出则随着养老金待遇水平的进一步增加而减少。边际消费倾向递减规律再次得到验证。另外，如模型（24）所示，婚姻状态交互项对居民消费的影响在1%的显著性水平下显著。这就意味着已婚人士比未婚人士在"养老金－消费支出"影响模式发生改变的转折点要提前到来，即未婚人士超过相对于已婚人士更高水平的养老金待遇给付临界值时，家户人均消费支出才随着养老金的进一步提高而减少。家户人均收入、人均资产变量仍对家户人均消费支出产生显著的正向影响，而年龄与家庭规模则对消费支出产生显著的负向作用。

三　多层次线性回归模型

第六章第二节第一小节和第二小节基于2011年与2013年的调查数据建立家户个人模型，分析个人的基本养老保险参保类型和待遇给付水平对个人消费支出的影响。就基本养老保险参保类型而言，前文分析表明：2011年，机关、事业单位和城镇企业职工基本养老保险参保者，比没有参保的居民的消费水平平均高出约664元；2013年，城乡居民社会养老保险的参保者，比没有参保的居民消费水平平均高出约482元。然而，各类基本养老保险参保者的消费水平地区差异并没有揭示。

就基本养老保险待遇水平来看，2011年，机关事业单位、企业职工基本养老保险待遇给付水平及汇总的城乡公共养老金待遇给付水平与居民消费呈倒"U"形关系，在基本养老保险待遇水平分别达到62364元和78200元以后，居民消费随着公共养老金的进一步提高而减少。尽管绝大多数观测值位于转折点以前。2013年，机关事业单

---

① 根据模型（22），家户人均消费支出最大值 $x^* = -coef(total\_pb)/2coef(total\_pb^2) = 0.136/2^* (8.67e-07) = 360728$（元）。

位、企业职工基本养老保险待遇给付水平及汇总的城乡公共养老金待遇给付水平与居民消费也呈倒"U"形关系，但是，在养老金水平分别达到更高水平值以后，居民消费才随之递减。同样，绝大多数观测值仍位于转折点到达以前。然而，养老金待遇水平与居民消费水平关系的地区差异也没有得到揭示。

基于中国区域之间在经济、社会、文化等方面的复杂性和明显的差异性，下面将通过两层次线性回归模型的建立，进一步阐述基本养老保险与居民消费关系在地区层面的差异。

（一）多层次线性回归原理

多层次线性回归模型在文献中有多种称呼，如随机系数模型（de Leeuw and Kreft，1986；Longford，1993）、方差成分模型（Longford，1987）、层级线性模型（Raudenbush and Bryk，1986，1988），统计学文献常将其称为混合效应模型（Littell，Milliken，Stroup and Wolfinger，1996）。尽管名称各异，但模型实质是类似的：均假设数据是分层级的，因变量或结果变量来自最低层级的数据，解释变量的数据则来自各个层次。[①]

普通最小二乘（OLS）回归假设各观测值是独立的，即各观测值的随机干扰项不相关。然而，在多层次数据集中，各观测值不再相互独立。例如，同属于某一第二层次下的个体（第一层次中）可能表现出高度的相关性。同类相关系数（Intra Class Correlation Coefficient，ICC）用以衡量数据的独立性，其计算公式为：

$$ICC = \sigma_b^2/(\sigma_b^2 + \sigma_w^2)$$

其中，σ_b^2 为组间差异，σ_w^2 为组内差异。ICC 值越大，说明组间差异所能解释的方差变异越大，分层效应越明显，采取多层次线性回归分析也就越必要。如果此时仍采用 OLS 估计，则会产生估计偏误，导致第一类错误发生（拒绝 H_0），产生不正确的显著性检验和推断。多层次线性回归模型通过随机效应，能够清楚地识别组内方差与组间

① Hox, J. J., *Multilevel Analysis: Techniques and Applications*, New York, N. Y.: Routledge, 2017.

方差，进而更好地模拟数据集。一般而言，多层线性回归模型采取最大似然法进行参数估计。

（二）基本养老保险参保类型对居民消费影响的地区性差异

要考察基本养老保险参保类型对居民消费影响在不同区域间的差异，首先需要了解家户个人的消费水平在区域间的方差变异有多大，即建立截距项模型，见式（6.3），计算同类相关系数 ICC 的值。

$$Cons_{ij} = b_0 + u_{0j} + e_{ij} \tag{6.3}$$

其中，i 表示个人，j 表示 CHARLS 调查的社区（村庄）（第二个层次的分层单位）。b_0 表示所有社区（村庄）的家户人均消费支出均值，u_{0j} 表示第 j 个社区与所有社区均值 b_0 的离差，e_{ij} 表示每个社区（村庄）个体偏离各组均值的残差。

同类相关系数 $ICC = \dfrac{\sigma_{u0}^2}{\sigma_{u0}^2 + \sigma_e^2}$，表示社区（村庄）层级所能解释的方差变异所占比例。CHARLS 2011 年全国分 449 个社区（村庄）的调查数据表明，$ICC = 3091.39^2 / (3091.39^2 + 4830.113^2) = 0.291$，即社区（村庄）层级的组间差异所能解释的家户人均消费支出的方差变异所占比例为 29.1%（见表 6-27 模型 M0），分层线性回归分析成为必要。同样地，CHARLS 2013 年全国分 448 个社区（村庄）的调查数据表明，$ICC = 1914.164^2 / (1914.164^2 + 6634.651^2) = 0.0768$，即社区（村庄）层级的组间差异所能解释的家户人均生活支出的方差变异所占比重为 7.68%（见表 6-28 模型 M0），可以尝试分层线性回归。

其次，检验模型是否存在随机截距项 u_{0j}，即检验式（6.4）是否成立。表 6-27 模型 M1 和表 6-28 模型 M1 的随机截距项模型检验表明，随机截距项标准差分别在 95% 的置信区间（1484.406，1766.678）和（1374.74，1730.236）上通过 χ^2 检验。这表明 2011 年与 2013 年中国居民家户人均初始消费水平存在显著的地区差异。

$$personal\_hhcons_{ij} = b_0 + b_1 personal\_hhinc_{ij} + b_2 personal\_hhasset_{ij} +$$
$$b_3 enroll\_pensions_{ij} + b_4 demograpraphy_{ij} +$$
$$b_5 other_{ij} + u_{0j} + e_{ij} \tag{6.4}$$

最后，检验模型是否存在随机系数项，即考察参保类型对居民消费的影响在区域间是否存在差异。

$$personal\_hhcons_{ij} = b_0 + b_1 personal\_hhinc_{ij} + b_2 personal\_hhasset_{ij} +$$
$$b_3 enroll\_pensions_{ij} + b_4 demography_{ij} + b_5 other_{ij} +$$
$$u_{1j} enoll\_pensions_{ij} + u_{0j} + e_{ij} \qquad (6.5)$$

如式（6.5）所示，$u_{1j} enoll\_pensions_{ij} + u_{0j} + e_{ij}$ 为模型的随机效应部分，其余部分为固定效应部分。通过最大似然比检验发现，与固定效应模型相比，随机效应模型更优（χ^2 值在 1% 的显著性水平下显著）。如表 6-27 模型 M2 所示：2011 年，总体而言，在其他变量一定时，参加机关事业单位、城镇职工基本养老保险的人比其他类型参保者（或未参保者）要多消费约 901.13 元，但这一水平在 449 个社区（村庄）层面存在差异，变异范围（标准差）是 1741.868 元。如表 6-28 模型 M2 所示：2013 年，个体层面上，在其他变量一定时，参加城乡各类基本养老保险（包括城镇居民社会养老保险、城乡居民社会养老保险、新农保）的人比其他类型参保者（或未参保者）要多消费约 532.68 元，然而，这一水平在 448 个社区（村庄）层面存在差异，变异范围（标准差）是 1613.725 元。

表 6-27　　　　2011 年地区间基本养老保险参保类型与
家户消费水平最大似然估计

模型	M0：null model	M1：随机截距项	M2：随机系数
固定效应部分	系数（标准误）	系数（标准误）	系数（标准误）
_cons	6940.213 * (151.982)	7796.167 * (358.3425)	7792.812 * (360.070)
personal_hhinc		0.124 * (0.006)	0.123 * (0.006)
personal_hhasset		0.016 * (0.001)	0.017 * (0.001)
enroll_gov_firm		702.039 * (188.558)	901.13 * (242.869)
age		-35.168 * (4.233)	-35.031 * (4.234)
schooling		105.261 * (11.180)	107.588 * (11.181)

续表

模型	M0：null model	M1：随机截距项	M2：随机系数
hhscale		−478.806*	−480.550*
		（22.582）	（22.550）
female		145.782	148.445
		（78.204）	（78.085）
married		20.870	7.299
		（118.470）	（118.316）
urban		1881.885*	1926.077*
		（175.278）	（171.479）
随机效应部分			
σ_e	4830.113	4554.076	4539.235
	（27.081）	（25.625）	（25.740）
σ_{uo}	3091.39	1615.907	
	（115.579）	（71.832）	
σ_{ul}			1741.868
			（78.972）
Log likelihood	−162840.29	−160749.56	−160754.65
观测值	16385	16294	16294
组数	449	449	449

注：＊表示 p<0.10。

表 6-28　　　2013 年地区间基本养老保险参保类型与
家户消费水平最大似然估计

模型	M0：null model	M1：随机截距项	M2：随机系数
固定效应部分	系数（标准误）	系数（标准误）	系数（标准误）
_cons	6598.326*	11134.12*	11216.39*
	（105.335）	（577.940）	（579.493）
personal_hhinc		0.093*	0.094*
		（0.008）	（0.008）
personal_hhasset		0.015*	0.015*
		（0.001）	（0.001）

模型	M0：null model	M1：随机截距项	M2：随机系数
enroll_ gov_ firm		237. 121	209. 699
		(227. 209)	(230. 173)
enroll_ residents		445. 862*	532. 680*
		(147. 452)	(186. 953)
age		− 80. 875*	− 83. 050*
		(6. 953)	(6. 971)
schooling		66. 144*	62. 855*
		(18. 952)	(18. 887)
hhscale		− 509. 584*	− 508. 918*
		(37. 331)	(37. 074)
female		− 219. 509	− 230. 562
		(132. 513)	(132. 461)
married		859. 792*	845. 139*
		(177. 887)	(177. 765)
urban		− 1249. 046*	− 1161. 147*
		(211. 708)	(189. 763)
随机效应部分			
σ_e	6634. 651	6438. 739	6421. 101
	(36. 130)	(43. 874)	(44. 396)
σ_{uo}	1914. 164	1542. 279	
	(88. 026)	(90. 490)	
σ_{ul}			1613. 725
			(90. 494)
Log likelihood	− 177315. 55	− 114433. 58	− 114449. 78
观测值	17321	11212	11212
组数	448	448	448

注：*表示 $p < 0.10$。

（三）基本养老保险待遇水平对居民消费影响的地区性差异

要考察基本养老保险待遇水平对居民消费影响在不同区域间的差异，首先需要了解家户个人的消费水平在区域间的方差变异有多大，即建立截距项模型 M0，同式（6.3），计算同类相关系数 ICC 的值，进而确定家户人均消费支出在各组［全国 400 多个社区（村庄）］间的差异，为两层次线性回归模型的构建提供可能。

其次，构建随机截距项模型，见式（6.6）[①]，考察随机截距项是否存在。

$$personal\_hhcons_{ij} = b_0 + b_1 personal\_hhinc_{ij} + b_2 personal\_hhasset_{ij} +$$
$$b_3 pension\_benefit_{ij} + b_4 demography_{ij} +$$
$$b_5 other_{ij} + u_{0j} + e_{ij} \qquad (6.6)$$

表 6 - 29 模型 M1 结果表明：2011 年，固定效应部分回归结果与表 6 - 24 个体回归模型结果类似，随机截距项标准差在 95% 的置信区间（1530.825，1818.913）上通过 χ^2 检验。这表明各地区基本养老保险待遇水平对家户个人消费影响的线性模型的截距项（初始消费水平）存在显著差异，变异范围（标准差）是 1668.663 元。表 6 - 30 模型 M1 的结果表明：2013 年，固定效应部分回归结果与表 6 - 26 个体回归模型结果类似，随机截距项标准差在 95% 的置信区间（1374.543，1729.755）上通过 χ^2 检验。这说明各地区基本养老保险待遇水平对家户个人消费影响的线性模型的截距项（初始消费水平）存在显著差异，变异范围（标准差）是 1541.954 元。

最后，检验模型是否存在随机系数项，即考察基本养老保险待遇水平对居民消费的影响在区域间是否存在差异。

$$personal\_hhcons_{ij} = b_0 + b_1 personal\_hhinc_{ij} + b_2 personal\_hhasset_{ij} +$$
$$b_3 pension\_benefit_{ij} + b_4 demography_{ij} + b_5 other_{ij} +$$
$$u_{1j} pension\_benefit_{ij} + u_{0j} + e_{ij} \qquad (6.7)$$

如式（6.7）所示，$u_{1j} pension\_benefit_{ij} + u_{0j} + e_{ij}$ 为模型的随机效应部分，其余部分为固定效应部分。通过最大似然比检验发现，与固定效应模型相比，随机效应模型更优（χ^2 值在 1% 的显著性水平下显著）。表

---

① 这里排除养老金待遇水平的二次项是因为二次项前系数近似于 0，绝大部分数据位于临界点以前，即绝大部分家户个人消费支出随着养老金待遇给付的增加而增加。因此，这里的两层次线性回归模型主要考察养老金待遇给付对个人消费支出线性影响的地区性差异。

6-29 模型 M2 的结果表明：个体层面，一般而言，2011 年，在其他变量一定时，基本养老保险待遇水平每提高 1 元，家户个人消费支出平均显著提高 0.092 元，但斜率系数在各组［全国 449 个社区（村庄）］间存在差异，变化范围（标准差）为 0.095 元。表 6-30 模型 M2 的结果表明：2013 年，在其他变量一定时，基本养老保险待遇水平每提高 1 元，家户个人生活支出平均显著提高 0.083 元，但斜率系数在各组［全国 448 个社区（村庄）］间存在差异，变化范围（标准差）为 0.066 元。

表 6-29　　　　　**2011 年地区间基本养老保险待遇水平与家户消费水平最大似然估计**

模型	M0：null model	M1：随机截距项	M2：随机系数
固定效应部分	系数（标准误）	系数（标准误）	系数（标准误）
_cons	6940.213 (151.982)	8527.42 * (376.475)	8505.775 * (376.161)
personal_ hhinc_np		0.091 * (0.006)	0.092 * (0.006)
personal_hhasset		0.017 * (0.001)	0.017 * (0.001)
pension_benefit		0.084 * (0.007)	0.096 * (0.010)
age		-43.538 * (4.511)	-43.633 * (4.5)
schooling		105.761 * (11.291)	105.051 * (11.268)
hhscale		-501.445 * (22.789)	-497.220 * (22.724)
female		184.429 * (78.382)	185.036 * (78.082)
married		32.754 (119.456)	34.964 (119.019)
urban		1931.228 * (179.552)	1909.09 * (180.645)
随机效应部分			

续表

模型	M0：null model	M1：随机截距项	M2：随机系数
σ_e	4830.113	4571.622	4539.828
	(27.081)	(25.724)	(25.799)
σ_{uo}	3091.39	1668.663	1716.386
	(115.579)	(73.402)	(80.014)
σ_{u1}			0.095
			(0.010)
σ_{u01} (covariance)			-37.752
Corr (pension_benefit, _cons)			-0.231
			(0.088)
Log likelihood	-162840.29	-160822.36	-160789.47
观测值	16385	16294	16294
组数	449	449	449

注：* 表示 p < 0.10。

表6-30　　　　　2013 年地区间基本养老保险待遇水平与
　　　　　　　　家户消费水平最大似然估计

模型	M0：null model	M1：随机截距项	M2：随机系数
固定效应部分	系数（标准误）	系数（标准误）	系数（标准误）
_cons	6598.326	10971.23 *	11204.65 *
	(105.335)	(590.180)	(596.589)
personal_hhinc_np		0.082 *	0.083 *
		(0.009)	(0.009)
personal_hhasset		0.016 *	0.016 *
		(0.001)	(0.001)
pension_benefit		0.027 *	0.041 *
		(0.007)	(0.010)
age		-72.969 *	-76.038 *
		(7.217)	(7.312)
schooling		75.316 *	67.770 *
		(18.639)	(18.771)

续表

模型	M0：null model	M1：随机截距项	M2：随机系数
hhscale		−543.517 *	−544.145 *
		(37.559)	(37.529)
female		−162.319	−174.133
		(132.706)	(132.549)
married		989.855 *	972.342 *
		(178.531)	(178.446)
urban		−1162.093 *	−1223.467 *
		(205.125)	(207.492)
随机效应部分			
σ_e	6634.651	6453.741	6429.903
	(36.130)	(43.972)	(44.195)
σ_{u0}	1914.164	1541.954	1598.177
	(88.026)	(90.418)	(95.983)
σ_{u1}			0.066
			(0.012)
σ_{u01}（covariance）			−39.291
corr（pension_benefit, _cons）			−0.370
			(0.155)
Log likelihood	−177315.55	−114459.03	−114450.57
观测值	17321	11212	11212
组数	448	448	448

注：* 表示 p < 0.10。

最后，模型式（6.7）的随机截距项 u_{0j} 与随机系数 u_{1j} 的方差协方差矩阵分析结果如下：

$$\begin{bmatrix} u_{0j} \\ u_{1j} \end{bmatrix} \sim N(0, \ \Omega_u)$$

$$\Omega_u = \begin{bmatrix} \sigma_{u_0}^2 & \\ \sigma_{u_{01}} & \sigma_{u_1}^2 \end{bmatrix}$$

CHARLS 2011 年调查结果显示：

$$\Omega_{u2011} = \begin{bmatrix} 1716.386^2 & \\ -37.752 & 0.095^2 \end{bmatrix}$$

随机截距项与随机系数的相关系数 $corr = \dfrac{\sigma_{u01}}{\sqrt{\sigma_{u0}^2 \sigma_{u1}^2}} = -0.231$。

CHARLS 2013 年调查结果显示：

$$\Omega_{u2013} = \begin{bmatrix} 1598.177^2 & \\ -39.291 & 0.066^2 \end{bmatrix}$$

随机截距项与随机系数的相关系数 $corr = \dfrac{\sigma_{u01}}{\sqrt{\sigma_{u0}^2 \sigma_{u1}^2}} = -0.37$。

两年的数据表明，随机截距项与随机系数项呈负相关关系：截距项大的组，斜率较小；截距项小的组，斜率较大。换言之，在家户人均消费支出初始水平较高的社区（村庄），消费水平随着养老金水平的提高而增加的幅度较小；在家户人均消费支出初始水平较低的社区（村庄），消费水平随着养老金水平的提高而增加的幅度较大。这说明，在家户人均消费支出较高、经济较为发达的地区，基本养老保险待遇给付单位增长所带来的边际消费倾向低于家户人均消费支出低、经济欠发达的地区。

（四）小结

在第六章第二节第一、第二小节建立的横截面模型中，我们已经分析了个人的基本养老保险参保类型与待遇给付水平对个人消费支出的影响。为了进一步探索中国地区间复杂的社会、经济、政治、文化背景下这些影响的差异性，对于 CHARLS 调查 PSU 单位涉及的 400 多个城镇社区（村庄），我们的关注点不在于每个具体地区的特定影响，而聚焦于发现区域差异的一般规律性。基于此，多层次回归模型或混合效应回归模型的引入成为分析的必要工具。另外，国内运用这一模型对区域间差异的一般规律性分析的研究并不多见。因此，本书尝试在研究基本养老保险制度参保、待遇水平与居民消费关系的分析中通过多层次回归模型的建构进一步挖掘地区差异的一般性特点，从而构成本书与以往研究不同的一个创新突破。

就基本养老保险参保类型而言，通过随机截距项模型和随机系数模型的建立，我们发现：2011 年，参加机关事业单位、城镇基本养老保险制度的人与参加其他类型养老保险及没有参加任何养老保险的人相比，个人的总体平均消费支出要高出约 901 元，并且这一水平在全国 449 个社区（村庄）存在显著差异性，变异范围（标准差）约为1742 元（见表 6－27）。2013 年，参加包括城镇居民基本养老保险、城乡居民基本养老保险、新型农村社会养老保险在内的城乡居民基本养老保险的人与参加其他类型养老保险或未参保者相比，个人平均消费支出要高出约 533 元，并且这一水平在全国 448 个社区（村庄）存在显著差异性，变异范围是 1614 元（见表 6－28）。

就基本养老保险的待遇给付水平而言，同样通过随机截距项模型和随机系数模型的建立，我们发现：2011 年，汇总后的基本养老保险待遇给付与家户个人消费的线性关系在地区间存在明显差异。个体平均的初始消费水平约为 8506 元，但在全国 449 个社区、村庄的变异范围（标准差）约为 1716 元；个人消费水平随养老金单位增长的斜率系数平均为 0.092，在各地区的变异范围是 0.095（见表 6－29）；随机截距项与随机系数项的协方差为 －37.752，相关系数为 －0.231，这说明个人平均初始消费水平低的地区，公共养老金待遇增加所带来的消费倾向越高，个人初始消费水平高的地区由公共养老金待遇增加所带来的消费倾向则越低。2013 年，汇总后的基本养老保险待遇给付与家户个人消费的线性关系在地区间也存在明显差异。个体平均的初始消费水平约为11204 元，但在全国 448 个社区、村庄的变异范围（标准差）约为 1598元；个人消费水平随养老金单位增长的斜率系数平均为 0.083，在各地区的变异范围是 0.066（见表 6－30）；随机截距项与随机系数项的协方差为 －39.291，相关系数为 －0.37，这同样说明个人平均初始消费水平低的地区，公共养老金待遇增加所带来的消费倾向越高，个人初始消费水平高的地区由公共养老金待遇增加所带来的消费倾向则越低。可见，在人均水平较高、经济较为发达的地区，公共养老金单位增长所带来的家户边际消费倾向低于人均消费水平较低、经济欠发达的地区。

第三节 面板数据回归分析

前文主要是基于横截面数据分析基本养老保险制度参保类型与待遇水平对居民人均消费支出的影响。尽管使用异方差稳健标准误对模型进行估计，以最大程度减小因变量异方差的影响，但仍无法回避内生性问题：如遗漏变量产生的非一致性估计的问题。鉴于此，在难以找到合适的工具变量的情况下，使用面板数据模型可以一定程度上减小横截面数据内生性问题的影响。由于面板数据是横截面数据与追踪数据的综合，能够排除不随时间变化而又难以观察的因素（即"不可观测的异质性"）对模型估计的影响，从而提高估计效率。迪顿（2000）指出，由于面板数据对同一个体进行重复观测，进而为比较同一个体在不同环境下的情况提供可能，允许个体作为自身控制变量的可能，因而能够接近实验设计的情境。

下面将利用 CHARLS 相同个体在 2011 年与 2013 年两期追踪数据构建面板数据模型，以探索基本养老保险参保类型与待遇水平对居民消费的影响关系。

一 面板数据模型的估计原理

面板数据模型有若干种模型形式，其中，最主要的是固定效应（fixed – effect）模型和随机效应模型。

我们首先建立个体效应模型如下：

$$y_{it} = X'_{it}\beta + \alpha_i + \varepsilon_{it} \quad (i = 1, 2, \cdots, N, t = 1, \cdots, T) \tag{6.8}$$

其中，X_{it} 为自变量；α_i 为不随时间改变的，且不可观测的影响因变量的因素，也称为"非观测效应""固定效应"或"不可观测的异质性"（Wooldridge，2013）；ε_{it} 为个体随机干扰项，它表示随时间变化的、不可观测的影响因变量的其他因素；N 为样本量；T 为时期数。

在固定效应模型中，允许 X_{it} 与不随时间变化的因素 α_i 相关，$\text{cov}(X_{it}, \alpha_i) \neq 0$；但是，$X_{it}$ 与不随时间变化的随机干扰项 ε_{it} 不相关，即 $\text{cov}(X_{it}, \varepsilon_{it}) = 0$，或 $E(\varepsilon_{it} \mid \alpha_i, X_{it}) = 0$。另外，同方差假设：

$\text{Var}[\,\varepsilon_{it}\mid X_i,\ \alpha_i\,]=\sigma_\varepsilon^2$。在此假设下，模型式（6.8）的 OLS 估计为最优无偏估计量。如果同方差假设无法满足，则采取聚类稳健性估计等方式进行修正。对于固定效应模型，可以采取固定效应组内估计或一阶差分估计的方法得到相应估计量。

固定效应组内估计的基本思路是各期减去均值，然后对变换后的模型（6.9）进行 OLS 估计。因为 α_i 被消去，在 $\text{cov}(X_{it},\ \varepsilon_{it})=0$ 的条件下，可以保证估计值 $\hat\beta$ 的一致性。

$$(y_{it}-\bar{y_l})=(X'_{it}-\bar{x_l})\beta+(\varepsilon_{it}-\bar{\varepsilon_l}) \tag{6.9}$$

其中，$\bar{y_l}=(1/T)\sum_{t=1}^{T}y_{it}$，$\bar{x_l}$ 与 $\bar{\varepsilon_l}$ 亦为均值定义。

组内估计量又称为"最小二乘虚拟变量"（Least – squares dummy – variable，LSDV）估计量。它等价于给混合 OLS 模型加入 N 个虚拟变量 $D_{j,it}(j=1,\ \cdots,\ N)$，见模型（6.10）：

$$y_{it}=\left(\sum_{j=1}^{N}\alpha_iD_{j,it}\right)+X'_{it}\beta+\varepsilon_{it} \tag{6.10}$$

一阶差分估计的基本思路是：t 期减（t-1）期，由 nT 个样本减至 n(T-1) 个样本回归值进行回归。变换后的模型（6.11）中也去掉 α_i，$\text{cov}(\Delta x_{iT},\ \Delta\varepsilon_{iT})=0$，估计值 $\hat\beta$ 一致。

$$\Delta y_{iT}=\Delta x_{iT}\beta+\Delta\varepsilon_{iT} \tag{6.11}$$

在随机效应模型中，其基本假设为：α_i 是完全随机的，与自变量均不相关，即 $\text{cov}(X_{it},\ \alpha_i)=0$。通过可行的广义最小二乘估计（FGLS）法获得一致估计量。随机效应模型的一个特点是能够对所有变量的系数（包括不随时间改变的变量，如性别等）进行估计并给出边际效应 $E(y_{it}\mid X_{it})$。另外，值得注意的是，当固定效应模型设置恰当时，随机效应模型的参数估计则是非一致的。

固定效应模型的设定建立在个体间存在显著差异（即组间差异）的基础上。如果组间差异并不明显，且自变量满足外生性要求，那么进行混合数据的 OLS（Pooled OLS）回归即可，如式（6.12）所示。此时，可用 F 统计量来检验个体效应是否存在。

$$y_{it}=X'_{it}\beta+\alpha+\varepsilon_{it} \tag{6.12}$$

　　个体效应模型的一个扩展是双向固定效应模型（two – way – effects），即模型既包含个体效应 α_i，又包含时间效应 γ_t，如式 （6.13）所示。

$$y_{it} = \alpha_i + \gamma_t + X'_{it}\beta + \alpha + \varepsilon_{it} \qquad (6.13)$$

　　下面将用 CHARLS 2011 年和 2013 年的数据构建包含个体效应的面板数据模型：

$$\begin{aligned}
personal\_hhcons_{it} = & \beta_0 + \beta_1 personal\_hhinc_{it} + \beta_2 inc\_decile_{it} + \\
& \beta_3 personal\_hhasset_{it} + \beta_4 pension_{it} + \\
& \beta_5 demographics_{it} + \beta_6 pension_{it} \times inc\_decile_{it} + \\
& \alpha_i + \varepsilon_{it} \quad (i = 1, 2\cdots, N; \ t = 2011, 2013)
\end{aligned}$$

$$(6.14)$$

　　其中，inc_decile_{it} 表示收入的十分位数分组。$pension_{it}$ 由两个维度来衡量：一是基本养老保险参保类型，二是待遇水平。同时，引入养老金与收入分组的交互项 $pension_{it} \times inc\_decile_{it}$，以避免由自我选择带来的内生性问题。$\alpha_i$ 表示不随时间变化的不可观测因素。ε_{it} 为随机误差项。

二　基本养老保险参保类型对居民消费的影响

　　根据前文对面板数据模型构建原理的分析，本书对 2011 年和 2013 年 CHARLS 的两期面板数据分别进行了混合 OLS 回归、固定效应、双向固定效应及随机效应 GLS 的稳健性估计，结果如表 6 – 31 模型 （1）至模型（4）所示。用 F 检验个体效应 α_i 是否存在，发现可以拒绝 $\alpha_i = 0$ 的原假设，即认为每个个体拥有自己的截距项，固定效应模型优于混合 OLS 回归。将时间效应纳入考虑范围，进行双向固定效应回归，2013 年的家户人均消费与 2011 年并无显著差异［见模型 （3）］，即不存在时间效应。为进一步确定个体效应是以固定效应还是以随机效应的形式存在，需要进行豪斯曼检验。豪斯曼检验结果表明，我们可以在 5% 的显著性水平下拒绝"随机误差项与解释变量均不相关"的原假设，即认为固定效应模型设置更优。模型（4）的 LM 检验也未能拒绝"不存在个体随机效应"的原假设，即认为不存在随机效应。固定效应模型中，不对不随时间而变化的变量进行回归，如模型（2）和模型（3）所示，性别变量不进入回归方程中。

表 6 – 31 **2011 年和 2013 年基本养老保险参保类型与居民消费水平的面板数据分析**

personal_ hhcons	模型（1）混合 OLS（cluster – robust）	模型（2）固定效应（robust）	模型（3）双向固定效应（robust）	模型（4）随机效应（robust）
personal_ hhinc	0. 05	0. 06	0. 06	0. 04
	(0. 03)	(0. 04)	(0. 04)	(0. 03)
personal_ hhasset	0. 02 ***	0. 01 ***	0. 01 ***	0. 02 ***
	(0. 00)	(0. 00)	(0. 00)	(0. 00)
inc_ decile2	861. 06 **	1239. 98 **	1242. 42 **	886. 21 **
	(306. 74)	(400. 79)	(401. 84)	(303. 02)
inc_ decile3	290. 15	559. 90	562. 49	298. 78
	(293. 93)	(428. 60)	(429. 34)	(291. 05)
inc_ decile4	511. 00	806. 97 *	811. 99 *	513. 33
	(291. 43)	(400. 88)	(403. 71)	(286. 19)
inc_ decile5	502. 20	775. 59	782. 17	505. 18
	(280. 27)	(437. 52)	(440. 10)	(279. 30)
inc_ decile6	813. 02 *	1077. 46 *	1083. 19 *	823. 27 **
	(317. 12)	(461. 43)	(463. 55)	(314. 44)
inc_ decile7	619. 39	1535. 65 **	1541. 74 **	705. 95
	(365. 04)	(501. 44)	(503. 33)	(361. 27)
inc_ decile8	1410. 48 **	2020. 37 ***	2027. 72 ***	1462. 97 ***
	(436. 86)	(593. 53)	(595. 20)	(431. 26)
inc_ decile9	1558. 41 **	2563. 88 ***	2570. 40 ***	1677. 86 **
	(560. 94)	(754. 90)	(755. 77)	(554. 36)
inc_ decile10	3032. 42 ***	3846. 45 ***	3856. 78 ***	3196. 46 ***
	(856. 03)	(1125. 72)	(1126. 76)	(849. 58)
enroll_ employee	– 1476. 38	– 3598. 84	– 3613. 31	– 1697. 45
	(768. 66)	(1218. 69)	(1221. 44)	(773. 67)
enroll_ emply × inc_ decile2	– 189. 86	– 1999. 56	– 1981. 50	– 398. 52
	(1202. 04)	(3727. 97)	(3723. 67)	(1261. 35)
enroll_ emply × inc_ decile3	889. 29	3370. 90	3378. 51	1127. 28
	(1908. 04)	(2904. 98)	(2905. 85)	(1962. 37)

续表

personal_ hhcons	模型（1）混合 OLS（cluster – robust）	模型（2）固定效应（robust）	模型（3）双向固定效应（robust）	模型（4）随机效应（robust）
enroll_ emply × inc_ decile4	2075. 23 (1568. 91)	4409. 16 * (1993. 37)	4414. 55 * (1994. 33)	2293. 16 (1563. 50)
enroll_ emply × inc_ decile5	2747. 70 (1651. 98)	5248. 92 * (2303. 90)	5258. 53 * (2302. 55)	3003. 58 (1667. 01)
enroll_ emply × inc_ decile6	1390. 95 (952. 58)	3575. 84 * (1481. 87)	3581. 87 * (1482. 15)	1615. 30 (961. 15)
enroll_ emply × inc_ decile7	1401. 97 (956. 48)	1766. 50 (1499. 14)	1769. 61 (1499. 25)	1404. 93 (959. 97)
enroll_ emply × inc_ decile8	9. 79 (893. 57)	1734. 75 (1414. 26)	1735. 72 (1414. 94)	140. 95 (900. 81)
enroll_ emply × inc_ decile9	1277. 37 (924. 78)	2278. 54 (1386. 84)	2281. 61 (1387. 31)	1329. 73 (927. 80)
enroll_ emply × inc_ decile10	− 592. 12 (936. 39)	588. 07 (1401. 20)	587. 13 (1401. 83)	− 567. 12 (941. 05)
enroll_ resident	− 386. 74 (336. 93)	− 285. 74 (435. 33)	− 297. 70 (436. 87)	− 388. 85 (333. 20)
enroll_ resident × inc_ decile2	528. 16 (459. 69)	900. 76 (585. 24)	901. 72 (584. 77)	592. 10 (456. 36)
enroll_ resident × inc_ decile3	1280. 13 ** (463. 04)	1386. 21 * (625. 62)	1385. 68 * (625. 80)	1303. 44 ** (461. 97)
enroll_ resident × inc_ decile4	1440. 55 ** (468. 58)	1696. 20 ** (598. 87)	1695. 44 ** (599. 24)	1487. 19 ** (464. 93)
enroll_ resident × inc_ decile5	1702. 72 *** (483. 15)	1599. 12 ** (609. 56)	1599. 59 ** (609. 46)	1710. 35 *** (477. 43)
enroll_ resident × inc_ decile6	611. 14 (446. 75)	1074. 51 (575. 22)	1074. 82 (575. 16)	671. 41 (441. 45)
enroll_ resident × inc_ decile7	880. 27 (455. 67)	1588. 07 ** (578. 47)	1588. 86 ** (578. 28)	958. 49 * (451. 68)
enroll_ resident × inc_ decile8	906. 34 (502. 59)	1090. 25 * (651. 22)	1090. 96 * (651. 16)	1004. 47 * (499. 53)

续表

personal_ hhcons	模型（1）混合 OLS（cluster – robust）	模型（2）固定效应（robust）	模型（3）双向固定效应（robust）	模型（4）随机效应（robust）
enroll_ resident × inc_ decile9	93. 95 (554. 97)	286. 56 (696. 07)	286. 50 (696. 11)	102. 24 (548. 22)
enroll_ resident × inc_ decile10	– 710. 36 (633. 85)	429. 54 (827. 18)	429. 77 (827. 25)	– 671. 31 (629. 38)
female	– 209. 00 (128. 04)	— —	— —	– 206. 24 (128. 20)
married	239. 58 (140. 16)	– 1076. 05 (603. 73)	– 1074. 38 (604. 08)	231. 56 (141. 03)
urban	– 29. 28 (164. 62)	– 410. 00 (251. 40)	– 422. 52 (261. 05)	– 42. 61 (162. 70)
age	14. 70 (54. 44)	882. 74 *** (265. 79)	872. 08 ** (272. 79)	18. 51 (54. 30)
agesq	– 0. 58 (0. 42)	– 7. 76 *** (2. 08)	– 7. 76 *** (2. 07)	– 0. 61 (0. 42)
education	109. 27 *** (17. 04)	– 0. 08 (190. 18)	– 0. 00 (190. 19)	112. 98 *** (17. 10)
hhscale	– 472. 45 *** (30. 29)	– 736. 52 *** (73. 53)	– 736. 18 *** (73. 55)	– 483. 46 *** (30. 33)
children	106. 94 * (43. 30)	21. 60 (131. 45)	20. 50 (131. 39)	101. 73 * (43. 26)
hukou2	805. 89 *** (208. 61)	295. 35 (807. 97)	290. 29 (808. 08)	898. 53 *** (208. 29)
hukou3	227. 32 (757. 88)	477. 70 (1185. 26)	466. 59 (1187. 55)	323. 83 (746. 50)
hukou4	7961. 94 (5550. 89)	9461. 62 (6747. 64)	9462. 37 (6749. 74)	8192. 30 (5630. 46)
Year 2013			38. 62 (205. 78)	
常数项	6073. 09 *** (1773. 46)	– 16284. 03 (8675. 13)	– 15630. 59 (9373. 69)	6001. 82 *** (1765. 24)

续表

personal_hhcons	模型（1）混合 OLS（cluster - robust）	模型（2）固定效应（robust）	模型（3）双向固定效应（robust）	模型（4）随机效应（robust）
样本数	11175	11175	11175	11175
R^2	0.14	0.07	0.07	
R^2_overall		0.06	0.06	0.14
R^2_between		0.07	0.07	0.21
R^2_within		0.07	0.07	0.05
sigma_u		4628.75	4633.67	1877.55
sigma_e		5237.13	5237.58	5237.13
rho		0.44	0.44	0.11

注：括号里为估计系数的标准差。＊表示 $p < 0.10$，＊＊表示 $p < 0.05$，＊＊＊表示 $p < 0.01$。

根据表 6-31，交互项的回归系数意味着各收入分位数组与最低收入组之间的消费水平差异在参保者和非参保者之间的区别。系数值越大，说明与未参保者相比，参保增加了该收入组与最低收入组之间的消费差异，即该收入组的消费水平有所提升。就城镇就业关联的养老金制度而言，第四分位数收入组（位于 40% 收入组）的参保者比未参保者多消费 4409 元，第五分位数收入组的参保者比未参保者多消费 5249 元，第六分位数收入组的参保者比未参保者多消费 3576 元，见固定效应模型（2）。对于城乡居民各类基本养老保险制度而言，从第二分位数到第十分位数收入组，参保者比未参保者相应多消费约 901 元、1386 元、1696 元、1599 元、1074 元、1588 元、1090 元、286 元和 429 元，尤其在第三、四、五、七分位数收入组统计上显著。可见，对于较低收入组（尤其是处于第三到第五分位数的个体），参保增强了其消费水平。

此外，家户资产在解释家户消费的变异中起重要作用。其他条件一定，家户人均资产每增加 1 元，家户人均消费支出平均提高 0.01—0.02 元。这说明了绝对收入假说和持久收入假说的适用性。另外，年龄与消费呈倒"U"形关系，消费随着年龄的增长而有所增长，达到一定程度，消费水平随年龄的增加而递减。家庭规模越大，边际消费水平越小；家户子女数越多，边际消费倾向也越大。这也验证了生命周期假说所强调的人口特征对于家庭消费（储蓄）变化产生重要影响。

三　基本养老保险待遇水平对居民消费的影响

对 2011 年和 2013 年 CHARLS 两期数据建立面板回归模型分析基本养老保险待遇水平对居民消费水平的影响，回归结果如表 6 - 32 模型（5）至模型（8）所示。固定效应模型里 F 检验的结果表明，可以拒绝的原假设，即每个个体拥有自己的截距项，个体效应存在，故认为固定效应的稳健性估计要优于混合 OLS 模型的聚类稳健估计。模型（5）LM 检验拒绝"不存在个体效应"的原假设，表明在"个体效应"与"混合回归"之间，应选择个体效应。在个体固定效应的基础上，将时间固定效应纳入考虑范围，建立双向固定效应模型（4）。2013 年的家户人均消费支出要显著低于 2011 年。豪斯曼检验结果表明，我们不能在 5% 的显著性水平下拒绝"随机误差项与解释变量均不相关"的原假设，即认为随机效应模型可能更为合理。

表 6 - 32　　　　2011 年和 2013 年基本养老保险待遇水平与
居民消费水平的面板数据分析

personal_ hhcons	模型（5）混合 OLS（cluster - robust）	模型（6）固定效应（robust）	模型（7）双向固定效应（robust）	模型（8）随机效应（robust）
personal_ hhinc_ np	0.15	0.05	0.09	0.15
	(0.08)	(0.13)	(0.13)	(0.08)
personal_ hhasset	0.01 ***	0.01	0.01	0.01 ***
	(0.00)	(0.00)	(0.00)	(0.00)
pensions	0.09 ***	- 0.06 **	- 0.03 **	0.08 ***
	(0.02)	(0.05)	(0.05)	(0.02)
inc_ np_ decile2	583.07	- 297.43	22.67	566.92
	(910.02)	(1671.03)	(1696.37)	(914.05)
inc_ np_ decile3	1058.02 **	- 280.72	- 63.89	1038.38 **
	(380.10)	(1012.37)	(1011.10)	(387.90)

续表

personal_hhcons	模型（5）混合 OLS（cluster-robust）	模型（6）固定效应（robust）	模型（7）双向固定效应（robust）	模型（8）随机效应（robust）
inc_np_decile4	1465.85***	-1211.08	-1181.07	1419.64***
	(408.27)	(993.99)	(994.95)	(412.42)
inc_np_decile5	1521.62**	224.29	175.57	1518.00**
	(489.42)	(887.14)	(899.47)	(495.98)
inc_np_decile6	967.78*	-1418.07	-1480.13	938.25*
	(456.47)	(830.52)	(834.44)	(455.94)
inc_np_decile7	649.48	-1719.86	-2047.83	612.82
	(548.91)	(1103.21)	(1131.80)	(553.95)
inc_np_decile8	452.95	591.24	241.49	467.17
	(746.10)	(1256.61)	(1267.83)	(750.48)
inc_np_decile9	1243.21	-131.04	-708.49	1236.82
	(1015.89)	(1601.47)	(1628.27)	(1016.75)
inc_np_decile10	-829.68	-540.89	-1288.30	-802.87
	(1566.88)	(2674.86)	(2700.94)	(1577.87)
inc_np_decile2 × pensions	0.03	0.05	0.07	0.03
	(0.08)	(0.15)	(0.15)	(0.08)
inc_np_decile3 × pensions	-0.04	-0.03	-0.04	-0.05
	(0.04)	(0.09)	(0.09)	(0.04)
inc_np_decile4 × pensions	-0.03	0.07	0.06	-0.02
	(0.05)	(0.07)	(0.07)	(0.05)
inc_np_decile5 × pensions	-0.03	0.00	-0.01	-0.03
	(0.07)	(0.08)	(0.08)	(0.08)
inc_np_decile6 × pensions	-0.08***	0.15	0.13	-0.07***
	(0.02)	(0.05)	(0.04)	(0.02)
inc_np_decile7 × pensions	-0.12***	0.08	0.09	-0.11**
	(0.03)	(0.06)	(0.06)	(0.03)
inc_np_decile8 × pensions	-0.08*	-0.01	-0.00	-0.08*
	(0.04)	(0.06)	(0.06)	(0.04)
inc_np_decile9 × pensions	-0.10*	-0.01	-0.00	-0.10*
	(0.04)	(0.08)	(0.08)	(0.04)

续表

personal_hhcons	模型（5）混合 OLS（cluster – robust）	模型（6）固定效应（robust）	模型（7）双向固定效应（robust）	模型（8）随机效应（robust）
inc_np_decile10 × pensions	– 0.08 *	– 0.04	– 0.04	– 0.08 *
	(0.04)	(0.06)	(0.06)	(0.04)
female	– 80.91	—	—	– 90.93
	(242.93)			(247.68)
married	9.46	– 1292.70	– 1537.06	10.87
	(251.49)	(924.58)	(927.73)	(253.42)
urban	138.64	1477.59 *	1889.57 **	129.95
	(284.01)	(589.55)	(598.91)	(278.01)
age	41.38	844.90	– 598.60	35.67
	(164.99)	(657.85)	(726.24)	(169.52)
agesq	– 0.99	– 9.87	5.54	– 0.95
	(1.15)	(5.26)	(6.66)	(1.18)
education	139.56 ***	525.17	493.39	140.55 ***
	(33.66)	(494.24)	(485.73)	(34.06)
hhscale	– 549.70 ***	– 921.05 ***	– 925.96 ***	– 549.51 ***
	(51.84)	(190.25)	(188.87)	(53.30)
children	134.38	– 108.88	– 91.72	135.63
	(71.81)	(310.59)	(295.89)	(74.19)
hukou2	867.38 *	476.88	753.53	904.34 **
	(344.42)	(1151.20)	(1182.17)	(348.74)
hukou3	– 179.59	699.80	1405.23	– 104.06
	(1221.44)	(1700.02)	(1716.21)	(1260.82)
hukou4	– 1334.67 ***	2755.47 ***	2880.24 ***	– 1033.96 **
	(390.90)	(550.31)	(543.23)	(365.38)
Year 2013	—	—	– 1855.75 ***	—
			(504.10)	
常数项	6360.34	– 2666.07	23784.79	6610.27
	(5920.73)	(21338.51)	(19235.06)	(6074.95)
样本数	3699	3699	3699	3699
R^2	0.15	0.08	0.09	—

续表

personal_hhcons	模型（5）混合 OLS（cluster-robust）	模型（6）固定效应（robust）	模型（7）双向固定效应（robust）	模型（8）随机效应（robust）
R^2_overall	—	0.06	0.04	0.15
R^2_between	—	0.06	0.02	0.18
R^2_within	—	0.08	0.09	0.01
sigma_u	—	7088.83	6273.57	1507.94
sigma_e	—	5680.23	5651.93	5680.23
rho	—	0.61	0.55	0.07

注：括号里为估计系数的标准差。*表示 $p < 0.10$，**表示 $p < 0.05$，***表示 $p < 0.01$。

根据表 6-32，尽管养老金待遇水平的系数在不同模型间存在很大差异，符号也有正有负，但将养老金与收入分组的交互项系数考虑之后，会发现：随着收入分位数的提高，交互项系数逐渐减小，甚至变为负数。这意味着随着收入水平的提高，养老金水平的提高对家户人均消费支出的影响逐渐减小。在随机效应模型中尤其明显。对处于第二分位数收入组的个体，其养老金水平提高所带来的边际消费倾向比最低收入组（边际消费倾向为 0.08）高出约 0.03，尽管在统计上并不显著。与此同时，对于第三分位数、第四分位数、第五分位数收入组的个体而言，其养老金水平提高所带来的边际消费倾向比最低收入组要低 0.05、0.02、0.03，而处于第六分位数及以上的个体，其养老金水平提高所带来的边际消费倾向比最低收入组则显著地低出0.07、0.11、0.08、0.10 和 0.08。总之，在其他变量一定的情况下，高收入组（尤其是第六分位数及以上收入组）个体的养老金边际消费倾向要显著地低于低收入分位数组个体。

另外，家户人均资产每提高 1 元，家户人均消费水平将平均提高0.01 元，这与持久收入假说相一致。同模型（1）至模型（4）的结果相类似，家庭规模对家户人均消费支出的边际影响为负，这可由家庭的储蓄动机以应对未来风险而非当前消费倾向来解释。教育年限则对家户人均消费支出的边际影响为正。可见，随着教育水平的提高，家户的消费范围与程度也逐渐扩展和丰富。最后，其他条件一定，非农户口居民比农业户口居民平均多消费约 904 元。如模型（8）所示。

四　小结

为减小由横截面数据回归带来的内生性问题，本章建立 2011 年和 2013 年两期面板数据模型。通过混合回归、固定效应、随机效应等方法的分析，发现：第一，在进行十分位数的收入分组后，低收入组中参加基本养老保险的人比没有参加的人消费要多，高收入组中参保与未参保居民的消费差异并不明显；第二，随着养老金待遇水平的增加，低收入组的养老金边际消费倾向要显著高于高收入组。家户人均收入、资产及其他人口学变量，仍在解释家户人均消费支出的变异上起到重要作用。

第四节　因果关系推断：基于中国健康与养老追踪调查 2008 年和 2012 年数据的实验设计

前文基于 CHARLS 2011 年和 2013 年全国 28 个省份、150 个县（区）的横截面数据分析及面板数据模型，旨在探寻基本养老保险参与情况及待遇水平高低对居民消费支出的影响。尽管面板数据模型相较于横截面回归分析而言，在消除不可观测的、不随时间变化的变量从而控制内生性问题方面具有明显的优势，但回归模型仍很难穷尽可能影响因变量（居民消费支出）的所有因素，因而产生遗漏变量偏误、不可观测的异质性、虚伪关系、内生性等选择性问题，进而导致估计结果的非一致性。因此，下面将基于实验设计的理念，通过双重差分分析的因果推断方法，探寻新农保参与情况是否对农村居民消费产生因果效应。这也是本书所力图做出的一个创新。

一　因果推断与双重差分原理

回归模型探索的是变量间的预测关系或相关关系，而非因果关系。然而，因果关系不仅是自然科学也是社会科学领域中重要的逻辑关系，它对经济、政治、社会领域的政策制定具有重要参考作用。休姆（Hume，1913）指出，因果关系必须满足三个准则：第一，连续性，即原因和结果必须在时间和空间上相邻近。第二，前后相继，即原因通常发生在结果之前。第三，持久关联，即原因和结果间要具有持久的、稳定的相关性。那么，接下来的问题是，如何实现因果推断？因果推断主要有两大措施：一类是基于模型的路径；另一类是不依赖模型的路径。前者包括回归框架下的协变量调整，如前所述，由于难以穷尽所有相关变量而在实践中操作困难。后者最为普遍使用，包括如下几种方法：一是对观测数据的配对；二是随机实验；三是通过方法设计而更接近于实验之本质。与自然科学不同的是，社会科学领域多为观测数据，CHARLS家户调查数据也不例外。因此，为探寻变量间的因果关系，实践中更多地借用实验的理念进行方法设计。正如Sekhon（2008）指出，如果没有实验、自然实验、断点等稳健的方法设计，任何一个计量或统计模型都不可能实现从相关关系推断到因果关系推断的飞跃。

　　因果关系的核心是在反事实模型的基础上，通过比较可观测数据和不可观测数据，进而推断因果关系。反事实模型的一个重要前提假设是，每一个个体在每种"处理"状态下都会产生一个潜在的结果，尽管在任何一个时间点上，每个个体只能在一种处理状态下被观测到（Morgan and Winship，2014）。"因果效应"通常被定义为：在实验处理状态下，观测结果与潜在结果的差异。根据霍兰（Holland，1986）的定义，对于个体 i，$D_i = 1$ 为实验组，$D_i = 0$ 为控制组，Y_{1i} 和 Y_{0i} 分别为处理和控制状态下的结果，但是，由于缺失数据的存在，我们并不能直接观测到因果效应（$Y_{1i} - Y_{0i}$）。

表 6 – 33　　　　　　　　　　　因果推断的基本问题

	Y_{1i}	Y_{0i}
实验组（D = 1）	可观测到的 Y	反事实
控制组（D = 0）	反事实	可观测到的 Y

　　为了使因果效应可观测，鲁宾（Rubin，1986）提出了稳定单元

处理值假设（Stable Unit Treatment Value Assumption，SUTVA），即个体 i 的潜在结果不受对个体 j 处理的影响。[1] 在此假设下，每个个体的观测结果可由式（6.15）表示：

$$Y_i = D_i \cdot Y_{1i} + (1 - D_i) \cdot Y_{0i} \quad Y_i = \begin{cases} Y_{1i}, & D_i = 1 \\ Y_{0i}, & D_i = 0 \end{cases} \quad (6.15)$$

三类重要的处理效应依次为：①平均处理效应（Average Treatment Effect，ATE），$\tau_{ATE} = E[Y_1 - Y_0]$；②实验组的平均处理效应（Average Treatment Effect of the Treated，ATT），$\tau_{ATT} = E[Y_1 - Y_0 \mid D = 1]$；③控制组的平均处理效应（Average Treatment Effect of the Controls，ATC），$\tau_{ATC} = E[Y_1 - Y_0 \mid D = 0]$。对实验组和控制组的随机分配有利于减少选择性偏误。然而，实际上观测数据通常难以实现对实验组和控制组的随机分配，这就需要良好的方法设计，以尽可能接近实验的效果。工具变量、门限回归和双重差分分析是最常见的对观测数据的因果推断设计。基于调查数据的特点，本书将采用双重差分分析的方法对相关变量进行因果推断。

双重差分（DID）的关键在于创造性地使用时间 t 这一虚拟变量，将其作为一个"处理"效应。定义 D = 0 为控制组，D = 1 为实验组；t = 0 为处理发生前，t = 1 为处理发生以后。因果效应为 $\tau_{it} = Y_{1i}(t) - Y_{0i}(t)$。

表 6 - 34   双重差分的因果效应估计问题

	处理发生后（t_1）	处理发生前（t_0）
实验组 D = 1	$E[Y_1(1) \mid D = 1]$	$E[Y_1(0) \mid D = 1]$
控制组 D = 0	$E[Y_0(1) \mid D = 0]$	$E[Y_0(0) \mid D = 0]$

在 $E[Y_0(1) - Y_0(0) \mid D = 1] = E[Y_0(1) - Y_0(0) \mid D = 0]$ 的前提假设[2]下，由双重差分计算的因果效应计算公式为：

---

[1] Rubin, D. B., "Statistics and Causal Inference Comment: Which Its Have Causal Answers", *Journal of the American Statistical Association*, Vol. 81, No. 396, 1986, pp. 961 – 962.

[2] 双重差分分析的前提假设为：在没有事件或干预的情况下，实验组与控制组从 t_0 时刻到 t_1 时刻的变化趋势相同。

$$\tau_{it} = \{E[Y(1) \mid D=1] - E[Y(1) \mid D=0]\} - \{E[Y(0) \mid D=1] -$$
$$E[Y(0) \mid D=0]\}$$

双重差分分析的因果效应如图 6 – 5 所示。

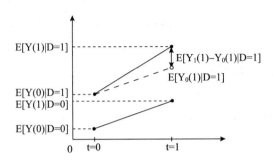

图 6 – 5 双重差分分析的因果效应

二 CHARLS 2008 年与 2012 年相关变量的描述性统计

本书之所以选择 CHARLS 2008 年和 2012 年的调查数据，是因为新型农村社会养老保险制度于 2009 年展开试点[①]并逐步实施，2008年和 2012 年恰好构成政策实施（"处理"）的前、后两个时间点，而"参保与否"则成为区分实验组和控制组的标准。通过双重差分分析，可以将其近似"自然实验"，达到因果推断的目的。

CHARLS 2008 年预调查及 2012 年的追踪调查在浙江和甘肃两省进行。浙江省位于我国沿海发达地区，2007 年的农村与城市居民人均收入仅次于上海、北京；而甘肃省位于西北欠发达地区，2007 年的农村与城市居民人均收入居全国最低水平。CHARLS 预调查分四个阶段进行。第一阶段为区（县）级抽样。根据人口规模，两省由 PPS（概率与人口规模成比例）分层随机抽样方法各抽取 16 个区（城市）/县

---

① 2009 年 9 月，国务院颁布《关于开展新型农村社会养老保险试点的指导意见》（国发〔2009〕32 号），探索建立个人缴费、集体补助、政府补贴相结合的新农保制度。政策规定，年满 16 周岁（不含在校学生）、未参加城镇职工基本养老保险的农村居民，可以在户籍地自愿参加新农保；年满 60 周岁、未享受城镇职工基本养老保险待遇的农村有户籍的老年人，可以按月领取养老金。

（农村）单位。第二阶段为邻里层面抽样。根据行政区划，将农村地区的村委会、城市的社区（或居委会）作为初级抽样单元（PSU）。通过 PPS 方法在每个区（县）级随机抽取 3 个 PSU。第三阶段为家户层级抽样。在每个 PSU 中，基于地图与当地信息从抽样框中采取标准取样。第四阶段为受访者层面的抽样。如果有家户成员的年龄大于 45 岁并满足居住条件，那么这位家户成员将作为主要受访者被随机抽取，其配偶也将被访问。CHARLS 预调查于 2008 年 7—9 月进行，共覆盖 32 个区（县）的 95 个初级抽样单元的 2758 个家户。其中，53.68% 在农村地区，46.32% 在城市地区。下面将介绍主要变量的描述性统计特征。

（一）人口学变量

根据 CHARLS 2008 年和 2012 年的调查，就年龄而言，2008 年受访者的平均年龄为 59.1 岁（标准差为 10.6 岁），最小值为 34 岁，最大值为 93 岁；2012 年受访者的年龄均值为 62.1 岁（标准差为 9.8 岁），最小值为 26 岁，最大值为 97 岁。

就性别分布而言，如图 6-6 所示，2008 年，男性受访者 1302 人，占 48.49%；女性 1383 人，占 51.51%。2012 年，男性为 1142 人，占 48.02%；女性 1236 人，占 51.98%。

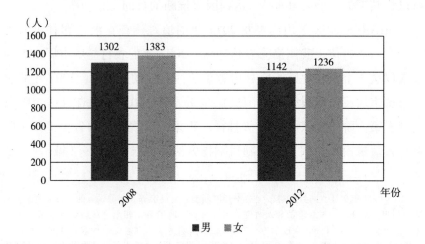

图 6-6　CHARLS 2008 年和 2012 年调查性别分布

就婚姻状态而言，2008 年调查数据显示的已婚人士（包括因工作原因暂时没有跟配偶一起居住者）占总受访者数的 84%，见图 6－7；2012 年调查数据显示的已婚人士（包括因工作原因暂时没有跟配偶一起居住者）占总人数的 83%，见图 6－8。

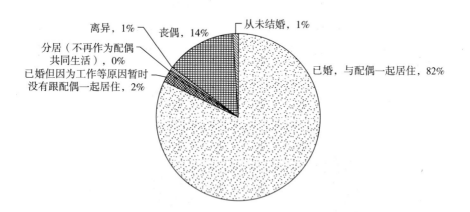

图 6－7 CHARLS 2008 年调查婚姻状态分布

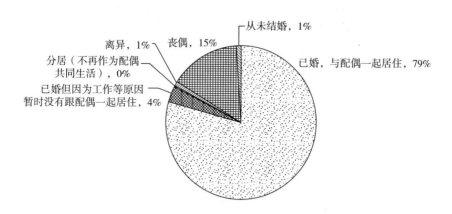

图 6－8 CHARLS 2012 年调查婚姻状态分布

从家户成员总数来看，2008 年，家庭规模均值为 3.71 人（标准差是 1.84 人），最小值为 1 人，最大值为 11 人；2012 年，家庭规模均值为 3.22 人（标准差是 1.68 人），最小值为 1 人，最大值为 15。

从受教育年限来看，2008 年调查结果显示的平均受教育年限为

3.99 年（标准差为4.55 年），变异范围是0—16 年；2012 年调查显示的平均受教育年限为3.71 年（标准差为4.11 年），变异范围从0—16 年。

从户籍所在地的分布来看，2008 年，农村户口持有者为2154 人，占总受访者人数的80.34%；城镇户口持有者为527 人，占总受访者人数的19.66%。2012 年，受访的农村户籍人员有1846 人，占总人数的78.86%；受访的城镇户籍人员有495 人，占总人数的21.14%。如图6 - 9 所示。

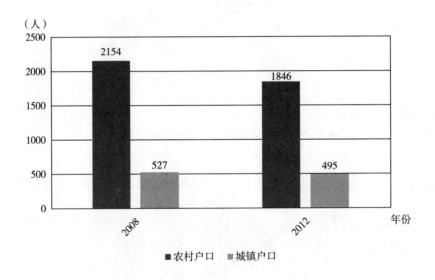

图6 - 9　CHARLS 2008 年与2012 年调查户口分布

（二）新农保参保变量

根据CHARLS 2012 年的调查，524 人参加了新型农村社会养老保险。没有参加新农保的原因可概括为表6 - 35。参保的受访者中，229 人已经领取了新农保发放的养老金；每月领取金额平均为142.34 元（标准差为217.17 元），最小值为25 元，最大值为1200 元。

（三）家户生活支出、收入与资产

从家户消费支出（家户消费水平）来看，它包括食品支出，邮电、通信支出，水电费，燃料费，交通费，取暖费，日用品，衣着消

表 6 - 35 没有参加新农保的原因归纳

未参保原因	人数
本地还没有开展新农保	692
没有钱	272
我对待遇水平不满意，缴费参加该保险是不划算的	16
待遇水平，对我的生活没有什么意义	17
申请办理或缴费不方便	6
缴费设计不合理	6
我没有本地户口	22
我已经参加了其他社会保险项目，不能重复参加	349
其他	449
合计	1829

费，文娱支出，家庭旅游支出，家具和耐用消费品支出，教育和培训，医疗、保健支出，各种交通工具的购买、维修及配件费用，购买汽车、电器、物业费等。2008 年，家户成员总消费支出平均为22884.7 元，变异范围是 0—2551396 元；2012 年，家户总消费均值为 31435.6 元，变异范围是 0—574261.4 元。如表 6 - 36 所示。

从家户总收入来看，它包括家户所有成员的工资收入和个人获得的转移收入，家户农业净收入，个体经营或开办私营企业净收入，家户政府转移支付收入。2008 年的家户总收入平均水平是 26172.9 元，标准差是 260104.7 元，最小值为 - 130000 元，最大值为 10100000元；2012 年，家户总收入均值为 31156.9 元，标准差为 144198.7 元，最小值为 - 139850 元，最大值为 5000000 元。如表 6 - 36 所示。

就家户总资产而言，它包括家户成员的现有住宅，其他房产，土地，家用设备、耐用消费品和其他贵重物品，以及个人金融资产等。2008 年，家户总资产平均为 217776.1 元，标准差是 1624423 元，最小值为 - 2293998 元，最大值为 60300000 元；2012 年，家户总资产均值为 315240.8 元，标准差是 1515176 元，最小值为 - 5669850 元，最大值为 50100000 元。如表 6 - 36 所示。

表6-36　　2008年与2012年家户总消费、总收入、总资产汇总　　单位：元

年份	2008年				2012年			
	均值	标准差	最小值	最大值	均值	标准差	最小值	最大值
家户总消费	22884.7	70509.2	0	2551396	31435.6	44400.9	0	574261.4
家户总收入	26172.9	260104.7	-130000	10100000	31156.9	144198.7	-139850	5000000
家户总资产	217776.1	1624423	-2293998	60300000	315240.8	1515176	-5669850	50100000

注：由于家户收入、支出、资产每个层面涉及复杂的调查内容，缺失值较多，在无法对每个缺失值进行有效插补的情况下，忽略缺失值又会使样本量大大减少，故而将缺失值按0处理。

三　新型农村社会养老保险对居民消费影响的双重差分分析

为探索新型农村社会养老保险对农村居民消费支出的因果效应，即实验组的平均处理效应（ATT），下面将政策实施前的2008年称为"实验前阶段"，政策实施后的2012年称为"实验后阶段"，D_i表示参保与否（$D_i = 0$表示未参保，$D_i = 1$表示参保），通过双重差分的方法从观测数据中建立处理效应α：

$$\alpha = \{ E[Y_{i,2012} | D_i = 1] - E[Y_{i,2008} | D_i = 1] \} -$$
$$\{ E[Y_{i,2012} | D_i = 0] - E[Y_{i,2008} | D_i = 0] \}$$

其中，$E[Y_{i,2012} | D_i = 1]$表示2012年参保农民的家户人均消费支出，$E[Y_{i,2008} | D_i = 1]$表示参保农民在2008年的消费水平；$E[Y_{i,2012} | D_i = 0]$为未参保农民在2012年的消费水平，$E[Y_{i,2008} | D_i = 0]$为未参保农民在2008年的消费水平。需要指出的是，我们假设即使没有新农保政策，参保居民与未参保居民2008—2012年的消费水平应具有类似的趋势，即：$E[Y_{0i,2012} - Y_{0i,2008} | D_i = 1] = E[Y_{0i,2012} - Y_{0i,2008} | D_i = 1]$。接下来，我们可以通过估计回归方程（6.16）固定效应之系数的方式估计新农保政策对居民消费支出的因果效应：

$$Y_{it} = \eta_i + \delta_t + \alpha D_{it} + X'_{it}\beta + \varepsilon_{it} \tag{6.16}$$

其中，η_i为个体层面的固定效应，表示无法观测的个体异质性；δ_t为时间固定效应，以控制共同趋势；α为处理效应；X'_{it}为其他随时间变化的协变量（包含截距项）；ε_{it}为随机误差项，满足$E[\varepsilon | \eta, \delta, D, X] = 0$。各变量符号及含义如表6-37所示。

表 6 - 37　　　　　　　　双重差分模型主要变量及其说明

变量	符号	说明
家户人均消费支出	personal_ hhconsump	家户消费总支出/家户成员总数
时间虚拟变量	postperiod	postperiod = 1：2012 年 postperiod = 0：2008 年
参保与否	newrural	newrural = 1：参加新农保 newrural = 0：未参加新农保
实验处理（参保与否）与时间交互项	post_ newrural	post_ newrural = 1：2012 年参加新农保 post_ newrural = 0：其他情况
家户人均收入	personal_ hhinc	家户总收入/家户成员总数
家户人均资产	personal_ hhasset	家户总资产/家户成员总数
婚姻状态	married	married = 1：已婚 married = 0：未婚
受教育年限	schooling	—
家户成员总数	hhscale	—

双重差分模型回归结果如表 6 - 38 所示。模型分别采取重复横截面数据的最小二乘虚拟变量估计（LSDV）与面板数据的固定效应两种估计方法，并比较了未纳入协变量和纳入协变量的模型估计结果。时期变量与实验处理（参保与否）的交互项（post_ newrural）前的系数及其显著性意味着因果效应。

表 6 - 38　新农保参保情况对农村居民消费水平影响的双重差分分析

personal_ hhcons	模型（1） LSDV 估计	模型（2） 固定效应估计	模型（3）固定效应 估计（协变量）
postperiod	3334.856 *** (5.290)	3334.856 *** (8.427)	2527.758 *** (6.030)
post_ newrural	1482.041 (0.621)	1482.041 (0.989)	1785.558 (1.026)
personal_ hhinc			0.254 *** (3.444)

续表

personal_hhcons	模型（1） LSDV 估计	模型（2） 固定效应估计	模型（3）固定效应 估计（协变量）
personal_hhasset			0.014* (1.904)
married			0.539 (0.000)
schooling			510.710*** (2.845)
hhscale			-570.098* (-1.960)
常数项	4688.412*** (10.463)	4688.412*** (16.669)	3698.761 (1.627)
样本数	1876	1876	1710
R^2	0.676	0.078	0.136
F	16.178	41.058	13.679
p	0.000	0.000	0.000

注：括号里为 t 统计量。*表示 $p<0.10$，**表示 $p<0.05$，***表示 $p<0.01$。

模型（1）至模型（3）的估计结果表明，新农保参保情况对农村居民的消费水平影响并未通过 10% 的显著性水平检验，可见，因果效应并不成立。然而，农村居民消费的时期效应显著，在不考虑其他协变量的前提下，农村居民 2012 年的家户人均生活支出平均比 2008 年高出约 3335 元；纳入协变量，农村居民 2012 年的家户人均消费支出平均比 2008 年高出约 2528 元。考虑协变量的影响后，家户人均收入、资产仍对居民消费水平产生显著的影响：在其他条件一定时，家户人均收入每提高 1 元，人均消费支出平均约增加 0.254 元；家户人均资产每提高 1 元，人均消费支出平均约增加 0.014 元。这与绝对收入假说、持久收入假说相一致。与此同时，教育年限对农村居民的家户消费支出产生显著的正向影响，可见，家户消费的内涵会随着受教育程度的提高而丰富。家庭规模对家户消费支出产生显著的负向影响，这也反映出家庭偏好为家庭成员未来的储蓄而非当前消费的生命周期选择。这与 CHARLS 2011 年与 2013 年全国横截面数据分析、面板数据分析的结果基本一致。

综上所述，基于 CHARLS 2008 年和 2012 年的数据，通过双重差分模型的构建及多种方法的估计，我们发现：平均而言，新农保参保对于农村居民家户人均消费支出并没有产生因果处理效应。尽管前文基于 CHARLS 2011 年和 2013 年全国数据的分析，发现新农保参保对于增加居民（尤其是低收入居民）消费支出存在显著的相关关系，但基于实验设计的因果效应，在统计上并不显著。

本章小结

本章立足于微观数据探索基本养老保险制度与居民消费的关系。本章首先建立横截面模型，回归结果表明，就基本养老保险参保类型而言，2011 年，政府机关、事业单位和城镇企业职工基本养老保险参保者，比没有参保的居民的消费水平平均高出约 664 元；2013 年，城乡居民社会养老保险的参保者，比没有参保的居民消费水平平均高出约 482 元。然而，各类基本养老保险参保者的消费水平的地区差异并未揭示。就基本养老保险待遇水平来看，2011 年，政府机关、事业单位、企业职工基本养老保险待遇给付水平及汇总的城乡公共养老金待遇给付水平，同居民消费呈倒 "U" 形关系，在基本养老保险待遇水平分别达到 62364 元和 78200 元以后，居民消费随着公共养老金的进一步提高而减少。尽管大多数观测值位于转折点以前。2013 年，政府机关、事业单位、企业职工基本养老保险待遇给付水平及汇总的城乡公共养老金待遇给付水平，同居民消费也呈倒 "U" 形关系，但在养老金水平分别达到更高水平值以后，居民消费才随之递减。为进一步探索基本养老保险制度与居民消费关系的地区差异，本章接下来建立了多层次线性回归模型。通过混合效应模型的建立，本书发现：2011 年，参加城镇就业关联的基本养老保险制度的人比没有参加任何保险的人，消费水平平均高出 901 元，且在全国 449 个社区（村庄）间产生变异；2013 年，参加城乡居民社会养老保险的人比没有参加任何保险的人，平均多消费约 533 元，且在全国 448 个社区（村庄）间产生显著差异。另外，在初始的人均生活水平较高的地区（多为经济发达地区），公共养老金待遇单位增长所带来的家户边际消费倾向要低于人均生活水平低的经济欠发达地区。

为减少横截面分析带来的内生性问题，本章随后建立两期面板数据模型，并将收入按十分位数分组的虚拟变量及其与养老金的交互项纳入模型。混合回归、固定效应、双向固定效应和随机效应的估计结果表明，低收入组中参加基本养老保险的人比未参保者的平均消费水平要高，高收入组中参保者与未参保者的消费差异并不明显；低收入组的个体养老金边际消费倾向显著高于高收入组。

尽管横截面数据模型和面板数据模型的分析方法可以尽可能控制相关变量，达到预测基本养老保险制度对居民消费影响的目的，但仍无法实现精准的因果推断。为探寻因果效应，本章最后根据数据的可获得性，利用 CHARLS 2008 年和 2012 年的数据，通过实验设计建立新型农村社会养老保险制度参与情况对农村居民消费影响的双重差分分析模型，发现：新农保参保对于农村居民家户人均消费支出并没有产生统计上显著的因果效应。然而，需要指出的是，毕竟不同于科学实验，新农保的政策实施无法达到理想的实验设计之条件，如无法避免居民"自我选择"参保等问题，而影响估计结果之有效性。

总而言之，从横截面模型到面板数据模型，再到双重差分分析，本书力图更准确预测基本养老保险制度对居民消费的影响，甚至做出因果推断的实验设计尝试，结果发现：基本养老保险制度，无论从参保情况还是待遇领取水平来看，它对居民消费的影响是十分复杂的，尤其需要控制不同收入、不同地区的影响——基本养老保险制度对居民消费的促进作用在低收入组群体和低收入的经济欠发达地区较为显著，尽管仍需谨慎给出因果关系的论断。

第七章 公共养老金制度与居民消费关系的跨国经验

为分析公共养老金制度与居民消费支出关系的跨国经验，本章将采用 CWED 数据库、OECD 数据库和世界银行数据库相关变量，通过构建静态面板数据和动态面板数据模型，探索强制性公共养老金制度的覆盖范围和待遇给付对各国居民历年消费支出影响的一般性特征。

第一节 各国公共养老金制度概览

衡量各国公共养老金制度的指标主要来自比较福利权益数据库（Comparative Welfare Entitlements Dataset，CWED），提供了第二次世界大战后 33 个国家（27 个 OECD 国家和 6 个非 OECD 国家）社会保险项目制度性特征的系统数据。这一数据库可以看作对 OECD 社会支出数据库中有关福利开支项目的补充，包括失业保险、疾病保险和养老保险的相关指标。

CWED2 数据库中的公共养老金包括两种类型：一种是标准养老金，另一种是最低养老金。根据定义，标准养老金指的是公共强制性养老金，即"第一支柱"缴费型、收入关联的养老金。它假设雇员（不论蓝领或白领）从 20 岁开始工作至法定退休年龄退休（不间断工作），且不存在提前退休的情况。最低养老金则属于养老金"零支柱"，不与收入关联。本章接下来重点考察并进行国际比较的公共养老金制度既包括标准养老金，又包括最低养老金。① 由于部分国家关键变量的缺失，本章将采用 CWED2 涉及 21 个国家、1971 年以来的核心指标。

在此之前，有必要对世界部分主要国家公共养老金制度参量及其改革说明做一简要回顾，具体内容如表 7 - 1 所示。

表 7 - 1　　　　　世界部分主要国家公共养老金制度说明

国家	公共养老金制度改革及相关参数说明
奥地利	从 1984 年开始，计算养老金待遇的工作年限从"最后的 5 年"提高至 1987 年规定的"最后的 10 年"，1995 年改为"最好的 15 年"；2003 年开始扩展至整个工作生涯。从 2000 年开始，养老金调整机制从"总工资"转变为"净工资"
澳大利亚	20 世纪 80 年代以前，澳大利亚人退休后领取的养老金主要有两种：一种是联邦政府提供的、基于家计调查的非缴费型养老金，并且规定所有在澳大利亚居住超过 10 年、年龄在 65 岁（男性）或 60 岁（女性）以上的公民才能享有该基础养老金；另一种是自愿的职业养老金，这种养老金只有一小部分人享有，是由雇主提供给某些特殊雇员（主要是白领阶层和政府雇员）的额外福利。基础养老金提供的保障水平不高，即使全额的养老金也只相当于单身公民平均工资的 25% 或夫妻总平均工资的 40%。1992 年，澳大利亚通过了《退休金保障法》，要求所有雇主都必须为所有雇员建立超级年金，并在 10 年内把缴费费率从 1992 年的 4% 提高到 9%（2002 年），职工不需缴费，目标是使替代率达到 40%。然而，超级年金制度并不计算在公共养老金待遇之内
比利时	1967 年以前，标准养老金制度采取混合体制，旧制度参与者拥有全额养老金的领取权利；而 20 世纪 70 年代改革后的制度仅为 1955 年以来的参与者提供全额养老金。单身者的平均养老金待遇计算率为 60%，一对夫妇的则为 75%。1997 年的改革法案规定，女性获得全额养老金的供款年限从 40 年提高到 45 年，提前退休领取养老金的最低供款年限从 20 年提高到 35 年

① 根据 CWED2 调查的统计口径，在没有标准养老金（"第一支柱"）的国家，用最低养老金（"零支柱"）指标替代。

续表

国家	公共养老金制度改革及相关参数说明
加拿大	加拿大的养老金制度从结构上可划分为多个支柱。第一，国家财政筹资的老年保障制度，具有"零支柱"特点。它包括三个部分：①老年保障金；②收入保障补贴；③配偶津贴与遗属津贴。第二，加拿大养老金计划（Canada Penion Plan，CPP）和魁北克省与其对等的魁北克养老金计划（Quebec Pension Plan，QPP）组成，具有第一支柱的特点。其中，加拿大养老金计划还包括退休养老金、遗属福利和伤残福利。第三，加拿大的私营养老金计划，其中最普遍的两个计划是雇主自愿为雇员建立的注册养老金（Registered Pension Program，RPP）和个人自愿参与的注册退休储蓄金（Registered Retirement Saving Program，RRSP）。CPP 为收入关联计划，1966 年引入。其待遇从 1967 年平均工资的 2.5% 增加到 1976 年的 25%。养老金待遇领取者在退休时获得的最大养老金乘以该计划所获得的平均积分（最大值为 1），并将一定比例（目前为 15%）较低积分的年限扣除，则为最终养老金待遇水平。2004 年开始，从 1966 年加入养老金计划开始的所有工作年限都将被计入个人养老金待遇之中，不再将较低积分的年限扣除。尽管在 20 世纪八九十年代，加拿大对养老金计划进行了上调费率的参数式改革，但由于效果不甚理想，到 90 年代中期还是出现了严重财务危机。再加上八九十年代加拿大经济增长速度比 CPP 制度建立之初时要大为减缓，养老金计划的改革势在必行。1997 年，加拿大国会通过法案，正式启动对 CPP 改革的一系列重要举措。主要内容可概括为六个方面：①大幅提高费率，从 5.85% 提高到 6.0%，并根据预定方案，逐年提高，到 2003 年提高到 9.9%；②正式建立一个储备基金，资金来自缴费支出余额，其规模约等于五年养老金的支付规模，同年 12 月决定建立一个独立的信托制"加拿大养老金计划投资管理局"（CPPIB）对其进行市场化投资；③死亡津贴的最高标准维持在 2500 加元不变；④严格了伤残津贴发放条件，对补贴金额也有所下调；⑤把年最高养老金收入基数由三年改为五年，提高了门槛；⑥联邦及各省财政部长每三年对"加拿大养老金计划"及其投资管理局进行检讨。其中，前两项改革措施奠定了"加拿大养老金计划"的投资管理框架。CPP 通过对雇主、雇员，或自雇者的强制性缴费以及投资收入进行筹资。雇员从 18 岁，或者从 1966 年该计划建立之初开始向该计划进行缴费。年工资收入的第一笔 3500 加元获得减免。2015 年，缴费基数为工资收入的 3500—53600 加元。雇员缴费率为 4.95%，雇主配比相同比率。自雇者的缴费率等同于雇员、雇主缴纳费率之和 9.9%。CPP 除主要提供养老金外，也提供残障、死亡、遗属及育儿津贴及退休后津贴。

续表

国家	公共养老金制度改革及相关参数说明
丹麦	公共养老金待遇包括基本养老金与强制性的补充养老金计划（ATP）。养老金待遇随平均工资增长而进行年度调整。调济机制主要是基于过去两年的工资增长指数
芬兰	标准养老金最初是将基本养老金与收入关联型养老金合并在一起。自1996年改革以后，基本养老金制度变为收入审查制，并与收入关联型养老金制度分离。收入关联型养老金的待遇计算标准不断调整。从1977年开始，养老金调济机制主要参照TEL5050标准（工资与物价平均权重）。1996—2004年，养老金计算所依据的平均收入年限增长至10年，并且去掉最高与最低年份。2005年的改革包括将52岁参保者的计息率从1.5%增加到1.9%，63岁参保者的计息率增加到4.5%。整个工作年限的工资记录被用于计算养老金待遇，调济指数为80×工资/20元×物价。60%的计息上限取消。2005年以前的养老金权益由旧规则确定，2005年以后则实行新规则。2012年以前退休的人员可以选择其中任何一种规则执行
法国	1993年，针对私人部门的养老金待遇计发办法变得更为严格：最低供款年限从37.5年延长至40年，缴费基数从"最好的10年"变为"最好的25年"；从1995年开始，调济机制由依据工资指数转变为依据物价指数。2003年，最低40年的供款年限不仅适用于私部门，也适用于公共部门，并于2008年增加到41年
德国	自1972年德国养老金制度扩展以来，经历了四次著名的改革：1992年和2001年为两次主要养老金改革，2001年和2004年为强化性改革。1992年公共养老金改革的一个重要措施是将待遇给付与净工资而非总工资水平挂钩。另外，引入一种使待遇与退休年龄挂钩的"精算"调节机制，将正常退休年龄提高至65岁（残障养老金津贴为63岁），以此来约束提前退休的行为。1999年的改革通过预先确定的"人口学因子"——人口预期寿命与一系列修正因子的函数，降低了养老金的替代率水平。改革的一个副作用是，将女性和失业者的法定领取退休金年龄从60岁逐渐提高到65岁。这一改变将于2017年前完全实施，并为拥有35年工作年限的健康雇员提供一个"退休窗口"。2015年以后，男性和女性的退休年龄将没有差异；2007年以后，失业退休待遇也被取消；2007年以后，"部分退休"变为可能。2001年的Riester改革引入一种相当复杂的新的调节公式，将养老金现值的变化与总收入的滞后变化相关联，并由真实的缴费率水平和新的私人养老金账户虚拟缴费水平修正，逐渐从2003年的0.5%增长到2009年的4%。改革的核心目标是稳定费率，以限制非工资劳动力

国家	公共养老金制度改革及相关参数说明
德国	成本的增长，并实现代际负担的公平。改革法案强调，公共退休计划的缴费率到 2020 年必须限定在 20% 以内，到 2030 年前限制在 22% 以内，净养老金替代率稳定在 67%。确保养老金水平的长期稳定性：养老金替代净工资收入的比率从当前的 70% 逐步降低到 67%—68%（2030 年）。与此同时，参照的工资基数中的 4% 投资于新建的私人补充养老保险。这就意味着实际现收现付养老金实际水平将降低至 63.5% 左右。德国 7% 左右的公职人员不加入公共养老金制度，而是参与专门的公职人员养老保险。与雇员、雇主缴费参加养老保险不同，公职人员不需要缴纳显性的保费
爱尔兰	国家缴费型养老金（2006 年 9 月以前称为"老年缴费型养老金"）给 66 岁以上的拥有足额社会保险供款记录即 56 岁以前参保并至少供款 260 周的人士提供退休保障。不同工资水平下的缴费率是不同的
意大利	意大利的公共养老金制度于 1947 年创立，后经不断的改革与完善。1995—2011 年，意大利公共养老金制度历经五次改革，逐渐将传统第一支柱中待遇既定型现收现付制养老金改革为缴费既定型的名义账户制（NDC）。未来养老金领取者的待遇将完全由社会保险项目（风险池逐渐减小）的总供款决定。指数化待遇调整机制也发生改变：将养老金待遇与物价指数而非工资指数挂钩
日本	1974 年以前，养老金待遇所依据的"过去工资"并没有指数化调整机制。1974—2000 年，过去的工资收入基于每四年的物价指数和每五年的工资增长率进行调整。2000 年以后，养老金待遇调整仅与物价指数挂钩。1986 年的改革规定，计息率逐渐从每年的 1% 降到 0.75%，获得全额养老金的供款年限从 35 年增加到 40 年；改革同时使基本养老金待遇对于夫妇是双重的。1994 年的改革将待遇调整机制从总工资改变为净工资。1999 年的改革包括退休年龄、收入审查、调济等一系列措施，通过（a）将计息率于 2000 年开始从 0.75% 降至 0.7125%，（b）2003 年开始把奖金也算入缴费工资中，来改变未来养老金待遇的计发

续表

国家	公共养老金制度改革及相关参数说明
荷兰	荷兰现收现付的公共养老金计划是一个基于居住身份的、基本的全民计划（Algemene Ouderdoms Wet，AOW）。它覆盖65岁以上（2025年调整至67岁）的全体居民。它通过三个不同的渠道进行筹资：①个人收入关联的缴费——目前是17.9%，上限为18.25%——适用于全部的应纳税收入，设有最高封顶线；②收入超过职业养老金缴费的部分；③赤字由一般税收覆盖。养老金待遇是统一的，以居住年限（15—65年）为前提条件。全额AOW养老金在居住满50年后获得，每缺少一年将减少2%。单身人士享有的AOW养老金以70%净最低工资（比30%的总工资略低）为依据；配偶双方均享有相当于50%净最低工资的养老金待遇。对于65岁以下的夫妻，将享有补充津贴。AOW通常需要征税。AOW由净最低工资指数化调整，比总工资的增速要慢
新西兰	公共养老金制度建立在平衡费率的居住审查制度基础上，养老金待遇的年度调整机制与物价指数挂钩
挪威	标准养老金由基本待遇和补充待遇两部分组成。其中，全额的补充待遇为每一个工作年份平均工资的45%（1993年以前），1993年以后则为42%。应付养老金待遇等于1967年以来的平均年度养老金积分。至第一个20年（1967—1987年），雇员每年获得5%的全额养老金（直至1987年，获得45%的全额养老金）。从1987年开始，全额参保年限逐年延长至40年
瑞典	1998年以前，瑞典第一支柱为收入关联型现收现付养老金制度，即在满30年缴费后提供一个基于雇员最好15年收入替代55%—70%水平的全额养老金。1998年以名义账户制度（NDC）为核心的新养老保险制度代替了原有的国民养老金和收入关联养老金计划。新制度包括两个部分：①现收现付的名义既定缴费计划，又称名义账户制度（收入关联养老金计划）；②强制性、私人管理的完全积累型个人账户计划。名义记账利率即为每年政府给每个在职者的名义积累一个名义的利率。这一名义利率被称作"收入指数"，根据名义收入近三年的平均值与上一年的物价指数（具体公式由瑞典养老金局设定）进行调整。因此，工作期间的缴费是根据长期的平均收入进行指数化调整的，也依据通货膨胀水平进行短期的快速调整。在职者缴费的上限为收入关联基本数额的8.07倍。雇员缴纳个人收入的7%，雇主缴纳10.21%；自雇者缴纳17.21%；政府为社会救济对象缴纳10.21%。17.21%相当于养老金基数的18.5%（不包括雇员7%的缴费）。在瑞典名义账户制中，当养老金资产与负债相等的时候，NDC记账率与社会平均工资增长率挂钩。一旦养老金资产、负债不相匹配，自动平衡

国家	公共养老金制度改革及相关参数说明
瑞典	机制就启动，对记账率进行修正，直到资产、负债达到新的平衡。自动平衡机制的设计主要基于平衡率的计算。平衡率 =（缴费资产价值 + 缓冲基金）/ 养老金负债。当平衡率小于 1 即养老金资产小于负债时，自动平衡机制启动。此时，养老金名义账户根据平衡指数而非收入指数即工资增长率计息。平衡指数由工资增长率的变化与平衡率共同决定。在自动平衡机制启动时期，如果平衡率大于 1，养老金则由一个高于工资增长率增长的比率计息，直到平衡指数重新回到工资增长率的水平，自动平衡机制停止发挥作用。从瑞典的实际情况来看，由于经济危机的影响，平衡率在 2008 年、2009 年分别为 0.9826 和 0.9549，自动平衡机制于 2008—2009 年启动，几经调整，2009—2011 年以低于收入增长率的水平计息，2011—2013 年养老金资产负债相对平衡，2015 年以高于工资增长率的水平计息，直到 2018 年（预计）恢复至工资增长率的水平，自动平衡机制停止。2008 年的经济危机造成的名义资产缩水，需要 9—10 年的时间修复，其间虽由缴费者和养老金待遇领取者共同承担偿付能力不足带来的资产损失，但在职一代相比退休一代有更长的时间获得对养老金权益损失的补偿，因此自动调整机制会对退休者产生更大的不利影响
瑞士	公共的收入关联型养老金待遇建立在终生平均收入基础之上。终生的平均收入取决于缴费年限，以及个人从 20 岁到退休之间的平均收入。养老金待遇水平设有上限和下限。待遇计发公式有助于实现从高收入者到低收入者的再分配。给予参保者及其配偶的养老金待遇上限不会超过单个养老金领取者最高养老金水平的 150%。调济机制为每两年根据 50% 的物价指数和 50% 的名义收入进行调整
英国	英国第一支柱养老金制度的改革较为复杂。1975 年建立了国家收入关联的养老金计划（SERPS）。1986 年，撒切尔政府通过《社会保障法案》进行了更为自由主义的多支柱模式改革：削减 SERPS 公共养老金替代率水平，从 25% 降到 20%。这一计划于 2002 年被国家第二养老金计划（S2P）所取代。2007 年以前，这一计划是收入关联型计划，但随后即改成支持低收入者的平衡费率计划。2003 年，布莱尔政府引入新的养老金积分制度，它是一项针对 60 岁以上人群的收入关联制度。2006 年政府发布了两份白皮书，2007 年的《养老金法案》

续表

国家	公共养老金制度改革及相关参数说明
英国	及随后的《养老金草案》开始了对英国养老金制度的新一轮改革。《养老金法案》将领取全额国家基本养老金的供款年限进行调整：女性从 39 年、男性从 44 年均降低到 30 年。这将有利于增加女性接受全额国家基本养老金的人数。《养老金法案》同样修改了待遇调整机制：与物价水平挂钩改为与收入水平挂钩。合同退出仅限于非公共的 DB 计划。在随后的联合政府执政时期，开始讨论基本国家养老金（BSP）与 S2P 养老金制度的合并，2014 年颁布法案确定合并方案并于 2016 年正式实施
美国	美国的公共养老金，又称为"社会保障"，是一种收入关联型累进性养老金制度。当已婚夫妇中的一方（工作者）拥有较少的养老金权益并育有一个需要抚养的孩童时，夫妇可以获得 50% 替代率的额外补助。基本养老金待遇建立在最高 35 年工资的平均值基础上，税基上限由整个经济中工资的增长进行调整。养老金调济机制根据物价指数进行调整
西班牙	20 世纪 70 年代初，西班牙现收现付的养老金制度建立。待遇计算的工资基数为过去 7 年中连续 24 个月的平均供款基数。1973 年，待遇参考标准从法定工资改为实际工资。1974 年，最低供款养老金制度建立。由于依据养老金种类而非退休者年龄计算，养老金覆盖率指标仅为近似值
葡萄牙	1970 年，计算养老金待遇的工资基数为所有供款年份的平均工资，没有根据物价指数而相应调整的机制。如果工资基数低于最高 10 年平均工资的 60%，则将提升 10%。获得养老金的最低要求是满足 10 年的参保年限并有 60 个月连续的缴费记录。1974 年，养老金计算所参考的工作年限为先前参保的 10 年，工资基数依据其中工资最高的 5 年。养老金替代率上限降至 70%，下限为 30%；如果养老金领取者有受赡养的配偶，替代率会增加 20%。领取养老金所要求的工作年限降低至 3 年，并要求养老金待遇领取者在这段时间有连续 24 个月的缴费记录。1974 年年底，新增加了第十三个月的养老金给付作为圣诞奖励。随后，在 1978 年、1983 年和 1994 年，养老金制度参数陆续进行了调整，养老金待遇上限一度与政府部长的工资相连

续表

国家	公共养老金制度改革及相关参数说明
韩国	国家养老金制度于 1986 年建立，1988 年正式实施。起初，养老金仅覆盖 10 人以上就业部门的全职雇员，随后扩展到 5 人以上就业部门的全职雇员（1992 年），进而覆盖农民和渔民（1995 年 7 月）、市民（1999 年 4 月）、1 人及以上就业部门雇员（2003 年 7 月），最终覆盖至全体居民。尽管覆盖面不断扩展，公共养老金的待遇水平却逐渐降低。从 1988 年开始，收入历史被用于计算养老金待遇。2007 年以前，没有人的供款年限超过 20 年。2007 年以后，供款低于 20 年，其待遇水平将减少 5%。被扣减的养老金用于支付给那些参保年份大于 10 年但小于 20 年的年满 60 周岁者。特殊养老金补助将支付给国家养老金建立时（1988 年 1 月）年满 45—60 周岁，且供款年限在 5—15 年的参保者。另外，不论平均的年收入或参保年限为多少，参保者的受赡养者都将获得一笔固定的赡养者养老金。

资料来源：①Scruggs, Lyle, Detlef Jahn and Kati Kuitto, "Comparative Welfare Entitlements Data Set 2, Version 2014 - 03. Codebook", 2014, （http：//cwed2. org）. ②Pensions at a Glance 2015：OECD and G20 Indicators。

第二节　相关变量说明及描述性统计

下面将对相关变量的数据来源及描述性统计特征做详细说明。

一　公共养老金：替代率与覆盖率

2004 年，发布了第一轮 CWED1 数据；2014 年，发布了第二轮 CWED2 调查数据。其中，养老保险具体指标如表 7-2 所示。

表 7-2　　　　　　养老金制度相关指标

MPS100	最低养老金替代率：单身（100%）
MPC1000	最低养老金替代率：家庭（100%/0）
SPS100	标准养老金替代率：单身（100%）
SPC1000	标准养老金替代率：家庭（100%/0）

续表

PFUND	雇员供款占雇主、雇员总供款的比例
PQUAL	标准供款年限
AVGPER	待遇指数化的计算年限（如收入最好的 5 年或 20 年）
PENCOV	覆盖率：法定退休年龄者中公共养老金领取者所占比例
LEXP65	65 岁的人口预期寿命（男性、女性的简单平均）

公共养老金相关参量的基本定义可追溯至埃斯平 – 安德森（Esping – Andersen，1990），经阿伦和斯克鲁格斯（Allan and Scruggs，2004）与斯克鲁格斯（2007）的发展，公共养老金制度所涉及的核心变量的内涵不断完善。

关于替代率，其前提假设是一个就职于制造业的一般性生产工人，现年 40 岁，并在收入丧失或取得社会福利待遇前已经工作了 20 年。家户被分为两种类型：一类是单身户，100% 工资收入，独居，没有小孩和受赡养者；另一类是家庭户，在职者需赡养一名没有收入来源的配偶和两个 7—12 岁的孩童。替代率是根据最初六个月的年化养老金待遇计算的。计算替代率所依据的参考工资指的是平均生产性工人的工资（Average Production Worker Wage，APWW）。工作中的参考收入包括政府的一般性现金转移支付，如儿童、家庭津贴。家庭的养老金替代率参照的是包括所有其他补助在内的家户可得收入。

关于覆盖率，指的是达到法定退休年龄的人群中领取公共养老金的人数。它是衡量公共养老金制度的另一个重要维度。

一些主要国家 1971 年以来的公共养老金替代率、覆盖率数据如图 7 – 1、图 7 – 2、图 7 – 3 所示。描述性统计指标如表 7 – 3 所示。从替代率水平来看，无论对于单身户还是家庭户，1971—2011 年，公共养老金替代率呈缓慢上升趋势，尽管有些国家如澳大利亚、瑞典、美国、意大利等国呈现一定的波动趋势（见图 7 – 1 和图 7 – 2）。21 个国家将近 40 年间的平均养老金替代率水平对于单身户约为 56%，

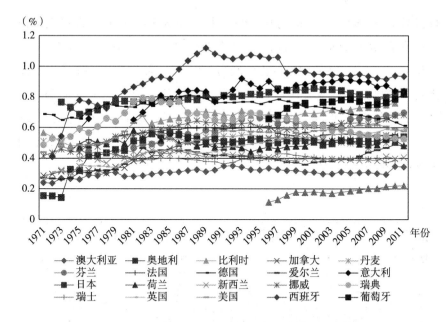

图7-1　一些主要国家历年公共养老金替代率：单身户

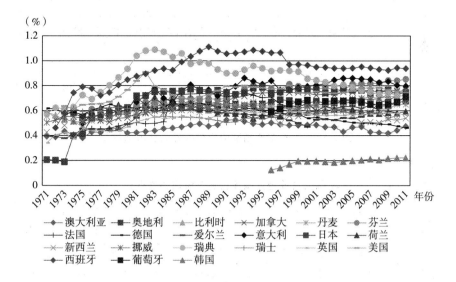

图7-2　一些主要国家历年公共养老金替代率：家庭户

标准差为 0.182，最大值为 91.9%，最小值为 18%；对于拥有无工作配偶和孩童的家庭户而言，平均养老金替代率为 64%，标准差为 0.153，最大值为 92.6%，最小值为 19.1%，如表 7 – 3 所示。整体上看，各国公共养老金制度覆盖率呈平稳趋势，个别国家由于新制度建立或政策改革等制度性因素导致覆盖率的骤然提高，如韩国和日本（见图 7 – 3）。各国养老金制度覆盖率均值高达 89.8%，标准差为 0.066，见表 7 – 3。

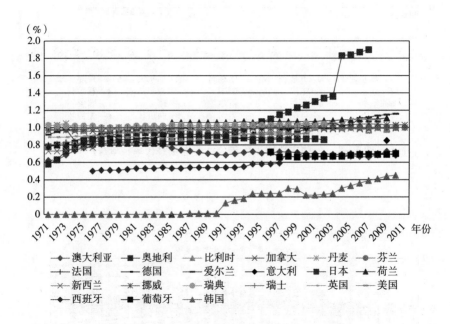

图 7 – 3　一些主要国家历年公共养老金覆盖率

表 7 – 3　　　　　　　21 国公共养老金制度主要参量描述性统计

国家	单身户养老金替代率（SPS100）			家庭户养老金替代率（SPC1000）			养老金覆盖率（PENCOV）		
	观测值	均值	标准差	观测值	均值	标准差	观测值	均值	标准差
澳大利亚	41	0.305	0.026	41	0.458	0.037	41	0.724	0.061
奥地利	41	0.795	0.043	41	0.636	0.036	41	0.850	0.021
比利时	41	0.643	0.088	41	0.635	0.057	41	0.929	0.065

续表

国家	单身户养老金替代率（SPS100）			家庭户养老金替代率（SPC1000）			养老金覆盖率（PENCOV）		
	观测值	均值	标准差	观测值	均值	标准差	观测值	均值	标准差
加拿大	41	0.458	0.092	41	0.664	0.089	41	0.982	0.013
丹麦	41	0.499	0.041	41	0.609	0.045	41	0.999	0.020
芬兰	41	0.571	0.088	41	0.721	0.079	41	0.997	0.034
法国	41	0.545	0.065	41	0.588	0.129	41	1	0
德国	41	0.730	0.051	41	0.584	0.057	41	0.921	0.065
爱尔兰	41	0.391	0.062	41	0.545	0.085	41	0.955	0.095
意大利	41	0.790	0.113	41	0.733	0.116	41	0.948	0.052
日本	41	0.473	0.106	41	0.674	0.164	41	1.153	0.398
荷兰	41	0.490	0.039	41	0.591	0.053	41	0.986	0.128
新西兰	41	0.395	0.038	41	0.580	0.062	41	0.930	0.080
挪威	41	0.583	0.070	41	0.613	0.065	41	1.009	0.018
瑞典	41	0.635	0.082	41	0.856	0.137	41	1.026	0.012
瑞士	38	0.404	0.023	38	0.574	0.035	38	1	0
英国	41	0.463	0.092	41	0.528	0.068	41	0.997	0.067
美国	41	0.555	0.056	41	0.738	0.069	41	0.944	0.012
西班牙	41	0.907	0.147	41	0.914	0.155	41	0.589	0.083
葡萄牙	16	0.754	0.039	16	0.663	0.029	16	0.681	0.017
韩国	25	0.156	0.041	25	0.167	0.039	25	0.244	0.136
平均水平	817	0.550	0.067	817	0.622	0.076	817	0.898	0.066

注：需要特别说明的是，一些国家如日本、挪威、瑞典的公共养老金覆盖率大于1，这意味着领取公共养老金的人数超过达到法定退休年龄的人数，即提前退休现象的普遍存在。

　　为直观地了解公共养老金制度与家户人均最终消费支出的关系，我们可以首先构造散点图并拟合曲线来考察变量间可能的关系。由图7－4可知，公共养老金制度覆盖率与居民消费的关系较为复杂，对不同国家在不同阶段的影响是不同的；而公共养老金的覆盖率与各国家户人均最终消费支出表现出潜在的正向相关性。诚然，变量间更为精准的影响关系还有待于下文模型的规范构建来呈现。

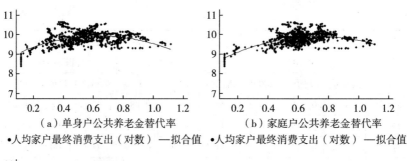

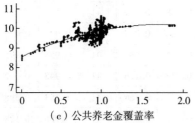

（a）单身户公共养老金替代率
•人均家户最终消费支出（对数）—拟合值

（b）家庭户公共养老金替代率
•人均家户最终消费支出（对数）—拟合值

（c）公共养老金覆盖率
•人均家户最终消费支出（对数）—拟合值

图 7 - 4　21 国公共养老金替代率、覆盖率与

人均家户最终消费支出（对数值）散点图

二　相关宏观经济变量及人口学变量

为探寻各国公共养老金制度对居民消费支出的一般性影响，根据绝对收入假说、持久收入假说、生命周期假说等理论，模型还将考虑人均 GDP、人口预期寿命及年龄结构等影响因素。

就人均家户最终消费支出来看，1971—2011 年，21 国均呈现出较为明显的上升趋势，尽管一些国家在特定年份有所波动。以 2010 年不变美元为单位计价的人均家户最终消费支出均值为 18461.12 美元，标准差为 6925.78（见表 7 - 4）。各国人均 GDP 水平在 20 世纪 90 年代以前呈现较为缓慢的增长趋势，1995 年以后迅速增长，尤以挪威、加拿大、丹麦、美国等为代表。由于波及全球的经济危机的影响，各国人均 GDP 均在 2007—2009 年呈现一定的下降趋势。以现价美元为单位计价的人均 GDP 水平均值约为 21462.97 美元，标准差为 15862.7 美元，最小值为 316.83 美元，最大值为 100575.10 美元。就人口预期寿命的指标而言，各国 65 岁人口的平均余命在过去的 40 年间普遍稳步上升，余命均值已达到 16.86 岁，最小值是 12.40 岁，最大值是 21.45 岁（日本）。从少儿抚养比①的指标看，各国普遍呈现出逐年下降的趋势，并且各国间的少儿抚养比差距逐渐缩小。各国 40 年间的均值为 31.39%，最小值为 20.3%，最大值为 75.08%，如表 7 - 4 所示。这与全球人口所呈现的低生育率、少子化趋势相关联。从老年抚养比②的指标来看，各国呈现出一定程度的上升趋势，其均值为 20.46%，最小值为 5.96%，最大值为 37.33%。可见，老龄化已成为近几十年来的另一个重要人口学特征。

表 7 - 4　　　　　　　**模型其他相关变量的描述性统计**

变量	符号	观测值	均值	标准差	最小值	最大值
人均家户最终消费支出（美元）	hhcons_percap	861	18461.12	6925.78	1974.89	40510.79
人均 GDP（美元）	GDP_percap	852	21462.97	15862.7	316.83	100575.10
65 岁人口余命（岁）	lexp65	860	16.86	1.87	12.40	21.45
少儿抚养比（%）	child_depend	861	31.39	7.72	20.30	75.08
老年抚养比（%）	elderly_depend	861	20.46	4.76	5.96	37.33

注："65 岁人口余命"数据来自 http://cwed2.org；其他数据均来自世界银行数据库（http://www.worldbank.org/）。

第三节　静态面板数据分析

本章首先建立长面板的静态面板数据模型，考察各种估计方法下公共养老金两个重要维度与家户人均最终消费支出的关系。

一　长面板数据模型的建立

当面板数据中涉及的时间维度 T 大于观察个体 N 时，我们称其为

---

① 少儿抚养比 = 0—14 岁儿童人口数/15—64 岁工作年龄人口数。

② 老年抚养比 = 65 岁以上人口数/15—64 岁工作年龄人口数。

长面板。本书将要分析的 21 国 1971 年以来的数据即为典型的长面板数据。与观测值较多而时间维度较小的短面板相比，长面板包含较多的时间信息，因而面板模型的随机干扰项更容易出现自相关和异方差。因此，在分析长面板模型时，我们既要考虑个体效应与时间效应，还应注意处理组内自相关、组间异方差和组间同期相关的问题。

根据表 7-2 及表 7-4 中的变量建立各国家户人均最终消费支出的对数①模型如下：

$$\ln hhcons\_percap_{it} = \beta_0 + \beta_1 \ln GDP\_percap_{it} + \beta_2 sps100_{it}(spc1000_{it}) +$$
$$\beta_3 pencov_{it} + \beta_4 \ln lexp65_{it} + \beta_5 child\_depend_{it} +$$
$$\beta_6 elderly\_depend_{it} + \beta_7 D_{Country} + u_i + \varepsilon_{it} \qquad (7.1)$$

其中，i 表示不同的国家，t 为时间段，$D_{Country}$ 为国家虚拟变量，u_i 为个体效应，ε_{it} 为随机干扰项。对随机干扰项的不同假设将产生不同的模型设置。

首先，假设 $\{\varepsilon_{it}\}$ 独立同分布，暂不考虑组间异方差或同期相关，建立纳入时间效应和个体效应的双向固定效应模型（1）（见表 7-5 和表 7-6），然后用最小二乘虚拟变量法（LSDV）估计系数。这一模型的本质仍是 OLS 最小二乘估计，作为基准模型，是其他模型的参照。

表 7-5　公共养老金替代率、覆盖率水平与家户人均最终消费
支出关系的跨国面板模型回归结果（单身户）

lnhhcons_percap	模型（1）双向固定效应（LSDV）	模型（2）面板校正标准误（PCSE）	模型（3）FGLS（ar1 估计）	模型（4）FGLS（psar1 估计）
lngdp_percap	0.128 ***	0.128 ***	0.094 ***	0.093 ***
	(0.020)	(0.019)	(0.015)	(0.015)
sps100	0.038	0.038	− 0.061 *	− 0.062 *
	(0.129)	(0.048)	(0.032)	(0.031)

① 为减小异方差，保持数据平稳，这里对各变量取自然对数后进行回归分析。

续表

lnhhcons_percap	模型（1）双向固定效应（LSDV）	模型（2）面板校正标准误（PCSE）	模型（3）FGLS（ar1 估计）	模型（4）FGLS（psar1 估计）
pencov	0.134 *	0.134 ***	0.042 *	0.054 **
	（0.073）	（0.023）	（0.025）	（0.024）
lnlexp65	0.752 **	0.752 ***	0.222 **	0.279 **
	（0.334）	（0.111）	（0.113）	（0.110）
child_depend	- 0.078	- 0.078	- 0.621 ***	- 0.852 ***
	（0.396）	（0.095）	（0.193）	（0.180）
elderly_depend	- 0.123 **	- 0.123 ***	- 0.694 ***	- 0.534 ***
	（0.411）	（0.136）	（0.226）	（0.206）
Austria	0.018	0.018	- 0.034	- 0.063 *
	（0.051）	（0.030）	（0.035）	（0.038）
Belgium	- 0.037	- 0.037	- 0.097 ***	- 0.145 *
	（0.037）	（0.025）	（0.035）	（0.077）
Canada	- 0.111 ***	- 0.111 ***	- 0.072 ***	- 0.085 ***
	（0.030）	（0.012）	（0.020）	（0.025）
Denmark	0.138 ***	0.138 ***	0.099 ***	0.071 **
	（0.027）	（0.020）	（0.034）	（0.031）
Finland	- 0.150 ***	- 0.150 ***	- 0.181 ***	- 0.202 ***
	（0.032）	（0.019）	（0.029）	（0.037）
France	- 0.142 ***	- 0.142 ***	- 0.133 ***	- 0.158 ***
	（0.030）	（0.013）	（0.024）	（0.025）
Germany	- 0.001	- 0.001	- 0.072 *	- 0.108 ***
	（0.045）	（0.028）	（0.038）	（0.039）
Ireland	- 0.243 ***	- 0.243 ***	- 0.250 ***	- 0.239 ***
	（0.053）	（0.013）	（0.036）	（0.033）
Italy	- 0.084 *	- 0.084 ***	- 0.127 ***	- 0.154 ***
	（0.049）	（0.027）	（0.035）	（0.033）
Japan	- 0.105 ***	- 0.105 ***	- 0.100 ***	- 0.130 ***
	（0.037）	（0.016）	（0.031）	（0.031）

续表

lnhhcons_ percap	模型（1）双向固定效应（LSDV）	模型（2）面板校正标准误（PCSE）	模型（3）FGLS（ar1 估计）	模型（4）FGLS（psar1 估计）
Netherlands	-0.103***	-0.103***	-0.113***	-0.129***
	(0.024)	(0.018)	(0.032)	(0.045)
New Zealand	-0.259***	-0.259***	-0.224***	-0.215***
	(0.030)	(0.018)	(0.023)	(0.027)
Norway	0.152***	0.152***	0.168***	0.144***
	(0.034)	(0.016)	(0.026)	(0.028)
Sweden	-0.071*	-0.071***	-0.076**	-0.113***
	(0.038)	(0.020)	(0.031)	(0.032)
Switzerland	0.447***	0.447***	0.442***	0.401***
	(0.028)	(0.022)	(0.038)	(0.109)
UK	-0.102***	-0.102***	-0.162***	-0.190***
	(0.029)	(0.016)	(0.028)	(0.041)
US	0.115***	0.115***	0.140***	0.131***
	(0.034)	(0.015)	(0.018)	(0.034)
Spain	-0.295***	-0.295***	-0.315***	-0.335***
	(0.071)	(0.032)	(0.041)	(0.047)
Portugal	-0.377***	-0.377***	-0.506***	-0.522***
	(0.053)	(0.031)	(0.049)	(0.041)
Korea	-0.878***	-0.878***	-1.051***	-1.026***
	(0.059)	(0.024)	(0.078)	(0.061)
t	0.006*	0.006***	0.010***	0.008***
	(0.003)	(0.001)	(0.002)	(0.002)
常数项	6.483***	6.483***	8.470***	8.400***
	(0.932)	(0.328)	(0.358)	(0.354)
样本数	810	810	810	810
$\overline{R}^2$	0.968	0.968	0.998	0.999
F	—	—	—	—
p	—	0.000	0.000	0.000

注：括号里为标准误。* 表示 $p < 0.10$，** 表示 $p < 0.05$，*** 表示 $p < 0.01$。

表 7 - 6　　　GDP 分组下公共养老金替代率、覆盖率水平与家户
人均最终消费支出关系的跨国面板模型回归结果（单身户）

lnhhcons_ percap	模型（1）双向固定效应（LSDV）	模型（2）面板校正标准误（PCSE）	模型（3）FGLS（ar1）
lnlexp65	1. 355 ***	1. 355 ***	0. 465 ***
	（0. 343）	（0. 055）	（0. 100）
child_ depend	− 0. 906 *	− 0. 906 ***	− 0. 779 ***
	（0. 479）	（0. 087）	（0. 182）
elderly_ depend	− 1. 013 **	− 1. 013 ***	− 0. 135
	（0. 454）	（0. 137）	（0. 225）
sps100	0. 106	0. 106	− 0. 014
	（0. 156）	（0. 030）	（0. 031）
pencov	0. 977 ***	0. 977 ***	0. 588 ***
	（0. 140）	（0. 037）	（0. 094）
gdp_ quartile 2 × pencov	− 1. 354 ***	− 1. 354 ***	− 0. 610 ***
	（0. 181）	（0. 053）	（0. 127）
gdp_ quartile 3 × pencov	− 1. 031 ***	− 1. 031 ***	− 0. 589 ***
	（0. 168）	（0. 034）	（0. 097）
gdp_ quartile 4 × pencov	− 1. 667	− 1. 667 ***	− 0. 434 ***
	（1. 823）	（0. 322）	（0. 165）
gdp_ q2	1. 360 ***	1. 360 ***	0. 756 ***
	（0. 164）	（0. 054）	（0. 118）
gdp_ q3	1. 076 ***	1. 076 ***	0. 728 ***
	（0. 151）	（0. 035）	（0. 089）
gdp_ q4	1. 981	1. 981 ***	0. 865 ***
	（1. 768）	（0. 326）	（0. 160）
t	0. 005	0. 005 ***	0. 011 ***
	（0. 004）	（0. 001）	（0. 001）
常数项	5. 265 ***	5. 265 ***	7. 770 ***
	（0. 790）	（0. 165）	（0. 322）
样本数	816	816	816
$\overline{R}^2$	0. 870	0. 870	0. 996

续表

lnhhcons_percap	模型（1）双向固定效应（LSDV）	模型（2）面板校正标准误（PCSE）	模型（3）FGLS（ar1）
F	262.893		
p	0.000	0.000	0.000

注：括号里为标准误。＊表示 p＜0.10，＊＊表示 p＜0.05，＊＊＊表示 p＜0.01。

其次，当国家 i 的随机干扰项方差为 $\sigma_i^2 = \mathrm{Var}(\varepsilon_{it})$，存在 $\sigma_i^2 \neq \sigma_j^2 (i \neq j)$，则随机干扰项存在"组间异方差"。如果存在 $\mathrm{Cov}(\varepsilon_{it}, \varepsilon_{jt}) \neq 0 (i \neq j, \forall t)$，则称扰动项为"组间同期相关"或"截面相关"。模型（2）为考虑了可能存在的组间异方差与组间同期相关的稳健标准误估计，即"面板校正标准误"（Panel – Corrected Standard Error，PCSE）。

最后，如果存在 $\mathrm{Cov}(\varepsilon_{it}, \varepsilon_{is}) \neq 0 (t \neq s, \forall i)$，则随机干扰项存在"组内自相关"。对于式（7.1），假设 ε_{it} 服从 AR（1）过程，即：

$$\varepsilon_{it} = \rho_i \varepsilon_{i,t-1} + v_{it}$$

其中，$|\rho_i| < 1$，v_{it} 为白噪声项。若 $\rho_i = \rho(i = 1, \cdots, n)$，则所有个体的随机干扰项都服从自回归系数相同的 AR(1) 过程，使用 Prais—Winsten 估计法对原模型进行广义差分变换，即可得到 FGLS 估计量，如模型（3）所示。若每个面板个体的自回归系数 ρ_i 均不相等，即需要时间维度 T 提供足够多的信息来分别估计每个面板自己的 ρ_i，同样需使用 Prais—Winsten 法得到 FGLS 的 psar1 特定估计量。需要说明的是，模型（3）和模型（4）仍建立在面板校正标准误（随机干扰项存在组间异方差与同期相关）的基础上。

由于养老金替代率水平对于单身户和拥有配偶、孩子的家庭户是分开计算的，因此，下面在讨论公共养老金制度与居民消费支出关系时，也将对这两种情况分别讨论。

二 公共养老金与居民消费：单身户

对于单身户，面板数据分析结果如表 7 – 5 所示。双向固定效应模型的估计结果显示，大部分国家虚拟变量显著，即存在个体固定效应，模型应允许每个国家拥有自己的截距项；时间效应也同样显著，见模型（1）。在其他条件一定时，公共养老金替代率的增长对家户人均最终消费支出并没有产生显著性影响；公共养老金覆盖率则对居民消费产生一定的正向作用，并在1%的显著性水平下显著。人均GDP每增长1%，家户人均最终消费支出将平均显著地增长约0.128%。65岁人口平均余命增加1%，会增加家户人均最终消费支出0.752%。这就意味着，对于65岁以上人口，平均预期寿命的提升，会增加家户人均最终消费支出；然而，老年抚养比的提高却对居民消费支出产生一定的负向影响。可见，人口老龄化带给居民消费的影响有两方面：既有可能按照生命周期理论所预期的"年轻时多消费而年老时多储蓄"对当前消费产生挤进作用；也有可能因应对高龄化社会的老年不确定性开支（医疗、护理、生活照料等）而增进当前储蓄的预防性储蓄需要，因此，净影响要取决于两个方向的作用力大小（白重恩、吴斌珍、金烨，2012）。模型（2）为考虑了可能存在的组间异方差与组间同期相关的面板校正标准误估计，估计系数与LSDV估计系数完全一样，标准误变小。

模型（3）为考虑了组内自相关AR（1）过程的估计，并要求各组的自回归系数相同；模型（4）进行自相关的FGLS估计时则允许各组自回归系数不同；并且两者均将组间异方差和同期相关的情形考虑在内。模型（3）、模型（4）的估计系数相近，但与前两个模型OLS的估计结果有较大差异。在其他条件一定时，单身户养老金领取者的平均公共养老金替代率每提升1%，人均最终消费支出平均减少约0.06%，这一效应仅在10%和的显著性水平下显著。覆盖率的提高对居民消费水平的提高产生微弱的正向影响。公共养老金对居民消费的净效应并不明显。在其他条件不变时，人均GDP每增长1%，平均提升人均消费支出0.094%［见模型（3）］和0.093%［见模型（4）］。另外，65岁人口平均余命对消费支出仍产生显著的正向影响，而老年抚养比对家户人均消费支出的负向作用，在统计上十分显著。少儿抚养比每提高1%，会导致人均消费平均减少0.621%—0.852%。这一现象可以被解释为：随着全社会抚养少儿人数的增加，社会倾向于选择更多储蓄而非当前消费，以应对未来对教育等的投资需要。

根据格林（Greene，2000）提出的对组间异方差的沃尔德检验方法，检验原假设"不同个体的随机误差项方差均相等"是否成立。在原假设 H_0: $\sigma_i^2 = \sigma^2$ ($i = 1$, $\cdots$, n) 成立条件下：

$$\frac{\hat{\sigma}_i^2 - \sigma^2}{\sqrt{Var(\hat{\sigma}_i^2)}} \to N(0, 1)$$

其中，$\hat{\sigma}_i^2 = \sum_{t=1}^{T} e_{it}^2 / T$ 为 σ^2 的一致估计量，e_{it}^2 为 ε_{it} 的残差。将上式平方可得：

$$\frac{(\hat{\sigma}_i^2 - \sigma^2)^2}{Var(\hat{\sigma}_i^2)} \to \chi^2(1)$$

$Var(\hat{\sigma}_i^2)$ 的一致估计量为：

$$\widehat{Var(\hat{\sigma}_i^2)} = \frac{1}{T} \frac{1}{T-1} \sum_{t=1}^{T} (e_{it}^2 - \hat{\sigma}_i^2)^2$$

当每个个体的随机干扰项相互独立时，可得沃尔德统计量：

$$W \equiv \sum_{i=1}^{n} \frac{(\hat{\sigma}_i^2 - \sigma^2)^2}{\widehat{Var(\hat{\sigma}_i^2)}} \to \chi^2(n)$$

沃尔德统计量 W 的检验结果表明，$\chi^2(21) = 1456.11$，$p > \chi^2 = 0.000$，可以在 5% 的显著性水平下拒绝同方差假设，即认为存在组间异方差。

根据伍德里奇（Wooldridge, 2002）提供的组内自相关沃尔德检验，在原假设 H_0: $Cov(\varepsilon_{it}, \varepsilon_{is}) = 0$（$t \neq s$，$\forall i$）成立条件下，对给定方程（7.1）进行一阶差分：

$$\Delta y_{it} = \Delta x_{it}'\beta + \Delta \varepsilon_{it}$$

该方程的随机误差项 $\Delta \varepsilon_{it}$ 的自相关系数为：

$$Corr(\Delta\varepsilon_{it}, \Delta\varepsilon_{i,t-1}) = \frac{Cov(\Delta\varepsilon_{it}, \Delta\varepsilon_{i,t-1})}{Var(\Delta\varepsilon_{it})} = \frac{-\sigma_\varepsilon^2}{2\sigma_\varepsilon^2} = -0.5$$

记 $\Delta \varepsilon_{it}$ 的一阶差分回归的残差为 e_{it}，对 e_{it} 进行一阶自回归：

$$e_{it} = \rho e_{i,t-1} + w_{it} (i = 1, \cdots, n; t = 3, \cdots, T)$$

然后对原假设"H_0: $\rho = -0.5$"进行沃尔德 F 检验。检验结果表明，$F(1, 20) = 310.24$，$p > F = 0.000$，可以在 5% 的显著性水平下拒绝"不存在一阶组内自相关"的原假设，即认为存在组内自相关。

由此可见，模型（3）、模型（4）效率更高。

经试验，在方程（7.1）中引入各个国家个体虚拟变量及其与公共养老金覆盖率、替代率的交互项，发现回归系数在各个国家有显著性差异，因此可以考虑将各国按经济发展水平分组，通过方程（7.2）考察公共养老金对居民消费支出的影响在不同经济发展水平的国家是否存在差异。

$$\ln hhcons\_percap_{it} = \beta_0 + \beta_1 \ln GDP\_percap_{it} + \beta_2 sps100_{it}(spc1000_{it}) +$$
$$\beta_3 pencov_{it} + \beta_4 \ln lexp65_{it} + \varepsilon child\_depend_{it} +$$
$$\beta_6 elderly\_depend_{it} + \beta_7 DGDP\_quartile +$$
$$\beta_8 DGDP\_quartile \times pencov_{it} + u_i + \varepsilon_{it} \qquad (7.2)$$

其中，$DGDP\_quartile$ 为对各国历年人均 GDP 水平均值进行的四分位数分组。模型估计结果如表 7-6 所示。

根据各国人均 GDP 水平进行四分位数分组以后，最低分位数组被视为参照组。由于在模型估计中，养老金覆盖率的影响较为显著且估计结果稳健，而养老金替代率对居民消费水平的影响并不显著，因此，这里仅考虑将覆盖率与 GDP 分组的交互项纳入模型之中。如表 7-6 所示，根据面板校正标准误的估计结果，在其他变量一定时，公共养老金覆盖率每提升 1%，最低收入组（处于 0—25% 分位数）的家户人均最终消费支出提升 0.977%；而处于 25%—50% GDP 分位数组、50%—75% 分位数组及 75%—100% 分位数组的国家，其家户人均最终消费支出随着养老金覆盖率的单位增加显著减少了 0.377%①、0.054%。②、0.69%③考虑了组内自相关的可行性广义最小二乘估计结果显示，公共养老金覆盖率的边际消费倾向对从低到高的各收入组依次为 0.588%、-0.322%④、-0.001%⑤、0.154%⑥。可见，公共

---

① 0.977% -1.354% = -0.377%。
② 0.977% -1.031% = -0.054%。
③ 0.977% -1.667% = -0.69%。
④ 0.588% -0.91% = -0.322%。
⑤ 0.588% -0.589% = -0.001%。
⑥ 0.588% -0.434% = 0.154%。

养老金覆盖率对单身户家庭的人均消费支出的影响在各国存在显著差异，公共养老金覆盖率提升对低 GDP 水平国家的消费促进作用十分显著，而对于较高 GDP 水平国家呈现出一定的负向效应。

三 公共养老金与居民消费：家庭户

对于拥有配偶、孩童的家户，面板数据分析结果如表 7 - 7 所示。双向固定效应的回归结果显示，大部分国家虚拟变量显著，即存在个体效应，允许每个国家拥有自己的截距项。若考虑可能存在的组间异方差与组间同期相关因素，建立面板校正标准误估计模型（2），其估计系数与模型（1）类似，而标准误减小。家庭户养老金替代率的提高对家户人均最终消费支出产生微弱的负向影响，且仅在模型（3）、模型（4）通过显著性检验；覆盖率的提升对家户人均最终消费支出的正向效应在 4 个模型中均显著。在面板校正标准误的估计中，在其他条件一定时，各国人均 GDP 每增加 1%，家户人均消费支出将平均显著地增加 0.135%。65 岁人口余命每增加 1%，家户人均消费也将显著地增加 0.751%。同样，考虑了模型自相关 AR（1）过程的模型（3）、模型（4）回归系数类似，但与 OLS 回归的模型（1）、模型（2）结果有一定差异。家庭户的人均养老金替代率每提高 1%，居民人均消费支出平均约下降 0.06%，而公共养老金制度的覆盖率每提高 1%，居民人均消费支出平均增加 0.042%。在模型（3）、模型（4）中，在其他变量不变时，人均 GDP 的增长每提高 1%，家户人均消费支出平均提高约 0.09%。另外，65 岁人口预期寿命的提高会促进居民消费，而老年抚养比和少儿抚养比的提高则由于在单身户分析部分提到的应对未来高龄风险或教育投资的需要而增进了当前储蓄（抑制了当前消费）。

表 7 - 7　　公共养老金替代率、覆盖率水平与家户人均最终
消费支出关系的跨国面板模型回归结果（家庭户）

ln hhcons_percap	模型（1）双向固定效应（LSDV）	模型（2）面板校正标准误（PCSE）	模型（3）FGLS（ar1 估计）	模型（4）FGLS（psar1 估计）
lngdp_percapita	0.135 ***	0.135 ***	0.095 ***	0.094 ***
	(0.022)	(0.020)	(0.015)	(0.015)

续表

ln hhcons_ percap	模型（1）双向固定效应（LSDV）	模型（2）面板校正标准误（PCSE）	模型（3）FGLS（ar1 估计）	模型（4）FGLS（psar1 估计）
spc1000	- 0. 037	- 0. 037	- 0. 069 **	- 0. 066 **
	（0. 078）	（0. 041）	（0. 026）	（0. 025）
pencov	0. 129 *	0. 129 ***	0. 042 *	0. 054 **
	（0. 072）	（0. 023）	（0. 025）	（0. 024）
lnlexp65	0. 751 **	0. 751 ***	0. 231 **	0. 291 ***
	（0. 336）	（0. 110）	（0. 113）	（0. 111）
child_ depend	- 0. 108	- 0. 108	- 0. 627 ***	- 0. 863 ***
	（0. 382）	（0. 097）	（0. 194）	（0. 181）
elderly_ depend	- 1. 069 **	- 1. 069 ***	- 0. 681 ***	- 0. 516 **
	（0. 392）	（0. 144）	（0. 226）	（0. 205）
Austria	0. 038	0. 038 **	- 0. 052 *	- 0. 082 **
	（0. 035）	（0. 018）	（0. 031）	（0. 032）
Belgium	- 0. 023	- 0. 023	- 0. 106 ***	- 0. 148 ***
	（0. 032）	（0. 019）	（0. 034）	（0. 056）
Canada	- 0. 098 ***	- 0. 098 ***	- 0. 067 ***	- 0. 079 ***
	（0. 024）	（0. 013）	（0. 021）	（0. 024）
Denmark	0. 145 ***	0. 145 ***	0. 097 ***	0. 069 **
	（0. 028）	（0. 018）	（0. 034）	（0. 029）
Finland	- 0. 132 ***	- 0. 132 ***	- 0. 179 ***	- 0. 199 ***
	（0. 030）	（0. 016）	（0. 029）	（0. 039）
France	- 0. 131 ***	- 0. 131 ***	- 0. 141 ***	- 0. 165 ***
	（0. 021）	（0. 009）	（0. 023）	（0. 022）
Germany	0. 014	0. 014	- 0. 090 ***	- 0. 127 ***
	（0. 044）	（0. 019）	（0. 034）	（0. 036）
Ireland	- 0. 232 ***	- 0. 232 ***	- 0. 248 ***	- 0. 235 ***
	（0. 050）	（0. 012）	（0. 036）	（0. 031）
Italy	- 0. 059 *	- 0. 059 ***	- 0. 139 ***	- 0. 168 ***
	（0. 034）	（0. 016）	（0. 032）	（0. 028）
Japan	- 0. 093 **	- 0. 093 ***	- 0. 099 ***	- 0. 128 ***
	（0. 035）	（0. 016）	（0. 031）	（0. 029）

续表

ln hhcons_percap	模型（1）双向固定效应（LSDV）	模型（2）面板校正标准误差（PCSE）	模型（3）FGLS（ar1 估计）	模型（4）FGLS（psar1 估计）
Netherlands	-0.093 ***	-0.093 ***	-0.115 ***	-0.131 ***
	(0.021)	(0.016)	(0.032)	(0.048)
New Zealand	-0.247 ***	-0.247 ***	-0.221 ***	-0.210 ***
	(0.025)	(0.018)	(0.023)	(0.026)
Norway	0.162 ***	0.162 ***	0.162 ***	0.138 ***
	(0.020)	(0.012)	(0.026)	(0.027)
Sweden	-0.052	-0.052 ***	-0.072 **	-0.110 ***
	(0.036)	(0.019)	(0.031)	(0.031)
Switzerland	0.445 ***	0.445 ***	0.442 ***	0.403 ***
	(0.029)	(0.022)	(0.038)	(0.104)
UK	-0.096 ***	-0.096 ***	-0.168 ***	-0.196 ***
	(0.031)	(0.015)	(0.026)	(0.040)
US	0.133 ***	0.133 ***	0.143 ***	0.134 ***
	(0.023)	(0.014)	(0.018)	(0.037)
Spain	-0.255 ***	-0.255 ***	-0.320 ***	-0.343 ***
	(0.045)	(0.023)	(0.038)	(0.048)
Portugal	-0.357 ***	-0.357 ***	-0.520 ***	-0.535 ***
	(0.053)	(0.022)	(0.046)	(0.037)
Korea	-0.890 ***	-0.890 ***	-1.060 ***	-1.032 ***
	(0.058)	(0.025)	(0.078)	(0.061)
t	0.006	0.006 ***	0.010 ***	0.008 ***
	(0.003)	(0.001)	(0.002)	(0.002)
常数项	6.457 ***	6.457 ***	8.454 ***	8.371 ***
	(0.954)	(0.325)	(0.358)	(0.355)
样本数	810	810	810	810
$\overline{R}^2$	0.968	0.968	0.998	0.999
F	—	—	—	—
p	—	0.000	0.000	0.000

注：括号里为标准误。*表示 $p < 0.10$，**表示 $p < 0.05$，***表示 $p < 0.01$。

组间异方差的沃尔德检验结果显示，$\chi^2(21)=1316.87$，$p>\chi^2=0.000$，可以在1%的显著性水平下拒绝同方差假设，即认为存在组间异方差。对组内自相关的沃尔德 F 检验结果表明，$F(1,20)=310.637$，$p>F=0.000$，可以在1%的显著性水平下拒绝"不存在一阶组内自相关"的原假设，即认为存在组内自相关。由此看来，模型（3）和模型（4）也具有较高的估计效率。

同样地，经试验，养老金覆盖率的影响较为显著且估计结果稳健，而养老金替代率对居民消费水平的影响并不显著，因此，考虑将覆盖率与 GDP 分组的交互项纳入家庭户模型之中。

根据各国人均 GDP 水平进行四分位数分组以后，最低分位数组被视为参照组。如表 7－8 所示，根据面板校正标准误的估计，在其他变量一定时，公共养老金覆盖率每提升1%，最低收入组（处于0—25%分位数）的家户人均最终消费支出提升0.956%；而处于25%—50% GDP 分位数组、50%—75%分位数组及75%—100%分位数组的国家，其家户人均最终消费支出随着养老金覆盖率的单位增加显著地减少了0.315%[①]、0.121%[②]、0.925%。[③]考虑组内自相关的可行性广义最小二乘估计结果显示，公共养老金覆盖率的边际消费倾向对从低到高的各收入组依次为0.575%、－0.017%[④]、0.001%[⑤]、0.159%[⑥]。可见，养老金覆盖率对家庭户人均消费的影响在各国存在显著差异，公共养老金覆盖率提升对低 GDP 水平国家的消费促进作用十分显著，而对于较高 GDP 水平国家的消费促进作用减弱，甚至呈现出一定的负向效应。

---

① $0.956\% - 1.271\% = -0.315\%$。
② $0.956\% - 1.077\% = -0.121\%$。
③ $0.956\% - 1.881\% = -0.925\%$。
④ $0.575\% - 0.592\% = -0.017\%$。
⑤ $0.575\% - 0.574\% = 0.001\%$。
⑥ $0.575\% - 0.416\% = 0.159\%$。

表 7-8 GDP 分组下公共养老金替代率、覆盖率水平与家户人均
最终消费支出关系的跨国面板模型回归结果（家庭户）

lnhhcons_percap	模型（1）双向固定 效应（LSDV）	模型（2）面板校正 标准误（PCSE）	模型（3） FGLS（ar1）
lnlexp65	1.475 ***	1.475 ***	0.457 ***
	(0.371)	(0.063)	(0.101)
child_dependency	-0.962 **	-0.962 ***	-0.777 ***
	(0.419)	(0.077)	(0.183)
elderly_dependency	-0.594	-0.594 ***	-0.126
	(0.471)	(0.103)	(0.229)
spc1000	-0.073	-0.073 **	-0.023
	(0.180)	(0.034)	(0.028)
pencov	0.956 ***	0.956 ***	0.575 ***
	(0.182)	(0.038)	(0.095)
gdp_quartile 2 × pencov	-1.271 ***	-1.271 ***	-0.592 ***
	(0.206)	(0.050)	(0.126)
gdp_quartile 3 × pencov	-1.077 ***	-1.077 ***	-0.574 ***
	(0.186)	(0.039)	(0.098)
gdp_quartile 4 × pencov	-1.881	-1.881 ***	-0.416 **
	(1.760)	(0.350)	(0.164)
gdp_quartile 2	1.273 ***	1.273 ***	0.743 ***
	(0.186)	(0.051)	(0.117)
gdp_quartile 3	1.122 ***	1.122 ***	0.717 ***
	(0.173)	(0.039)	(0.090)
gdp_quartile 4	2.184	2.184 ***	0.853 ***
	(1.704)	(0.356)	(0.157)
t	0.004	0.004 ***	0.011 ***
	(0.004)	(0.001)	(0.001)
常数项	5.010 ***	5.010 ***	7.804 ***
	(0.870)	(0.176)	(0.320)
样本数	816	816	816
R^2	0.869	0.869	0.996

续表

lnhhcons_percap	模型（1）双向固定效应（LSDV）	模型（2）面板校正标准误（PCSE）	模型（3）FGLS（ar1）
F	388.946		
p	0.000	0.000	0.000

注：括号里为标准误。＊表示 p＜0.10，＊＊表示 p＜0.05，＊＊＊表示 p＜0.01。

第四节　动态面板数据分析

根据前文的理论分析，消费习惯形成对于消费行为有着重要意义，故而下文将因变量滞后项纳入回归方程，建立动态面板模型，进一步考察公共养老金制度两维度与居民消费关系的动态跨国特征。

一　动态面板数据模型的建立

由于居民消费行为受到习惯的影响，因而前期消费支出对当期消费支出具有重要的影响。鉴于此，动态面板数据（在面板模型中，解释变量包含了被解释变量的滞后项）模型可以用来较好地反映居民消费支出的习惯性因素。在方程（7.1）基础上纳入解释变量滞后一期项，建立动态跨国面板数据如下：

$$lnhhcons\_percap_{it} = \beta_0 + \rho lnhhcon\_percap_{i,t-1} + \beta_1 lnGDP\_percap_{it} +$$
$$\beta_2 sps100_{it}/spc1000_{it} + \beta_3 pencov_{it} + \beta_4 lnlexp65_{it} +$$
$$\beta_5 child\_depend_{it} + \beta_6 elderly\_depend_{it} +$$
$$u_i + \varepsilon_{it}(t = 2, \cdots, T) \tag{7.3}$$

作一阶差分后消去个体效应 u_i，可得：

$$\Delta lnhhcons\_percap_{it} = \rho lnhhcons\_percap_{i,t-1} + \Delta X'_{it}\boldsymbol{\beta} + \Delta\varepsilon_{it}(t = 2, \cdots, T) \tag{7.4}$$

这里，X'_{it} 为其他所有自变量。Anderson 和 Hsiao（1981）提出使用 $y_{i,t-2}$ 作为 $\Delta y_{i,t-1}$ 的工具变量，然后进行 2SLS 估计，称为"Anderson - Hsiao 估计量"。Arellano 和 Bond（1991）使用所有可能的滞后

变量作为工具变量对差分后的方程进行 GMM（Generalized Method of Moments）估计，即"Arellano – Bond 估计量"，也被称为"差分 GMM"。使用差分 GMM 获得一致性估计的前提是随机干扰项 $\{\varepsilon_{it}\}$ 不存在自相关，而这一点一般不容易满足。差分 GMM 通过引入滞后项作为工具变量，以减小模型的内生性问题，获得一致性估计，此为其优点。然而，不足之处在于：在时间维度 T 过大、个体数 N 很小时，即在长面板数据的应用中，则会产生很多工具变量，出现"弱工具变量"现象，产生较为严重的偏差。[①] 因此，对于长面板，更为一般地考虑使用"偏差校正 LSDV 法（Biased – corrected LSDV，LSDVC）"。

LSDVC 法的基本思想是：首先使用 LSDV 法估计动态面板模型，记估计系数为 $\hat{\beta}_{LSDV}$；其次，估计 LSDV 法的偏差，记为 $\widehat{Bias}$；最后，将 LSDV 系数估计值减去此偏差，即得到偏差校正后的一致估计：

$$\hat{\beta}_{LSDVC} = \hat{\beta}_{LSDV} - \widehat{Bias}$$

与 GMM 估计相比，偏差校正 LSDV 法的优点在于：对于 N 较小而 T 较大的长面板模型，能够减小估计偏差。其局限性在于：它要求所有解释变量具有外生性。

两种估计方法各有优劣，下面将结合这两种方法对跨国动态面板数据进行分析，以考察 21 国公共养老金制度替代率和覆盖率水平对家户人均最终消费支出的动态影响关系。

二 公共养老金与家户人均消费的动态关系分析

考虑到人均 GDP、公共养老金制度覆盖率和替代率可能的内生性问题，对模型（7.3）进行差分 GMM 估计；另外，在外生性假设下对动态长面板模型进行偏差校正的 LSDV 估计。具体回归结果如表 7 – 9 所示。

对于单身户而言，模型（1）至模型（4）为差分 GMM 估计，模型（5）为偏差校正 LSDV 估计。模型（1）包含被解释变量的一阶滞后值，并且使用两个滞后值作为工具变量。考虑到人均 GDP 与公共养老金为可能的内生变量：人均 GDP 高或公共养老金制度成熟

① 陈强：《高级计量经济学及 Stata 应用》（第二版），高等教育出版社 2014 年版，第 289—291 页。

表7-9　公共养老金替代率、覆盖率水平与家户人均最终消费支出关系的跨国动态面板模型回归结果

lnhhcons_percapita	单身户					家庭户				
	模型（1）差分GMM（无内生变量）	模型（2）差分GMM（内生变量）	模型（3）差分GMM（内生变量）	模型（4）差分GMM（内生变量）	模型（5）偏差校正 LSDV	模型（6）差分GMM（无内生变量）	模型（7）差分GMM（内生变量）	模型（8）差分GMM（内生变量）	模型（9）差分GMM（内生变量）	模型（10）偏差校正 LSDV
L. lnhhcons_percap	0.898*** (0.114)	0.848*** (0.118)	0.882*** (0.081)	0.853*** (0.131)	1.138*** (0.005)	0.858*** (0.091)	0.842*** (0.081)	0.862*** (0.091)	0.834*** (0.098)	1.121*** (0.010)
lngdp_percap	0.009 (0.015)	0.007 (0.012)	0.010 (0.013)	0.009 (0.014)	0.010 (0.007)	0.008 (0.013)	0.008 (0.012)	0.010 (0.012)	0.010 (0.014)	0.009 (0.008)
sps100	-0.100 (0.138)	-0.175 (0.239)	-0.160 (0.213)	-0.170 (0.173)	-0.065** (0.033)					
spc1000						-0.144 (0.162)	-0.131 (0.157)	-0.145 (0.165)	-0.129 (0.137)	-0.046 (0.035)
pencov	0.047 (0.182)	0.086 (0.328)	-0.009 (0.214)	0.101 (0.206)	-0.031 (0.024)	0.083 (0.210)	0.052 (0.191)	0.048 (0.216)	0.080 (0.324)	-0.025 (0.033)
lnexp65	0.191 (0.195)	0.224 (0.179)	0.185 (0.176)	0.144 (0.187)	0.241*** (0.062)	0.152 (0.187)	0.283 (0.195)	0.147 (0.185)	0.170 (0.267)	0.228*** (0.077)
child_depend	-0.065 (0.528)	-0.180 (0.511)	-0.197 (0.340)	-0.369 (0.600)	0.007 (0.103)	-0.328 (0.457)	-0.178 (0.467)	-0.296 (0.469)	-0.258 (0.428)	0.003 (0.134)
elderly_depend	-0.315 (0.406)	-0.231 (0.373)	-0.225 (0.395)	-0.297 (0.456)	0.021 (0.137)	-0.280 (0.418)	-0.281 (0.404)	-0.191 (0.436)	-0.165 (0.523)	0.022 (0.169)
样本数	772	772	772	772	793	772	772	772	772	793

注：括号里为标准误差。* 表示 $p<0.10$，** 表示 $p<0.05$，*** 表示 $p<0.01$。

（覆盖率高、保障水平高）的国家，家户人均消费水平高；而家户人均消费水平高的地区，人均 GDP 水平也相应较高或公共养老金制度也较为发达，即互为因果的交互影响。因此，模型（2）、模型（3）、模型（4）在模型（1）的基础上分别将人均 GDP、公共养老金覆盖率、替代率设定为内生解释变量，并最多使用一个更高阶滞后值为工具变量。差分 GMM 估计的回归结果较为类似，单身户的公共养老金覆盖率和替代率水平对家户人均最终消费支出均没有显著性影响。家户人均最终消费支出的习惯性影响却显著存在：其他变量保持不变，人均消费支出的滞后一期值每增加 1%，当前消费支出平均显著地增加约 0.8%，见模型（1）至模型（4）。差分 GMM 进行一致估计的前提是模型随机干扰项不存在自相关，而这一假设在时间序列较长的长面板模型中一般是不容易满足的。因而进一步采用残差序列相关假设放松情形下的"偏差校正 LSDV 法"进行估计，如模型（5）所示。根据模型（5），在其他条件一定时，公共养老金替代率与居民消费支出呈现出微弱的负向效应。前一期消费支出每增加 1%，当前消费支出将平均显著地增加 1.138%。另外，65 岁人口的预期寿命每增加 1%，人均消费支出平均提升约 0.241%。

对于拥有配偶和两个 7—12 岁孩子的家庭户，模型（6）至模型（9）为差分 GMM 估计，其中，模型（6）仅包含被解释变量一阶滞后值，不设定其他内生变量，模型（7）、模型（8）和模型（9）分别将人均 GDP、公共养老金覆盖率、替代率设定为内生解释变量，并最多使用一个更高阶滞后值为工具变量。根据表 7-9，公共养老金替代率对家庭户人均消费支出的微弱负向作用并没有通过显著性检验，而覆盖率对居民消费的影响在 5 个模型中也不显著。滞后一期的人均消费支出对家庭户当期消费支出仍然产生重要影响：过去消费支出每增加 1%，当前消费支出平均增长约 0.8%（差分 GMM 估计）或 1.121%（偏差校正 LSDV 估计）。当期的人均 GDP 增长率对当期消费增长率具有正向影响，但在统计上并不显著。65 岁人口余命对居民人均消费支出的正向效应仅在模型（10）中显著。少儿抚养比与老年抚养比对人均消费支出的提高并没有明显作用。

总之，过去的消费习惯对当前消费行为具有重要影响，习惯形成理论在跨国动态面板模型中得到验证。然而，无论是单身户还是家庭户，公共养老金替代率与覆盖率变量对单身户或家庭户的人均最终消费支出均没有显著性影响。

本章小结

为探寻公共养老金制度对居民消费行为影响的国际经验，本章运用 CWED（2014 年发布）、OECD、世界银行等国际数据库的数据进行模型建构。在国际通认的语境下，强制性现收现付型公共养老金制度与中国的基本养老保险制度在本质上具有可比性。鉴于数据的可得性，本书选取 21 个国家 1970 年以来的数据构建跨国面板模型，变量涉及宏观经济及人口学变量。由于该面板的时间维度大于国家个数，本章首先构建不考虑因变量滞后项的长面板静态模型。对于单身户而言，养老金替代率对人均最终消费支出的影响并不显著，并且在面板校正标准误估计和考虑组内自相关的 FGLS 估计下存在方向不同的效应。公共养老金制度覆盖率的提升对于最低人均 GDP 组国家的家户人均消费支出具有显著的促进作用；随着人均 GDP 的提高，公共养老金覆盖率对较高收入国家居民消费支出的促进作用减弱，甚至呈现出一定的负向效应。对于拥有无收入配偶和两个 7—12 岁孩童的家庭户，养老金替代率对家户人均最终消费支出呈现微弱的负向效应，但在统计上并不显著。制度覆盖率对家庭户人均消费支出的促进作用在最低人均 GDP 分组国家最为明显，随着人均 GDP 水平的提高，养老金覆盖率对居民消费的影响减弱，在较高 GDP 分组国家甚至呈现出负向的影响。这说明公共养老金制度覆盖率的边际消费倾向递减规律。另外，65 岁以上人口平均余命的提高对于人均消费水平有正向效应，这与生命周期储蓄假说相一致。然而，少儿抚养比和老年人口抚养比对人均消费水平的影响则表现出一定的负向影响，这与家庭应对少儿未来的教育等开支，老人应对长寿风险下老年照护、医疗等大额开支有一定关联。

为了更好地反映居民的消费习惯，本章进而构建包含消费支出变量滞后值的动态面板数据模型，通过差分 GMM（可以更好地解决内生性问题，但容易在长面板分析中产生弱工具变量）和偏差校正 LS-DV 法（允许残差自相关但要求变量严格外生）的结合，发现：公共养老金替代率的提高对于单身户和家庭户的人均消费支出并没有显著性影响，尽管可能产生一定的负向作用；公共养老金的制度覆盖率同样未能对消费支出产生显著效应。其次，65 岁人口平均余命对居民消费的正向效应仅在偏差校正 LSDV 估计中通过显著性检验，少儿抚养比和老年抚养比的影响没有通过显著性检验。

总而言之，在跨国经验的比较分析中，无论采取哪种估计方法，无论对于单身户还是家庭户而言，各国的人均 GDP 水平对居民消费支出的正向作用较为稳健，前一期的人均消费支出对当前消费行为也具有重要作用。可见，绝对收入假说、持久收入理论和消费支出的习惯形成模式对于解释居民消费支出的变异有着重要的国际经验证据。跨国的宏观实证经验表明，公共养老金制度的替代率水平对居民人均消费支出的影响并没有获得显著而稳健的结果，公共养老金覆盖率对不同 GDP 分组国家居民消费的影响具有显著的差异性：养老金覆盖率对居民的消费促进作用仅在低 GDP 分组国家较为明显，而在较高 GDP 分组国家影响减弱。

第八章　结论与政策意蕴

第一节　本书的主要发现与贡献

有关公共养老金与居民消费（储蓄）关系的讨论自 20 世纪开始，至今仍持续地进行着，尤其在 2015 年，以"消费、贫困与福利分析"见长的安格斯·迪顿（Angus Deaton）获得诺贝尔经济学奖，又将"社会保障与居民消费"的理论问题推向学界关注的焦点。从理论上看，现收现付的公共养老金制度既可能通过生命周期理论、世代交叠理论和资产替代效应对居民储蓄产生挤出效应，也有可能因为引致退休效应、预防性储蓄理论、行为生命周期的"心智账户"理论对储蓄产生挤进效应。因此，公共养老金制度对居民消费（储蓄）的影响在理论上是没有定论的，这就依赖于经验数据的检验。然而，养老保险与居民消费的关系究竟如何，往往会因为基于不同的经验数据和采用不同的估计方法，而得出千差万别的结论。在当前中国宏观经济下行压力下，国家特别强调增强消费拉动经济的作用，形成对经济发展稳定而持久的内需支撑。那么，社会保障项目中筹资及给付金额最大的公共养老金制度与居民消费的真实关系究竟如何，无论是对于基于中国经验的消费（储蓄）理论发展还是对于我国的政策实践都有着重要意义。

基于这样的动机，本书结合前沿消费函数理论的发展，建立中国居民的消费函数，将宏观与微观经验数据补充使用，构造时间序列、横截面、面板模型甚至准实验的设计，通过多元回归分析以及因果推断等各种估计方法的尝试，以获得稳健的估计结果。这样一来，能够在一定程度上避免当前许多研究所存在的从单一数据来源、单一分析方法中得出片面结论的问题。本书获得的主要结论如下：

第一，从宏观经验来看，即公共养老金制度的参保、待遇给付水平与城镇家庭的人均消费支出关系，本书引入制度变迁的视角发现：在养老保险制度改革以前，制度覆盖率对城镇居民家庭人均实际消费支出的正向影响较为显著；养老保险制度改革以后，无论是制度覆盖率还是替代率对城镇居民家庭人均消费支出的作用均不明显。这可以由我国城镇养老金制度"做减法"的改革本质来解释，城镇职工养老保险改革给居民带来的不确定性预期与对未来养老的担忧，使他们的预防性储蓄动机增强而减少当前消费。改革以来的省际面板数据分析表明，基本养老保险覆盖率和替代率对城镇居民家庭人均消费水平的影响都未能获得稳健而显著的估计结果，但对不同类型的消费支出影响上存在着差异。人均可支配收入与过去消费习惯是影响城镇居民当期消费支出的重要因素。流动性约束与消费的预防性储蓄动机对居民当前消费行为的影响也是现实存在的。总之，从宏观经验分析来看，即平均而言，城镇公共养老金制度覆盖率和替代率对城镇居民家庭人均实际消费支出的净影响并不明确。

第二，从微观经验来看，城乡基本养老保险制度对居民消费支出的影响较为复杂，结果因不同收入水平、不同养老保险种类及地区而有所不同。以基本养老保险的参保情况和养老金待遇水平两个维度来衡量，我们发现：①横截面模型表明，在其他条件一定时，参加各类基本养老保险的群体相比未参保群体的消费要高；养老金待遇水平与居民消费呈倒"U"形关系，居民消费在养老金达到一定水平后会随其进一步的增加而减少。②在横截面数据基础上建立多层次线性回归模型，参保群体较未参保群体的消费水平差异会在全国449个社区（村庄）间产生变异；在初始的人均生活水平较高的地区，养老金待遇给付单位增长所带来的边际消费倾向要低于人均生活水平较低的地区。这一方法的使用也是本书的一个创新点。③为减小内生性问题，本书进而建立两期面板数据模型，同时引入收入按十分位数分组的虚拟变量及其与养老金的交互项，混合回归、固定效应、双向固定效应和随机效应的估计结果表明，低收入组中参加基本养老保险的人比未参保的人消费要多，高收入组中参保者与未参保者的消费差异并不明显；低收入组的个体养老金边际消费倾向显著高于高收入组。④基于实验设计理念的双重差分分析发现，新农保参保对于农村居民家户人均消费支出并没有产生显著的因果效应。总之，具体到个体而言，基本养老保险制度覆盖与待遇水平对低收入群体和低收入地区的消费促进作用较为明显，而对高收入组群体和高收入地区的消费倾向影响并不显著。

第三，人均可支配收入、家庭资产、消费习惯对居民的当前消费支出存在一定的正向影响。宏观数据模型中，流动性约束和预防性储蓄动机对居民消费行为的影响也是显著存在的。可见，绝对收入假说、持久收入假说、习惯形成理论以及流动性约束、预防性储蓄理论在解释我国居民消费行为是有其合理性的。老年人口抚养比的提高对居民当前消费行为产生一定的促进作用，这与生命周期理论所假定的老年时多消费而年轻时多储蓄相一致。另外，教育财政支出占财政总支出决算数比重对城镇居民人均消费支出产生一定的负向作用，这与我国民生领域的社会制度变迁对人们消费预期造成影响的事实有一定关系。微观数据模型中，年龄的增加和家庭人口规模的扩大均对家户人均消费产生一定的负向影响。尽管这与生命周期储蓄理论相悖，但我们可以认为，老年人储蓄的现实原因更为复杂，老年群体的储蓄在一定程度上可以应对长寿风险下各种老年照护、医疗的不确定性开支。因此，老年人的储蓄是生命周期储蓄、预防性储蓄等各种动机的综合效应。

第四，本书首次尝试使用国际上福利领域较为权威的 CWED 数据库，对 21 个工业化国家 1971 年以来的宏观经验数据构造静态面板和动态面板数据模型，考察各国公共养老金（替代率与覆盖率）对代表性家庭户和单身户家庭的人均最终消费支出的影响，跨国实证结果表明：公共养老金的替代率水平对居民人均消费支出的影响无法得到一致的、显著而稳健的结论；公共养老金覆盖率仅对较低 GDP 分组国家的居民消费支出呈现一定程度的促进作用。相比较而言，无论采取哪种估计方法，无论对于单身户还是家庭户而言，各国的人均 GDP水平对居民消费支出的正向显著性影响较为稳健。前一期的人均消费支出对当期消费行为也具有重要作用。人口预期寿命的增长可能会对居民消费产生挤进影响，这就符合生命周期储蓄的规律。因此，绝对收入假说、持久收入假说、生命周期假说与消费支出的习惯形成理论对于解释居民消费的变异有着重要的国际经验证据。

第二节　政策意蕴

在当下中国将消费（国内需求）作为新的经济增长引擎背景下，越来越流行一种观点：国内消费不足就应靠社会保障来实现。那么，社会保障真的能促进居民消费吗？本书根据我国的经验研究发现，我国现收现付的公共养老金制度与居民消费的关系是复杂的。无论是基于宏观数据还是微观数据的实证分析，我们都无法给出公共养老金是挤进或是挤出消费的简单定论，而需要分时期、分人群、分地区、分消费种类区别看待。从宏观经验来看，公共养老金制度对居民人均消费水平的净影响并不显著，社会养老保险改革以前的传统养老金制度对居民消费有一定的促进作用，但改革以后的社会养老保险对居民消费的影响并不显著。从微观层面来看，基本养老保险制度参保与待遇水平对低收入群体消费促进作用较为明显，而对高收入组群体的消费倾向影响并不明显。同时，养老金待遇给付水平对消费者边际消费倾向的正向影响在低收入地区要明显高于高收入地区。这就意味着，旨在扩大贫困地区、低收入群体的公共养老金覆盖并加强他们待遇给付水平的公共养老金政策，对于家户人均消费水平的提升具有一定的促进作用。但由于低收入人口及贫穷地区人口在总人口中所占比例有限，因而从平均意义上而言，如宏观经验所示的，公共养老金制度对居民消费产生的影响也极为有限。由此可见，若以促进内需、经济发展为主要目标而进行的公共养老金制度改革，则须谨慎对待。正如一些学者所理性认识到的，"国家的社会保障也是由老百姓来提供资金的"，不能简单地认为"有了国家社会保障，老百姓就扩大消费"，"除非国家通过其他途径充实社会保障基金，比如将国有企业中的存量国有股划转社会保障基金，以使老百姓确信，减少储蓄后扩大消费，日后还会有社会保障基金'负责'生老病死"（贝多广，2015）。

诚然，健全的社会保障制度能够为居民营造安全稳定的预期，从而促进消费，但社会保障制度的目标不仅仅是扩大内需。尼古拉斯·巴尔和彼得·戴蒙德（Nicholas Barr and Peter Diamond）在系列养老金改革著作中不断提到强制性养老金制度的主要目标在于防止老年贫困和实现一定水平的收入替代，从而平滑一生消费；而促进经济发展则属于第二层级的目标，主要目标与次要目标的权衡是一个世界性难题。世界银行报告指出，公共养老金制度应当提供一个充足的、可负担的、可持续的且稳健的待遇水平——这是强制性养老金计划应该实现的首要目标；而强制性养老金制度及其改革的附属目标是对经济发展做出贡献，即既要减少对劳动力市场或宏观经济稳定性的负面影响，又要能增加国民储蓄和促进资本市场的发展。由此看来，在实现首要目标的同时也能兼顾养老金制度对经济发展的促进作用，当然是最为理想的制度安排；若过度强调公共养老金的经济功能而忽略其最根本目标的话，充足且可持续性的公共养老金制度将难以实现。

第三节　本书的不足与展望

从内容上看，由于中国相关数据的缺乏，本书无法像 CWED 数据库对消费者分单身户和家庭户进行细致的考察，以把握不同特征家庭的消费储蓄模式特征。另外，即便 CHARLS 调查为研究我国家庭养老与健康领域的权威数据库，但由于目前有限的全国追踪数据，并且在养老、退休和收入模块的数据缺失，缩小了有效样本量，从而影响估计的精度。

从方法上看，本书像所有基于数据的计量分析模型一样不可避免地会产生一定程度的"内生性"问题。为此，本书在宏观和微观回归模型中，不仅将所有可能影响居民消费的变量纳入模型，达到控制变量的目的；还通过构造面板数据模型的方法减小不可观测的异质性，并在可行情况下构造动态面板模型，引入（被）解释变量的滞后期为工具变量，以求将内生性问题的影响降至最低。本书还通过实验设计的理念进行双重差分分析，对新农保参保与农村居民消费的关系进行因果推断，但由于样本非随机、自我选择等问题无法回避，都可能在一定程度上影响因果估计的可靠性。

未来研究可以在 CHARLS 拥有更多追踪年份数据的基础上，建立多年的面板数据模型和多层次线性回归模型，将家庭类型进行细分，将消费类型进行细分，考察公共养老金制度与居民消费行为关系的更多丰富而动态的规律特征。

参考文献

［1］白重恩、吴斌珍、金烨：《中国养老保险缴费对消费和储蓄的影响》，《中国社会科学》2012 年第 8 期。

［2］贝多广主编：《大变革时代的中国经济》，中国人民大学出版社 2015 年版。

［3］蔡兴：《预期寿命、养老保险发展与中国居民消费》，《经济评论》2015 年第 6 期。

［4］陈航、李景华：《养老保险基金支出对农村居民消费的影响研究——基于 VAR 模型的实证分析》，《科技资讯》2016 年第 18 期。

［5］陈静：《基本养老保险对家庭消费的影响——基于 CHFS 数据的实证分析》，《消费经济》2015 年第 1 期。

［6］陈强：《高级计量经济学及 Stata 应用》（第二版），高等教育出版社 2014 年版。

［7］陈亚欧、万山：《浅析我国养老保险制度对居民消费的影响——基于行为生命周期模型》，《海南金融》2012 年第 10 期。

［8］邓大松、杨东：《意大利公共养老金制度发展和改革研究》，《社会保障研究》2013 年第 3 期。

［9］邓健、张玉新：《房价波动对居民消费的影响机制》，《管理世界》2011 年第 4 期。

［10］董克用：《中国经济改革 30 年》（社会保障卷），重庆大学出版社 2008 年版。

［11］董克用：《我国社会保险制度改革的背景环境和模式选择》，《管理世界》1995 年第 4 期。

[12] 范辰辰：《我国新型农村社会养老保险的经济效应研究》，博士学位论文，山东大学，2015 年。

[13] 封铁英、刘芳：《城镇企业职工基本养老保险基金支付能力预测研究》，《西北人口》2010 年第 2 期。

[14] 付波航、方齐云、宋德勇：《城镇化、人口年龄结构与居民消费——基于省际动态面板的实证研究》，《中国人口·资源与环境》2013 年第 11 期。

[15] 郭媛媛、刘灵芝：《新型农村社会养老保险制度对居民消费的影响——基于湖北省农村居民调研数据的实证分析》，《农村经济与科技》2013 年第 5 期。

[16] 郭志仪、毛慧晓：《制度变迁、不确定性与城镇居民消费——基于预防性储蓄理论的分析》，《经济经纬》2009 年第 5 期。

[17] 何立新、封进、佐藤宏：《养老保险改革对家庭储蓄率的影响：中国的经验证据》，《经济研究》2008 年第 10 期。

[18] 何文炯、洪蕾、陈新彦：《职工基本养老保险待遇调整效应分析》，《中国人口科学》2012 年第 3 期。

[19] 洪丽、曾国安：《养老保险制度的储蓄效应：基于中国的经验研究》，《社会保障研究》2016 年第 3 期。

[20] 洪轶男：《中国社会保障制度对城镇居民储蓄影响研究》，博士学位论文，辽宁大学，2009 年。

[21] 胡晓义：《国务院〈决定〉解读系列之二——保障水平要与我国社会生产力发展水平及各方面承受能力相适应》，《中国社会保险》1997 年第 11 期。

[22] 黄莹：《中国社会养老保险制度转轨的经济学分析——基于储蓄和经济增长的研究视角》，《中国经济问题》2009 年第 3 期。

[23] 蒋云赟：《我国养老保险对国民储蓄挤出效应实证研究——代际核算体系模拟测算的视角》，《财经研究》2010 年第 3 期。

[24] 李慧、孙东升：《新型农村社会养老保险对我国农民消费的影响——基于 SEM 的实证研究》，《经济问题》2014 年第 9 期。

[25] 李时宇、冯俊新：《城乡居民社会养老保险制度的经济效应——

基于多阶段世代交叠模型的模拟分析》,《经济评论》2014 年第 3 期。

[26] 李铁映:《建立具有中国特色的社会保障制度》,《求是》1995 年第 19 期。

[27] 李文星、徐长生、艾春荣:《中国人口年龄结构和居民消费:1989—2004》,《经济研究》2008 年第 7 期。

[28] 李雪增、朱崇实:《养老保险能否有效降低家庭储蓄——基于中国省际动态面板数据的实证研究》,《厦门大学学报》(哲学社会科学版)2011 年第 3 期。

[29] 李珍:《社会保障制度与经济发展》,武汉大学出版社 1998 年版。

[30] 李珍主编:《社会保障理论》(第三版),中国劳动社会保障出版社 2013 年版。

[31] 李珍:《基本养老保险制度分析与评估——基于养老金水平的视角》,人民出版社 2013 年版。

[32] 李珍、王海东:《养老金替代水平下降的制度因素分析及对策》,《中国软科学》2013 年第 4 期。

[33] 李珍、赵青:《我国城镇养老保险制度挤进了居民消费吗?——基于城镇的时间序列和面板数据分析》,《公共管理学报》2015 年第 4 期。

[34] 凌晨、张安全:《中国城乡居民预防性储蓄:理论与实证》,《管理世界》2012 年第 11 期。

[35] 刘长庚、张松彪:《我国企业基本养老保险制度改革的收入再分配效应评估》,《价格理论与实践》2014 年第 12 期。

[36] 刘军丽:《中国企业年金发展问题研究——反思、借鉴与现实选择》,中国工人出版社 2011 年版。

[37] 刘生龙、胡鞍钢、郎晓娟:《预期寿命与中国家庭储蓄》,《经济研究》2012 年第 8 期。

[38] 刘志峰:《深化城镇企业职工养老保险制度改革》,《中国工业经济》1995 年第 6 期。

[39] 柳清瑞、穆怀中：《养老金替代率对私人储蓄的影响：一个理论模型》，《社会保障研究》2009 年第 2 期。

[40] 龙志和、周浩明：《中国城镇居民预防性储蓄实证研究》，《经济研究》2000 年第 11 期。

[41] 马光荣、周广肃：《新型农村养老保险对家庭储蓄的影响：基于 CFPS 数据的研究》，《经济研究》2014 年第 11 期。

[42] 毛中根、孙武福、洪涛：《中国人口年龄结构与居民消费关系的比较分析》，《人口研究》2013 年第 3 期。

[43] 孟祥宁：《中国城镇居民养老保险对消费行为的影响研究——基于 Feldstein 生命周期假说模型》，《桂海论丛》2013 年第 2 期。

[44] 孟醒、申曙光：《基本养老金财富对居民消费的激励效应——基于分位数回归的研究》，《中山大学学报》（社会科学版）2016 年第 1 期。

[45] 潘锦棠：《新中国基本养老保险六十年》，《马克思主义与现实》2010 年第 1 期。

[46] 彭浩然、申曙光：《改革前后我国养老保险制度的收入再分配效应比较研究》，《统计研究》2007 年第 2 期。

[47] 邱俊杰、李承政：《人口年龄结构、性别结构与居民消费——基于省际动态面板数据的实证研究》，《中国人口·资源与环境》2014 年第 2 期。

[48] 沈毅、穆怀中：《新型农村社会养老保险对农村居民消费的乘数效应研究》，《经济学家》2013 年第 4 期。

[49] 苏春红、李晓颖：《养老保险对我国城镇居民消费的影响——以山东省为例》，《山东大学学报》（哲学社会科学版）2012 年第 6 期。

[50] 苏春红：《人口老龄化的经济效应与中国养老保险制度选择》，博士学位论文，山东大学，2010 年。

[51] 石阳、王满仓：《现收现付制养老保险对储蓄的影响——基于中国面板数据的实证研究》，《数量经济技术经济研究》2010 年第 3 期。

［52］ 孙凤：《预防性储蓄理论与中国居民消费行为》，《南开经济研究》2001 年第 1 期。

［53］ 田玲、姚鹏：《养老保险与家庭消费：基于中国综合社会调查的实证研究》，《北京理工大学学报》（社会科学版）2015 年第 5 期。

［54］ 田青：《加拿大社会保障预算的经验分析及其对中国的启示》，《社会保障研究》2014 年第 3 期。

［55］ 万广华、张茵、牛建高：《流动性约束、不确定性与中国居民消费》，《经济研究》2001 年第 11 期。

［56］ 王德文、蔡昉、张学辉：《人口转变的储蓄效应和增长效应——论中国增长可持续性的人口因素》，《人口研究》2004 年第 5 期。

［57］ 王金营、付秀彬：《考虑人口年龄结构变动的中国消费函数计量分析——兼论中国人口老龄化对消费的影响》，《人口研究》2006 年第 1 期。

［58］ 王亚柯：《中国养老保险制度的储蓄效应》，《中国人民大学学报》2008 年第 3 期。

［59］ 王晓军、米海杰：《澄清对养老金替代率的误解》，《统计研究》2013 年第 11 期。

［60］ 王晓霞、孙华臣：《社会保障支出对消费需求影响的实证研究》，《东岳论丛》2008 年第 6 期。

［61］ 王征、陈春兰：《关于我国企业年金的冷思考》，《经济研究导刊》2009 年第 32 期。

［62］ 汪伟：《经济增长、人口结构变化与中国高储蓄》，《经济学》（季刊）2009 年第 1 期。

［63］ 温敏、张德民：《中国当前发展企业年金的困境分析》，《海南大学学报》（人文社会科学版）2007 年第 6 期。

［64］ 吴敬琏等：《建设市场经济的总体构想与方案设计》，中央编译出版社 1996 年版。

［65］ 吴敬琏：《当代中国经济改革》，上海远东出版社 2003 年版。

[66] 吴敬琏、马国川:《重启改革议程:中国经济改革二十讲》,生活·读书·新知三联书店 2013 年版。

[67] 吴丽萍:《我国企业年金制度存在的问题及对策》,《河北法学》2005 年第 2 期。

[68] 吴永求、冉光和:《养老保险制度公平与效率的测度及权衡理论》,《数理统计与管理》2014 年第 5 期。

[69] 许鼎:《农村养老保险、不定寿命与消费需求》,《河南社会科学》2015 年第 11 期。

[70] 徐舒、赵绍阳:《养老金"双轨制"对城镇居民生命周期消费差距的影响》,《经济研究》2013 年第 1 期。

[71] 徐颖、王建梅:《对城镇基本养老保险制度设计替代率的评估分析》,《人口与经济》2009 年第 4 期。

[72] 徐裕人、吴斌、吴明峰:《我国社会养老金制度对储蓄影响的实证分析》,《广西财经学院学报》2008 年第 2 期。

[73] 薛畅:《人口年龄结构和养老金规模对私人储蓄率影响分析——基于省际面板数据的研究》,《财经理论研究》2016 年第 4 期。

[74] 杨河清、陈汪茫:《中国养老保险支出对消费的乘数效应研究——以城镇居民面板数据为例》,《社会保障研究》2010 年第 3 期。

[75] 杨宏亮:《新型农村养老保险对中国农民消费的影响研究》,《人文杂志》2014 年第 4 期。

[76] 杨继军、张二震:《人口年龄结构、养老保险制度转轨对居民储蓄率的影响》,《中国社会科学》2013 年第 8 期。

[77] 杨燕绥、于淼、胡乃军:《人口老龄化、养老保险与城镇居民消费研究》,《苏州大学学报》(哲学社会科学版)2016 年第 3 期。

[78] 姚晓垒、虞斌:《我国养老保险影响居民消费的实证研究——基于养老保险改革前后的对比分析》,《浙江金融》2012 年第 3 期。

[79] 叶海云:《试论流动性约束、短视行为与我国消费疲软的关系》,

《经济研究》2000 年第 11 期。

[80] 易行健、王俊海、易君健:《预防性储蓄动机强度的时序变化与地区差异——基于中国农村居民的实证研究》,《经济研究》2008 年第 2 期。

[81] 易行健、张波、杨碧云:《中国城镇居民预防性储蓄动机强度的实证检验》,《上海财经大学学报》2011 年第 6 期。

[82] 易丹辉:《时间序列分析:方法与应用》,中国人民大学出版社 2011 年版。

[83] 尹佳瑜:《农户消费需求会因社会养老保险覆盖而提高吗?》,《消费经济》2015 年第 5 期。

[84] 虞斌、姚晓垒:《我国养老保险对居民消费的影响——基于城镇居民面板数据的实证研究》,《金融纵横》2011 年第 8 期。

[85] 余斌、魏加宁主编:《走向富强社会——30 年宏观经济回顾》,中国发展出版社 2008 年版。

[86] 于建华、魏欣芝:《新型农村社会养老保险对农民消费水平影响的实证分析》,《消费经济》2014 年第 4 期。

[87] 于潇、孙猛:《中国人口老龄化对消费的影响研究》,《吉林大学社会科学学报》2012 年第 1 期。

[88] 余永定、李军:《中国居民消费函数的理论与验证》,《中国社会科学》2000 年第 1 期。

[89] 袁小霞:《浅析扩大消费需求的重要性及政策建议》,《财政研究》2011 年第 10 期。

[90] 袁志刚主编:《养老保险经济学》,上海人民出版社 2005 年版。

[91] 袁志刚、宋铮:《消费理论的新发展及其在中国的应用》,《上海经济研究》1999 年第 6 期。

[92] 袁志刚、宋铮:《城镇居民消费行为变异与我国经济增长》,《经济研究》1999 年第 11 期。

[93] 袁志刚、宋铮:《人口年龄结构、养老保险制度与最优储蓄率》,《经济研究》2000 年第 11 期。

[94] 袁志刚、朱国林:《消费理论中的收入分配与总消费——及对中

国消费不振的分析》，《中国社会科学》2002 年第 2 期。

［95］岳爱等：《新型农村社会养老保险对家庭日常费用支出的影响》，《管理世界》2013 年第 8 期。

［96］臧旭恒、张继海：《收入分配对中国城镇居民消费需求影响的实证分析》，《经济理论与经济管理》2005 年第 6 期。

［97］臧旭恒：《中国消费函数分析》，上海三联书店、上海人民出版社 1994 年版。

［98］张虹、王波：《社会基本养老保险对老年人消费影响的实证研究》，《财经问题研究》2014 年第 4 期。

［99］张川川、［美］John Giles、赵耀辉：《新型农村社会养老保险政策效果评估——收入、贫困、消费、主观福利和劳动供给》，《经济学》（季刊）2014 年第 1 期。

［100］张继海：《社会保障养老金财富对城镇居民消费支出影响的实证研究》，《山东大学学报》（哲学社会科学版）2008 年第 3 期。

［101］张继海：《社会保障对中国城镇居民消费和储蓄行为影响研究》，博士学位论文，山东大学，2006 年。

［102］张国海、王枫林：《城镇职工养老保险基金支出对城镇居民消费的影响研究——基于省际面板数据的实证分析》，《安徽科技学院学报》2015 年第 1 期。

［103］赵青：《智利养老金制度再改革：制度内容与效果评价》，《拉丁美洲研究》2014 年第 3 期。

［104］赵青、李珍：《后危机时代养老金制度的收益与风险评估》，《社会保障研究》2014 年第 5 期。

［105］赵青、王晓军、米海杰：《中国养老金体系待遇充足性的多维度评估》，《统计研究》2015 年第 6 期。

［106］郑秉文：《社保改革：为经济社会提供稳定器——改革开放 30 年社会保障制度发展历程》，《上海证券报》2008 年 12 月 13 日。

［107］郑秉文、何树方：《加拿大社保制度改革与建立"主权养老基

金"十年回顾与评价》,《当代亚太》2008 年第 1 期。

[108] 郑秉文、孙永勇:《对中国城镇职工基本养老保险现状的反思——半数省份收不抵支的本质、成因与对策》,《上海大学学报》(社会科学版) 2012 年第 3 期。

[109] 郑秉文主编:《中国养老金发展报告 (2012)》,经济管理出版社 2012 年版。

[110] 郑秉文主编:《中国养老金发展报告 (2013)》,经济管理出版社 2013 年版。

[111] 郑秉文主编:《中国养老金发展报告 (2014)》,经济管理出版社 2014 年版。

[112] 郑秉文主编:《中国养老金发展报告 (2015)》,经济管理出版社 2015 年版。

[113] 郑秉文主编:《中国养老金发展报告 (2016)》,经济管理出版社 2016 年版。

[114] 郑功成:《中国社会保障制度变迁与评估》,中国人民大学出版社 2002 年版。

[115] 郑功成:《从企业保障到社会保障:中国社会保障制度变迁与发展》,中国劳动社会保障出版社 2009 年版。

[116] 钟水映、李魁:《劳动力抚养负担对居民储蓄率的影响研究》,《中国人口科学》2009 年第 1 期。

[117] 周绍杰:《中国城市居民的预防性储蓄行为研究》,《世界经济》2010 年第 8 期。

[118] 朱波、杭斌:《养老保险对居民消费影响的实证分析》,《统计与决策》2014 年第 24 期。

[119] 朱波:《社会养老保险对中国城镇居民消费的影响研究》,博士学位论文,山西财经大学,2015 年。

[120] 朱春燕、臧旭恒:《预防性储蓄理论——储蓄 (消费) 函数的新进展》,《经济研究》2001 年第 1 期。

[121] 朱信凯、骆晨:《消费函数的理论逻辑与中国化:一个文献综述》,《经济研究》2011 年第 1 期。

[122] 邹红、喻开志、李奥蕾:《养老保险和医疗保险对城镇家庭消费的影响研究》,《统计研究》2013 年第 11 期。

[123] [美] 罗伯特·霍尔茨曼、约瑟夫·E. 斯蒂格利茨:《21 世纪可持续发展的养老金制度》,胡劲松等译,中国劳动社会保障出版社 2004 年版。

[124] [美] 罗伯特·霍尔茨曼、理查德·欣茨:《21 世纪的老年收入保障:养老金制度改革国际比较》,郑秉文、黄念译,中国劳动社会保障出版社 2006 年版。

[125] [英] 约翰·梅纳德·凯恩斯:《就业、利息和货币通论》,陆梦龙译,九州出版社 2006 年版。

[126] [丹] 哥斯塔·埃斯平 - 安德森:《福利资本主义的三个世界》,苗正民、滕玉英译,李秉勤、贡森主编,商务印书馆 2010 年版。

[127] The World Bank, *Averting the Old Age Crisis: Policies to Protect the Old and Promote Growth*, Oxford: Oxford University Press, 1994.

[128] Alessie, R., Angelini, V. and Santen, P. V., "Pension Wealth and Household Savings in Europe: Evidence from Sharelife", *European Economic Review*, No. 63, 2013.

[129] Alessie, R., Kapteyn, A. and Klijn, F., "Mandatory Pensions and Personal Savings in the Netherlands", *De Economist*, Vol. 145, No. 3, 1997.

[130] Allan, J. P. and Scruggs, L., "Political Partisanship and Welfare State Reform in Advanced Industrial Societies", *American Journal of Political Science*, Vol. 48, No. 3, 2004.

[131] Anderson, T. W. and Hsiao, C., "Estimation of Dynamic Models with Error Components", *Journal of the American Statistical Association*, Vol. 76, No. 375, 1981.

[132] Ando, A. and Modigliani, F., "The 'Life Cycle' Hypothesis of Saving: Aggregate Implications and Tests", *The American Economic Review*, Vol. 53, No. 1, 1963.

[133] Arellano, M. and Bond, S. , "Some Tests of Specification for Panel Data: Monte Carlo Evidence and an Application to Employment E-quations", *The Review of Economic Studies*, Vol. 58, No. 2, 1991.

[134] Attanasio, O. P. and Brugiavini, A. , "Social Security and House-holds' Saving", *The Quarterly Journal of Economics*, Vol. 118, No. 3, 2003.

[135] Attanasio, O. P. and Rohwedder, S. , "Pension Wealth and House-hold Saving: Evidence from Pension Reforms in the United King-dom", *American Economic Review*, Vol. 93, No. 5, 2003.

[136] Axel Börsch – Supan, Christina B. Wilke, "The German Public Pension System: How It Was? How It Will be?", *NBER Working Paper*, No. 10525, 2004.

[137] Aydede, Y. , "Aggregate Consumption Function and Public Social Secu-rity: The First Time – Series Study for a Developing Country, Turkey", *Applied Economics*, Vol. 40, No. 14, 2008.

[138] Barr, N. and Diamond, P. , *Pension Reform: A Short Guide*, Oxford University Press, 2010.

[139] Barro, R. J. , "Are Government Bonds Net Wealth?", *Journal of Politi-cal Economy*, Vol. 82, No. 6, 1974.

[140] Barro, R. J. and Macdonald, G. M. , "Social Security and Consumer Spending in an International Cross Section", *Journal of Public Econom-ics*, Vol. 11, No. 3, 1979.

[141] Blum, C. H. and Gaudry, M. J. I. , "The Impact of Social Security Con-tributions on Savings: An Analysis of German Households by Category", *Jahrbuch Für Sozialwissenschaft*, Vol. 41, No. 2, 1990.

[142] Bodie, Z. and Shoven, J. B. , *Financial Aspects of the United States Pension System*, Chicago: University of Chicago Press, 1983.

[143] Borella, M. , Fornero, E. and"Adequacy of Pension Systems in Europe: An Analysis Based on Comprehensive Replacement Rates", *European Network of Economic Policy Research Institutes (ENEPRI)*, *Research Re-*

port, No. 68, 2009.

[144] Börsch – Supan, A. , "The German Retirement Insurance System", in A. Börsch – Supan and M. Miegel, eds. , *Pension Reform in Six Countries*, Berlin, Heidelberg: Springer, 1999.

[145] Brady, D. S. and Friedman, R. D. , "Savings and the Income Distribution", *NBER Book Series Studies in Income and Wealth*, 1947.

[146] Browning, M. and Crossley, T. F. , "The Life – Cycle Model of Consumption and Saving", *Journal of Economic Perspectives*, Vol. 15, No. 3, 2001.

[147] Bruce, N. and Turnovsky, S. J. , "Social Security, Growth, and Welfare in Overlapping Generations Economies with or without Annuities", *Journal of Public Economics*, No. 101, 2013.

[148] Cagan, P. , *The Effect of Pension Plans on Aggregate Savings: Evidence from a Sample Survey: National Bureau of Economic Research*, New York: Columbia University Press, 1965.

[149] Carroll, C. D. , Overland, J. and Weil, D. N. , "Saving and Growth with Habit Formation", *American Economic Review*, Vol. 90, No. 3, 2000.

[150] Choi, S. E. , "Social Security and Household Saving in Korea: Evidence from the Household Income and Expenditure Survey", *The Korean Economic Review*, Vol. 26, No. 1, 2010.

[151] Clasen, J. and Siegel, N. A. , *Investigating Welfare State Change: The "Dependent Variable Problem" in Comparative Analysis*, Cheltenham: Edward Elgar, 2008.

[152] Cohn, R. A. and Kolluri, B. R. , "Determinants of Household Saving in the G – 7 Countries: Recent Evidence", *Applied Economics*, Vol. 35, No. 10, 2003.

[153] Constantinides, G. M. , "Habit Formation: A Resolution of the Equity Premium Puzzle", *Journal of Political Economy*, Vol. 98, No. 3, 1990.

[154] Creedy, J. , Gemmell, N. and Scobie, G. , "Pensions, Savings and

Housing: A Life – Cycle Framework with Policy Simulations", *Economic Modelling*, No. 46, 2015.

[155] Curtis, C. C., Lugauer, S. and Mark, N. C., "Demographic Patterns and Household Saving in China", *American Economic Journal: Macroeconomics*, Vol. 7, No. 2, 2015.

[156] Curtis, C. C., Lugauer, S. and Mark, N. C., "Demographics and Aggregate Household Saving in Japan, China, and India", *Journal of Macroeconomics*, No. 51, 2017.

[157] Daly, M. J., "The Impact of Public Pensions on Personal Retirement Saving in Canada: Some Evidence from Cross – Section Data", *Southern Economic Journal*, Vol. 49, No. 2, 1982.

[158] Deaton, A., *Understanding Consumption*, Oxford: Clarendon Press, 1992.

[159] Deaton, A., *The Analysis of Household Surveys: A Microeconometric Approach to Development Policy*, Baltimore (MD): Johns Hopkins University Press, 2000.

[160] Diamond, P. A., "National Debt in a Neoclassical Growth Model", *The American Economic Review*, Vol. 55, No. 5, 1965.

[161] Douglas, B., "The Economic Effects of Social Security: Towards a Reconciliation of Theory and Measurement", *Journal of Public Economics*, No. 33, 1987.

[162] Duesenberry, J. S., *Income, Saving and the Theory of Consumer Behavior*, New York: Oxford University Press, 1949.

[163] Dynan, K. E., "Habit Formation in Consumer Preferences: Evidence from Panel Data", *American Economic Review*, Vol. 90, No. 3, 2000.

[164] Engen, E. M. and William, G. G., *IRAs and Saving in a Stochastic Life Cycle Model*, Mimeo, Brookings Institution, 1993.

[165] Felderer, B., "Does a Public Pension System Reduce Savings Rates and Birth Rates?", *Journal of Institutional and Theoretical Economics*, Vol. 148, No. 2, 1992.

[166] Feldstein, M., "Social Security, Induced Retirement, and Aggregate Capital Accumulation", *Journal of Political Economy*, Vol. 82, No. 5, 1974.

[167] Feldstein, M., "Social Security, Induced Retirement, and Aggregate Capital Accumulation: A Correction and Updating", *NBER Working Paper*, No. 579, 1980.

[168] Feldstein, M., "Social Security and Saving: New Time Series Evidence", *National Tax Journal*, Vol. 49, No. 2, 1996.

[169] Feldstein, M. and Pellechio, A., "Social Security and Household Wealth Accumulation: New Microeconometric Evidence", *The Review of Economics and Statistics*, Vol. 61, No. 3, 1979.

[170] Feng, J., He, L. and Sato, H., "Public Pension and Household Saving: Evidence from Urban China", *Journal of Comparative Economics*, Vol. 39, No. 4, 2011.

[171] Krueger, Dirk, and Jesus Fernandez – Villaverde, "Consumption Over the Life Cycle: Some Facts from Consumer Expenditure Survey Data", *Meeting Papers*, 2004.

[172] Fisher, M. R., *Life Cycle Hypothesis*, The New Palgrave Dictionary of Economics, 1987.

[173] Freitas, N. E. and Martins, J. O., "Health, Pension Benefits and Longevity: How They Affect Household Savings?", *The Journal of the Economics of Ageing*, No. 3, 2014.

[174] Friedman, M., *A Theory of the Consumption Function*, Princeton, N. J.: Princeton University Press, 1957.

[175] Gale, W., "The Effects of Pensions on Household Wealth: A Revaluation of Theory and Evidence", *Journal of Political Economy*, Vol. 106, No. 4, 1998.

[176] Greene, W. H., *Econometric Analysis*, Upper Saddle River, N. J.: Prentice Hall, 2000.

[177] Gustman, Alan L. and Steinmeier, Thomas L., "Effects of Pensions on

Savings: Analysis with Data from the Health and Retirement Study", *Carnegie – Rochester Conference Series on Public Policy*, Vol. 50, No. 1, 1999.

[178] Harrod, R., *Towards a Dynamic Economics*, London: Palgrave Macmillan, 1948.

[179] Holland, P. W., "Statistics and Causal Inference", *Journal of the American Statistical Association*, No. 81, 1986.

[180] Holzmann, R. and Hinz, R., *Old – Age Income Support in the 21st century: An International Perspective on Pension Systems and Reform*, Washington D. C. : World Bank, 2005.

[181] Horioka, C. Y., Suzuki, W. and Hatta, T., "Aging, Savings, and Public Pensions in Japan", *Asian Economic Policy Review*, Vol. 2, No. 2, 2007.

[182] Hox, J. J., *Multilevel Analysis: Techniques and Applications*, New York, N. Y. : Routledge, 2017.

[183] Hubbard, R. G., Judd, K. L., Hall, R. E. and Summers, L., "Liquidity Constraints, Fiscal Policy, and Consumption", *Brookings Papers on Economic Activity*, No. 1, 1986.

[184] Hume, D. and MacCormack, J. G., *An Inquiry Concerning Human Understanding*, Leipzig: Felix Meiner, 1913.

[185] Kahneman, D. and Tversky, A., *Choices, Values, and Frames*, Cambridge: Cambridge University Press, 2003.

[186] Kim, S. and Klump, R., "The Effects of Public Pensions on Private Wealth: Evidence on the German Savings Puzzle", *Applied Economics*, Vol. 42, No. 15, 2010.

[187] Kopits, G. and Gotur, P., "The Influence of Social Security on Household Savings: A Cross – Country Investigation", *Staff Papers – International Monetary Fund*, Vol. 27, No. 1, 1980.

[188] Kuznets, S., "Proportion of Capital Formation to National Product", *American Economic Review*, Papers and Proceedings, 1952.

[189] Leimer, D. R. and Lesnoy, S. D. , "Social Security and Private Saving: New Time – Series Evidence", *Journal of Political Economy*, Vol. 90, No. 3, 1982.

[190] Leland, H. E. , "Saving and Uncertainty: The Precautionary Demand for Saving", *The Quarterly Journal of Economics*, Vol. 82, No. 3, 1968.

[191] Littell, J. H. , Corcoran, J. and Pillai, V. K. , *Systematic Reviews and Meta – Analysis*, Oxford: Oxford University Press, 2008.

[192] Lugauer, S. and Mark, N. C. , "The Role of Household Saving in the Economic Rise of China", *Global Interdependence, Decoupling, and Recoupling*, 2013.

[193] Steven Lugauer, Jinlan Ni and Zhichao Yin, "Micro – Data Evidence on Family Size and Chinese Saving Rates", *Working Papers* 023, University of Notre Dame, Department of Economics, Jun. 2014.

[194] Meguire, P. , "Comment: Social Security and Private Savings", *National Tax Journal*, Vol. 51, No. 2, 1998.

[195] Modigliani, F. , "Fluctuations in the Saving – Income Ratio: A Problem in Economic Forecasting", *NBER Chapters*, 1949.

[196] Modigliani, F. and Brumberg, R. H. , "Utility Analysis and the Consumption Function: An Interpretation of Cross – Section Data", in Kenneth K. Kurihara, ed. , *Post – Keynesian Economics*, New Brunswick, N. J. : Rutgers University Press, 1954.

[197] Modigliani, F. and Ando, A. K. , "Tests of the Life Cycle Hypothesis of Savings: Comments and Suggestions", *Bulletin of the Oxford University Institute of Economics and Statistics*, Vol. 19, No. 2, 2009.

[198] Morgan, S. L. and Winship, C. M. , *Counterfactuals and Causal Inference*, Cambridge University Press, 2014.

[199] Muellbauer, J. , "Habits, Rationality and Myopia in the Life Cycle

Consumption Function", *Annales D'économie et de Statistique*, No. 9, 1988.

[200] Munnell, A. H. , "Private Pensions and Savings: New Evidence", *Journal of Political Economy*, Vol. 84, No. 5, 1976.

[201] Okumura, T. and Usui, E. , "The Effect of Pension Reform on Pension – Benefit Expectations and Savings Decisions in Japan", *Applied Economics*, Vol. 46, No. 14, 2014.

[202] Pecchenino, R. A. and Utendorf, K. R. , "Social Security, Social Welfare and the Aging Population", *Journal of Population Economics*, Vol. 12, No. 4, 1999.

[203] Pereira, A. M. and Andraz, J. M. , "Social Security and Economic Performance in Portugal: After All that Has Been Said and Done How Much Has Actually Changed?", *Portuguese Economic Journal*, Vol. 11, No. 2, 2012.

[204] Petticrew, M. and Roberts, H. , *Systematic Reviews in the Social Sciences: A Practical Guide*, Malden: Blackwell, 2012.

[205] Rofman, R. , "Social Security Coverage in Latin America", *Social Protection Discussion Paper Series*, 2005.

[206] Rubin, D. B. , "Statistics and Causal Inference: Comment: Which Its Have Causal Answers", *Journal of the American Statistical Association*, Vol. 81, No. 396, 1986.

[207] Samuelson, P. A. , "An Exact Consumption – Loan Model of Interest with or without the Social Contrivance of Money", *Journal of Political Economy*, Vol. 66, No. 6, 1958.

[208] Samwick, A. , "The Limited Offset between Pension Wealth and Other Private Wealth: Implications of Buffer – Stock Savings", *Mimeo*, 1995.

[209] Samwick, A. , "Is Pension Reform Conducive to Higher Saving?", *Review of Economics and Statistics*, Vol. 82, No. 2, 2000.

[210] Santen, P. , "Uncertain Pension Income and Household Saving",

Netspar Discussion Papers, DP 10/2012 – 034, 2012.

[211] Seckin, A., "Consumption with Liquidity Constraints and Habit Formation", *CIRANO Scientific Series*, No. 41, 2000.

[212] Seckin, A., "Consumption – Leisure Choice with Habit Formation", *Economics Letters*, Vol. 70, No. 1, 2001.

[213] Shefrin, H. M. and Thaler, R. H., "The Behavioral Life – Cycle Hypothesis", *Economic Inquiry*, Vol. 26, No. 4, 1988.

[214] Song, Z., Storesletten, K. and Zilibotti, F., "Growing Like China", *American Economic Review*, Vol. 101, No. 1, 2011.

[215] Song, Z., Storesletten, K., Wang, Y. and Zilibotti, F., "Sharing High Growth across Generations: Pensions and Demographic Transition in China", *American Economic Journal: Macroeconomics*, Vol. 7, No. 2, 2015.

[216] Swedish Social Insurance Agency, Orange Report 2007: Annual Report of the Swedish Pension System, 2008, Swedish Pensions Agency.

[217] Swedish Social Insurance Agency, Orange Report 2016: Annual Report of the Swedish Pension System, 2017, Swedish Pensions Agency.

[218] The Royal Swedish Academy of Sciences. Angus Deaton: Consumption, Poverty and Welfare. http://www. nobelprize. org/nobel_prizes/economic – sciences/laureates/2015/advanced – economicsciences2015. pdf.

[219] Wakabayashi, M., "Retirement Saving in Japan: With Emphasis on the Impact of Social Security and Retirement Payments", *Journal of the Japanese and International Economies*, Vol. 15, No. 2, 2001.

[220] Walker, F. V., "Income Growth and Hump Saving", *Economic Inquiry*, Vol. 1, No. 1, 1962.

[221] Wilcox, D. W., "Social Security Benefits, Consumption Expenditure, and the Life Cycle Hypothesis", *Journal of Political Econo-*

my, Vol. 97, No. 2, 1989.

[222] Wooldridge, J. M. , *Econometric Analysis of Cross Section and Panel Data*, Cambridge, MA: MIT, 2011.

[223] Wooldridge, J. M. , *Introductory Econometrics: A Modern Approach*, Mason: Cengage Learning, 2013.

[224] Zandberg, E. and Spierdijk, L. , "Funding of Pensions and Economic Growth: Are They Really Related?", *Journal of Pension Economics and Finance*, Vol. 12, No. 2, 2012.

[225] Zhao, Q. , Li, Z. and Chen, T. , "The Impact of Public Pension on Household Consumption: Evidence from China's Survey Data", *Sustainability*, Vol. 8, No. 9, 2016.

[226] Zhao, Y. , Hu, Y. , Smith, J. P. , Strauss, J. and Yang, G. , "Cohort Profile: The China Health and Retirement Longitudinal Study (CHARLS)", *International Journal of Epidemiology*, Vol. 43, No. 1, 2012.

[227] Zheng, H. and Zhong, T. , "The Impacts of Social Pension on Rural Household Expenditure: Evidence from China", *Journal of Economic Policy Reform*, Vol. 19, No. 3, 2015.

后　记

　　博士四年，北上六载，求学之路二十余年。此刻以博士学位论文的完成为自己的学术生涯起步做一个阶段性回顾，一来感恩这一路上帮助我的良师益友，二来在总结经验教训的基础上给自己的未来一个展望。

　　还记得 2011 年秋天在父母的陪同下北上求学，开始我的研究生生涯。那时百感交集，离开了熟悉的环境，来到我心向往的中国人民大学，充满兴奋之余顿感丝丝压力，因为这里大师云集、高手如林。还记得刚开始最难的日子如何慢慢适应，如何坚强应对，如何渐渐确定自己的理想与追求。好在漫漫求学之路，有大师指路、学友相伴、亲人鼓励。

　　我的博士导师李珍教授是一位优雅、睿智、有大格局的人。她的为人、治学风格潜移默化地影响着我，让我时刻激励自己向成为这样的人而努力。还记得我们曾经为了写出好的文章讨论过十几次，改过七八次稿，从初稿到最终稿早已面目全非，但最终在好的刊物上发表，又被《人大复印报刊资料》和中国智库网转载时，我终于发现：好的研究就是慢慢打磨出来的。在之后的研究中，我也多了些耐心和踏实，少了些浮躁和功利。博士学位论文从定题，到一篇篇小论文的成型与发表，再到每章每节的安排，都和老师讨论过无数次，即使是我在英国，在数据分析上遇到困惑给老师写邮件，老师总能以最快的速度通过邮件回复我，帮我把控论文的方向而不至于走偏。从硕士到博士，听过老师的课和讲座无数，无论是学生的课堂，还是大咖们的研讨会，无论在国内还是国外，老师都能从容而优雅地娓娓道来，我在她忧国忧民的情怀中看到了理性的光辉。我同样感激我的硕士导师程永宏副教授。我很庆幸，在学术入门的阶段，能在这样一位严师的鞭策下，不断提高自己的学术品位并锻炼学术修养，朝着真的学问与好的研究上下功夫。程老师的耿直与正义人格更是我人生路上的一个标杆。我同样要感谢董克用老师、王晓军老师、王新梅老师、刘子兰老师、陈泰昌老师、张琼老师对我的博士学位论文乃至成长过程中的帮助与关怀。感谢从预答辩到匿名评审再到答辩，各位老师中肯的批评和修改意见。当然，还要感谢本科母校武汉大学，感谢武汉大学社会保障研究中心的恩师们给予我的培养与帮助。

我也非常感恩自己在英国牛津大学的一段求学经历。感谢牛津大学老龄研究所提供的宝贵交流机会，在这个平台，我有幸得到社会政策专家肯尼思·豪斯（Kenneth House）博士和人口学专家乔治·李森（George Leeson）教授几乎每周一次的当面指导，解除我在各方面的疑惑；在这个平台，我有幸聆听了各国专家有关欧洲、亚洲、非洲等地社会福利与人口老龄化方面的最前沿演讲；在这里，我更结识了来自世界各地的许多有趣的青年学者，我们进行思想交流与碰撞，享受小河边 Punting 的惬意。还记得政治经济学课上，我尽力用英文交流的忐忑，我的 Essay 得到教授表扬时的兴奋；在英语写作课上，与老师平等的讨论和练习的氛围，在我大胆的提问与求教中体会着收获的喜悦；在欧洲难民问题的讲座中，看到了牛津学生超越民族和国家的人文关怀；在 Formal（正式晚宴）的仪式体验中，感受到了西方文化的魅力。感谢牛津岁月中的"重要他人"：他们是来自北京大学、清华大学、上海交通大学的留学生同龄人，其锐气、眼界和情怀让我钦佩不已，也许在渐渐地影响着我；我办公室的同事，他们的文化背景为我打开了不同的世界；还有我所住公寓的邻居，那些中国学者给予我生活上莫大的帮助和照顾，节日里的相聚让我少了许多乡愁。感谢这段异国他乡的独立生活体验，让我去了不少娇气，接了几分地气。

当然，我还要感谢我的师兄弟姐妹们和同学、朋友们，我们之间的互帮互助、关心照料乃至相互倾诉，是我博士生涯暖暖的回忆。特别地，我要感激我的家人。求学北京六载，出国一年，和父母聚少离多，作为独生子女，没有给予他们应有的陪伴，在母亲手术时也未能尽到照顾之义务，这是我心中的痛。因此，每次在车站与父母道别后，我都暗下决心，一定要好好努力！让他们骄傲！在以后工作的日子里，我希望能有更多陪伴父母的时间。最后，感谢中国社会科学出版社卢小生老师等的辛苦编辑与校对。

我希望以博士学位论文的完成及本书的出版为一个新的起点——"以学术为业"的起点。100 多年前，韦伯发表《以学术为业》回应亲历战争而倍感迷茫的学生的困惑。以学术为天职意味着，无论小科学还是大科学，我们应当以伟大的科学，思考大问题为己任。总结过去的经验教训（其中很多来自长辈善意的忠告），我想对自己未来"以学术为业"的工作与生活状态做一个展望（也许以后还有新的体会），同样也作为未来规范自己行为的标尺。第一，永远不要放弃任何一个提升自己职业能力的机会。从牛津回国前，我正在纠结自己是读博后还是找教职时，一个在亚洲开发银行工作多年的经济学家告诉我，可以不断尝试，但不论做出何种选择，未来都不要放弃每一个完善自己的机会。第二，科研也是讲效率的，要有时间紧迫感，逼迫自己在单位时间要有一定的成果。这是当前中国乃至欧美以学术为业的职业人生存的一个法则。第三，由第二点而来，学术的修行需要有"大关怀"。要在学术上有深远造诣的人，从来都需要在背后付出更多的理论积淀与思想感悟。这一点，永远都不能忘记。埋头拉车久了，不抬头仰望星空，容易迷失方向。最后，平衡学术与生活的关系。以学术为业并不意味着生活是单一的，培养多元而健康的兴趣爱好，学会休息，才能为学术研究带来持久且源源不断的动力。这也是过去几年我需要好好反思的，学术以外的生活同样重要，健康的体魄和有趣的灵魂才能造就学术上的创新动力。

在做人与治学的慢慢求索路上，我希望以这里为一个新的起点，怀着感恩的心继续前行。

赵 青
2019 年 4 月